# 水电站与水泵站

主 编 关春先 孙玲玉

·北京·

## 内 容 提 要

本教材严格遵循教育部关于高职高专教育的教学基本要求及相关专业课程标准，由辽宁生态工程职业学院水利工程学院骨干教师团队潜心编撰而成。全书以项目化教学理念为核心，构建系统化教学体系，内容分为水电站与水泵站两大模块。

在水电站板块，系统阐述了水资源开发利用原理，深入讲解水轮机工作机制，详细介绍有压引水式水电站的建筑物构成，全面解析水电站厂房设计要点；水泵站板块则围绕机电提水工程基础理论展开，系统讲解泵站建筑物设计规范，深入探讨泵站运行管理与设备维护策略，全方位呈现水泵站工程的关键技术与实践要点。

本教材不仅是高职高专水利水电类专业、市政工程专业、给排水与环境工程专业的优质教学用书，还为从事水电站与水泵站工程的技术人员提供了极具价值的参考资料，兼具教学指导性与实践应用性。

**图书在版编目（CIP）数据**

水电站与水泵站 / 关春先，孙玲玉主编. -- 北京：中国水利水电出版社，2025.8. -- ISBN 978-7-5226-2825-7

Ⅰ．TV7；TV675

中国国家版本馆CIP数据核字第20245U3461号

| | | |
|---|---|---|
| 书　名 | **水电站与水泵站**<br>SHUIDIANZHAN YU SHUIBENGZHAN | |
| 作　者 | 主编　关春先　孙玲玉 | |
| 出版发行 | 中国水利水电出版社<br>（北京市海淀区玉渊潭南路1号D座　100038）<br>网址：www.waterpub.com.cn<br>E-mail：sales@mwr.gov.cn<br>电话：（010）68545888（营销中心） | |
| 经　售 | 北京科水图书销售有限公司<br>电话：（010）68545874、63202643<br>全国各地新华书店和相关出版物销售网点 | |
| 排　版 | 中国水利水电出版社微机排版中心 | |
| 印　刷 | 清淞永业（天津）印刷有限公司 | |
| 规　格 | 185mm×260mm　16开本　13.5印张　329千字 | |
| 版　次 | 2025年8月第1版　2025年8月第1次印刷 | |
| 印　数 | 001—600册 | |
| 定　价 | **55.00元** | |

凡购买我社图书，如有缺页、倒页、脱页的，本社营销中心负责调换
**版权所有·侵权必究**

# 前言

本教材依据高职院校办学宗旨和办学理念，结合高等职业院校水利类人才培养需求，以"教、学、做"模式为手段，致力于强化学生的专业能力与职业能力，为培养高素质的水利专业人才提供有力支撑。

本新形态一体化教材由图片、动画、微课、题库、拓展资源及教本组成。教本是该课程的一个组成元素，是教师教学和学生学习过程中的主要学习工具和参考资料。本教材旨在构建一个融合了文字、图像、声音、动画等多种媒介的立体化学习环境，让学习者能够在丰富的信息交互中探索未知的世界。本教材旨在探索教学与技术融合的新境界。在这里，"数字"不仅仅是内容的表现形式，更是一种理念——它代表着与时俱进、拥抱变革的态度；"立体化"，则是指通过虚拟现实、增强现实等前沿技术手段，将平面的知识变得生动且富有层次感，让学习变得更加多元与互动。

本教材由辽宁生态工程职业学院关春先、孙玲玉担任主编，并承担统稿和校订工作。本教材共包括两部分内容，编写人员及具体分工如下：辽宁生态工程职业学院关春先编写1水能资源利用与开发；辽宁生态工程职业学院栾策编写2水轮机；辽宁生态工程职业学院孙菲菲编写3有压引水式水电站的组成建筑物；辽宁生态工程职业学院张贺编写4水电站厂房；辽宁生态工程职业学院孙玲玉编写5机电提水工程基础知识；辽宁生态工程职业学院赫文秀编写7泵站运行与维护；沈阳市水务事务服务与行政执法中心高岩编写6.1泵站进、出水建筑物；沈阳工学院柏青编写6.2泵房。

在本教材编写过程中，承蒙有关院校和行业给予大力支持，并参考了其他院校教材的部分资料和网页上的部分资源，谨此致以衷心的感谢。

限于编者水平，书中难免会出现缺漏、错误及不妥之处，欢迎广大师生及读者批评指正。

编者

2024年3月

# 数字资源索引

| 序号 | 资源名称 | 资源类型 | 页码 |
|---|---|---|---|
| 1 | 水力发电原理 | 视频 | 2 |
| 2 | 水能资源的开发方式 | 视频 | 4 |
| 3 | 抽水蓄能电站 | 视频 | 10 |
| 4 | 水轮机的类型 | 视频 | 18 |
| 5 | 水轮机的构造 | 视频 | 19 |
| 6 | 水轮机的工作参数及型号 | 视频 | 29 |
| 7 | 水轮机的能量损失及效率 | 视频 | 35 |
| 8 | 水轮机调速设备 | 视频 | 38 |
| 9 | 水电站组成建筑物 | 视频 | 44 |
| 10 | 有压进水口的类型 | 视频 | 46 |
| 11 | 无压进水口的类型 | 视频 | 50 |
| 12 | 引水渠道及引水隧洞 | 视频 | 54 |
| 13 | 压力前池 | 视频 | 56 |
| 14 | 压力管道的功用与类型 | 视频 | 59 |
| 15 | 压力管道的线路选择和布置方式 | 视频 | 62 |
| 16 | 明钢管的构造 | 视频 | 64 |
| 17 | 明钢管的敷设及支撑结构 | 视频 | 68 |
| 18 | 钢岔管的工作特点及结构类型 | 视频 | 71 |
| 19 | 水锤 | 视频 | 75 |
| 20 | 调压室的功用 | 视频 | 77 |
| 21 | 调压室的基本类型 | 视频 | 77 |
| 22 | 水电站厂房的基本概念 | 视频 | 83 |
| 23 | 水电站厂房的基本类型 | 视频 | 84 |
| 24 | 厂区布置 | 视频 | 88 |
| 25 | 发电机的类型及布置形式、励磁系统、机墩 | 视频 | 90 |
| 26 | 发电机的机墩 | 视频 | 91 |

续表

| 序号 | 资源名称 | 资源类型 | 页码 |
|---|---|---|---|
| 27 | 油气水系统及电气二次设备 | 视频 | 92 |
| 28 | 立式机组厂房设备的布置 | 视频 | 94 |
| 29 | 副厂房的布置 | 视频 | 104 |
| 30 | 机组试运行 | 视频 | 171 |
| 31 | 水泵机组的运行方式 | 视频 | 175 |
| 32 | 机组故障诊断及排除 | 视频 | 183 |

# 目 录

前言

## 第1部分 水 电 站

1 水能资源利用与开发 ·················································· 1
  1.1 水力发电的基本原理及特点 ···································· 2
  1.2 水能资源的开发方式及水电站的基本类型 ···················· 4
  1.3 水电站厂房类型 ················································ 11
  章节练习题 ···························································· 15

2 水轮机 ································································ 17
  2.1 水轮机的类型与基本构造 ······································ 18
  2.2 水轮机的基本工作参数、牌号及标称直径 ···················· 29
  2.3 水轮机的工作原理 ·············································· 33
  2.4 水轮机调速设备 ················································ 38
  章节练习题 ···························································· 42

3 有压引水式水电站的组成建筑物 ···································· 44
  3.1 水电站进水口 ···················································· 45
  3.2 引水建筑物功用与类型 ········································· 53
  章节练习题 ···························································· 80

4 水电站厂房 ··························································· 82
  4.1 水电站厂房的功用、组成及基本类型 ························· 83
  4.2 厂区布置 ························································· 88
  4.3 主厂房的设备 ···················································· 90
  4.4 厂房布置 ························································· 94
  4.5 厂房的通风、采光、交通和防潮 ······························ 105
  章节练习题 ··························································· 107

## 第2部分 水 泵 站

5 机电提水工程基础知识 ············································· 109
  5.1 概述 ······························································ 110
  5.2 水泵的类型与性能认知 ········································ 113
  5.3 水泵的汽蚀 ······················································ 133

|   |     |                          |     |
|---|-----|--------------------------|-----|
|   | 5.4 | 水泵的选型及配套 ……………………………………… | 138 |
|   | 5.5 | 进水管路及其附件的配套 ……………………………… | 145 |
|   | 5.6 | 水泵变频调节技术的运用 ……………………………… | 150 |
|   | 章节练习题 ………………………………………………………… | | 153 |
| 6 | 泵站建筑物 ……………………………………………………… | | 155 |
|   | 6.1 | 泵站进、出水建筑物 ………………………………… | 156 |
|   | 6.2 | 泵房 ……………………………………………………… | 160 |
|   | 章节练习题 ………………………………………………………… | | 168 |
| 7 | 泵站运行与维护 ………………………………………………… | | 170 |
|   | 7.1 | 机组的运行与维护 …………………………………… | 171 |
|   | 7.2 | 泵站建筑物的运行与维护 …………………………… | 186 |
|   | 7.3 | 泵站技术经济指标确定 ……………………………… | 196 |
|   | 7.4 | 泵站节能技术运用 …………………………………… | 203 |
|   | 章节练习题 ………………………………………………………… | | 205 |

# 第1部分 水 电 站

1

# 水能资源利用与开发

【知识目标】
- 明晰水力发电的基本原理及特点。
- 熟知水能资源的开发方式。

【技能目标】
- 能够分辨水能资源的开发方式。
- 能分辨水电站的基本类型。
- 能分辨水电站厂房的基本类型。

【思政目标】
- 塑造国家荣誉感,培养学生的大国情怀。

## 带你游历著名水电站之一
## 三峡水电站

三峡水电站,即长江三峡水利枢纽工程,又称三峡工程。中国湖北省宜昌市境内的长江西陵峡段与下游的葛洲坝水电站构成梯级电站。三峡水电站是目前世界上规模最大的水电站和清洁能源基地,也是目前中国有史以来建设最大型的工程项目。三峡水电站的功能有十多种,航运、发电、种植等。三峡水电站1992年获得中国全国人民代表大会批准建设,1994年正式动工兴建,2003年6月1日下午开始蓄水发电,于2009年全部完工。机组设备主要由德国伏伊特(VOITH)公司、美国通用电气(GE)公司、德国西门子(SIEMENS)公司组成的VGS联营体和法国阿尔斯通(ALSTOM)公司、瑞士ABB公司组成的ALSTOM联营体提供。

三峡水电站大坝高程185.00m,蓄水高程175m,水库长2335m,总投资954.6

亿元，安装32台单机容量为70万kW的水电机组。三峡电站最后一台水电机组，2012年7月4日投产，这意味着，装机容量达到2240万kW的三峡水电站，2012年7月4日已成为全世界最大的水力发电站和清洁能源生产基地。

【知识准备】

## 1.1 水力发电的基本原理及特点

### 1.1.1 水能利用原理

水力发电原理

现代化社会最显著的特点之一，是人们在从事一切生产活动和日常生活中，广泛地使用电能。电能的产生一般都是由各种原动机带动交流发电机发送出来。根据能量守恒原理，要原动发电机发电，必须有其他形式的能量作为"原料"连续不断地输送到原动机中去。随着"原料"的不同，发电的方式也就不同。如果在天然的河流上，修建不同的水工建筑物来集中水头并引入一定的流量，便取得了水能。用这种方式作为"原料"，将其输送到水轮机中使其旋转做功，带动发电机发电，这种发电方式称为水力发电。

如图1.1所示，高处水库中的水体具有较大的位能，当水体由压力管道流进安装在水电站厂房内的水轮机而排至水电站的下游时，水流带动水轮机的转轮旋转，使水能转变为旋转的机械能，水轮机转轮带动发电机转子旋转切割磁力线，在发电机的定子绕组上产生感应电动势，当和外电路接通时，发电机就向外供电了，这样，水轮机的旋转机械能就通过发电机转变为电能。这是现代电力生产的重要方式之一。水力发电的能量转换如图1.2所示。

在水力发电的全过程中，为了实现电能的连续生产而修建的一系列水工建筑物，

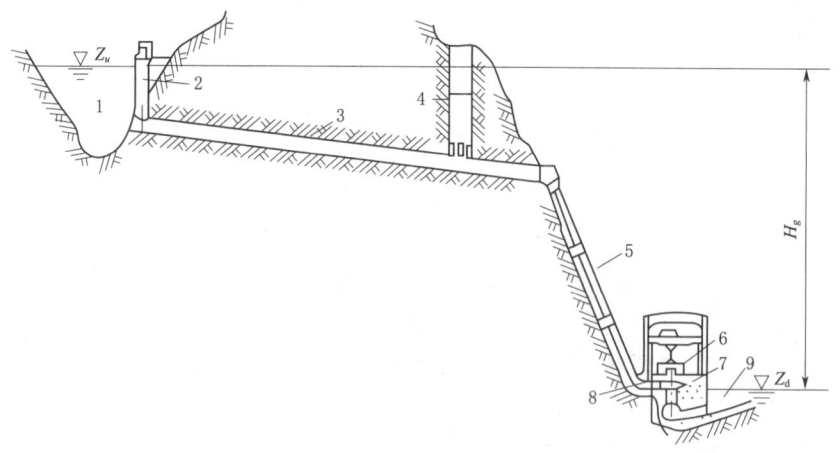

图1.1 水电站示意图

$H_g$—上下游高程差；$Z_d$—下游水位

1—水库；2—进水建筑物；3—引水隧洞；4—调压室；5—压力管道；6—发电机；
7—水轮机；8—主阀；9—尾水渠

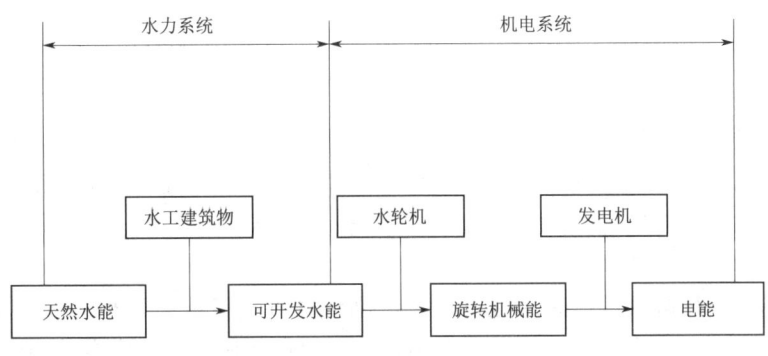

图 1.2 水力发电的能量转换

所安装的水轮发电机组及其附属设备和变电站的总体，称为水电站。水电站将水能转变为电能以后，需要再经升压变压器升高电压，通过高压开关站和输电线路输入电网，送到用户区域。

### 1.1.2 水电站出力、发电量和装机容量

#### 1.1.2.1 水电站的出力

通常把水流在单位时间内做功的能力，称为水流出力。水电站所利用的水流出力，简称水电站出力。

#### 1.1.2.2 水电站发电量

水电站的发电量是指在某一段时间（$T$）内，水电站所发出的电能总量，单位是 kW·h，其计算方法，对于较短的时段如日、月等，发电量 $E$ 可由该时段内电站的平均出力 $N$ 和该时段的小时数 $T$ 相乘得出。

#### 1.1.2.3 水电站装机容量

水电站的装机容量和发电量是有一定内在联系的两个不同含义的概念，也是水电站的两个重要的动能指标。水电站装机容量是指电站所有机组额定容量的总和，这是表示水电站规模大小和生产能力的重要指标。所谓机组额定容量是指发电机的铭牌出力，即水电站机组的单机容量。水电站装机容量决定了它在正常工作情况下的最大出力，是表示水电站发电能力的又一个重要的动能指标。

### 1.1.3 水力发电特点

水流从高处向低处流动所具有的能量称为水能，其中对人们有用的称为水能资源。水能资源是一种清洁的、可再生的能源，利用得越早，其价值越大。因此在条件允许的情况下，水能资源应作为优先开发的能源。具体来讲，水力发电具有以下几方面的特点。

#### 1.1.3.1 水能为可储存能源

电能不能储存，生产与消费（发电、输电、用电）必须同时完成。水能则可存蓄在水库里，根据电力系统的要求进行生产，水库是电力系统的储能库。

#### 1.1.3.2 水能为可再生能源

由于水循环具有周期性，且周期短，大致为一年（水文年），所以水能资源是一种可再生能源。但地球上的水是有限的，对人类有用的更少，因此水能资源不是取之

不尽，用之不竭的，必须珍惜。

#### 1.1.3.3 水力发电具有可逆性

位于高处的水体引向低处的水轮发电机组，将水能转换成电能。反过来，位于低处的水体通过电动抽水机组，吸收电力系统能量将水送往高处水库储存，将电能又转换成水能。利用这种水力发电的可逆性修建抽水蓄能电站，对提高电力系统的负荷调节能力具有独特的作用。

#### 1.1.3.4 水火互济，调峰灵活

电力用户的用电量是时刻变化着的，电网中的日负荷有高峰也有低谷。火电站、核电站从开机到正常运行通常需要几个小时，宜担负基荷运行。水电站启动灵活，在1～2min 内，就能从停机状态达到满负荷运行、并网供电，宜担任调峰、调频，事故备用，与火电站配合运行，互相补充。

#### 1.1.3.5 受自然条件限制较大

修建水电站需要考虑多方面因素，如水量、落差、地质、地形、地理、环境、土地淹没、移民、政治、经济、交通等。水能资源只能就地开发，不少地区的水能资源很丰富，但由于当地经济不发达，交通不便，难以充分开发和利用。大部分水电站至负荷中心或与电网联接点有相当距离，需要修建昂贵的输变电工程。

#### 1.1.3.6 一次性投资大，工期长

水力发电，其工程规模往往巨大，加之整个工程的实施要考虑水文情况、季节气候影响、水工建筑施工、机械安装、移民安置、施工技术、资金到位等诸多因素，工程投资及复杂程度巨大。小型工程其工期为 3～5 年，中型工程为 8～10 年，大型工程需 10 年以上。

#### 1.1.3.7 一旦出现事故，后果严重

巨大的水压力一旦因设计、施工、自然破坏或管理不当，将导致高压水管的破裂或溃坝等严重后果，对下游产生的灾害及水电站本身的破坏都是毁灭的。因此，作为水利工作者，要求有极高的责任心及科学的态度，做好勘测、设计及施工等环节的每一项工作。

## 1.2 水能资源的开发方式及水电站的基本类型

### 1.2.1 水能资源的开发方式

#### 1.2.1.1 按集中水头的方式分类

由水电站的出力计算公式 $N=9.81QH$（kW）可知，若要将水能转化为电能，必须有流量（$Q$）和水头（$H$）。而最关键的是首先要在水电站的上、下游形成集中的落差，构成发电水头。所以，水能资源的开发方式多是按照集中落差的方式来分类的，一般分为坝式、引水式和混合式三种基本方式。

1. 坝式开发

在河流峡谷处拦河筑坝，坝前蓄水，在坝址处形成集中落差，在坝址处，用输水管或隧洞，引取上游水库中的水通过设在水电站厂房内的水轮机带动发电机，发电后

将尾水引至坝下游原河道，这种开发方式为坝式开发。

坝式开发的特点如下：

（1）其水头取决于坝高。坝式开发的水头一般不高，目前坝式开发的最大水头不超过300m。

（2）其发电的引用流量较大，电站的规模也大，水能利用较充分（主要因为上游形成了的水库，可以用来调节流量）。目前世界上装机容量超过2000MW的巨型水电站大都是坝式开发方式。此外坝式开发的水库其综合利用效益高，可同时满足防洪、发电、供水等兴利除害要求。

（3）水电站的投资大，工期长。这主要是由于工程的规模大，水库造成的淹没范围大，迁移人口多所造成的。

该方式适用于坝式开发的河流条件是河道坡降较缓，流量较大，并易于筑坝建库。

2. 引水式开发

在河道坡降较陡的河段上游，修筑低坝或无坝情况下取水，通过人工建造的引水道（如明渠、隧洞或管道等），引水至河段下游集中落差，再由高压管道引水至厂房进行发电。这种用引水道集中水头的开发方式为引水式开发。

引水式开发又可根据引水道是有压或无压的分为有压引水式开发及无压引水式开发。

3. 混合式开发

在一个河段上，同时采用坝和有压引水道共同集中落差的开发方式，称为混合式开发。在这种开发方式下，先由坝集中一部分落差后，再通过有压引水道（如有压隧洞或有压管道）集中坝后河段上另一部分落差，形成了电站的总水头。

#### 1.2.1.2 按径流调节的程度分类

水电站出力的大小除与水头有关外，还有另一个重要因素就是流量。因此，我们还可以用取得流量的方式进行分类。

1. 径流式开发

在水电站取水口上游没有大的水库，不能对径流进行调节，只能直接引用河中径流发电，这种开发方式称为径流式开发，如前所述的无调节池的引水开发方式及库容很小的坝式开发。无调节水电站的运行方式，出力变化都取决于天然流量的大小，丰水期由于发电引用流量受到水电站过流能力的限制，因无水库蓄水或蓄水能力不足，只能出现弃水，而枯水期因流量小，出力不足。

这种开发方式多在不宜筑坝建库的河段采用，这类水电站具有工程量小，淹没损失小等优点。

2. 蓄水式开发

在取水口上游有较大的水库，这样就能依靠水库按照用电负荷对径流进行调节，丰水时满足发电所需之外的多余水量存蓄于水库，以补充枯水时发电水量的不足，这种开发方式称为蓄水式开发。如前所述的库容较大的有一定调节能力的坝式和混合式及有日调节池的引水式开发方式都属此类。调节径流的能力取决于有效库容、多年平均年径流量和天然径流在时间上分布的不均衡性。我们可以按调节径流周期长短,将相应水电站称为日调节水电站、年调节水电站和多年调节水电站。

3. 集水网道式开发

有些山区地形坡降陡峻,河流小而众多、分散且流量较小,经济上既不允许建造许多分散的小型水电站,又不可能筑高坝来全盘加以开发。因此在这些分散的小河流上根据各自条件选点修筑些小水库,在它们之间用许多引水道来汇集流量,集中水头,形成一个集水网系统,这种开发方式称为集水网道式开发。

### 1.2.2 水电站的基本类型

构成水能的两个基本要素是水头和流量,水电站的水头一般是通过适当的工程措施,将分散在一定河段上的自然落差集中起来而形成的,就集中落差形成水头的措施而言,水能资源的开发方式可分为坝式、引水式和混合式三种基本方式,此外,还有开发利用海洋潮汐水能的潮汐开发方式。

#### 1.2.2.1 坝式水电站

在河流峡谷处,拦河筑坝,坝前雍水,在坝址处集中落差形成水头,这种水能开发方式称为坝式开发。采用坝式开发修建的水电站称为坝式水电站。坝式水电站按大坝和水电站厂房相对位置的不同又可分为河床式、闸墩式、坝后式、坝内式、溢流式等,在实际工程中,较常采用的坝式水电站是河床式水电站和坝后式水电站。

1. 河床式水电站

河床式水电站是指水电站厂房修建在河床中或渠道上,与坝(或闸)布置成一条直线或成某一角度,水电站建筑物集中布置在电站坝段上,厂房本身是挡水建筑物的一部分,并承受水压力,如图1.3所示。

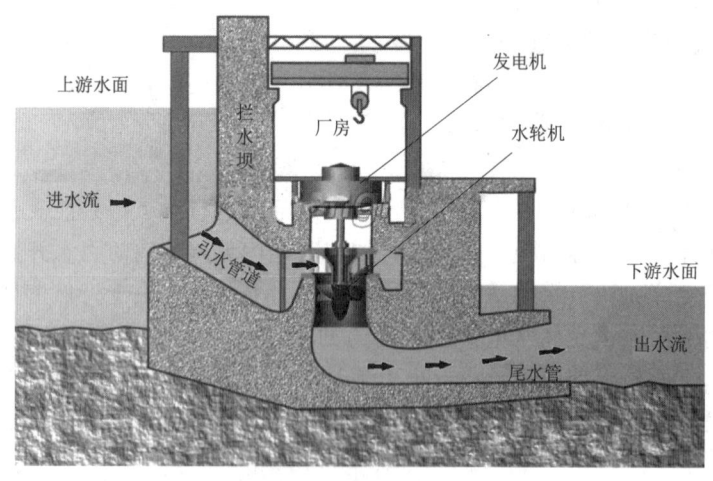

图1.3 河床式水电站剖面图

河床式水电站(图1.4),一般修建在平原河段上,为避免造成大量淹没而修建低坝,适当抬高水位,由于水头不高,所安装的水轮发电机组的厂房和坝并排建造在河道中。因所引用的流量较大,河床式水电站又称为低水头大流量水电站。对于小型水电站水头一般为 8～10m，对于大中型电站水头一般在 25m 以下，一般不超过 30～40m。

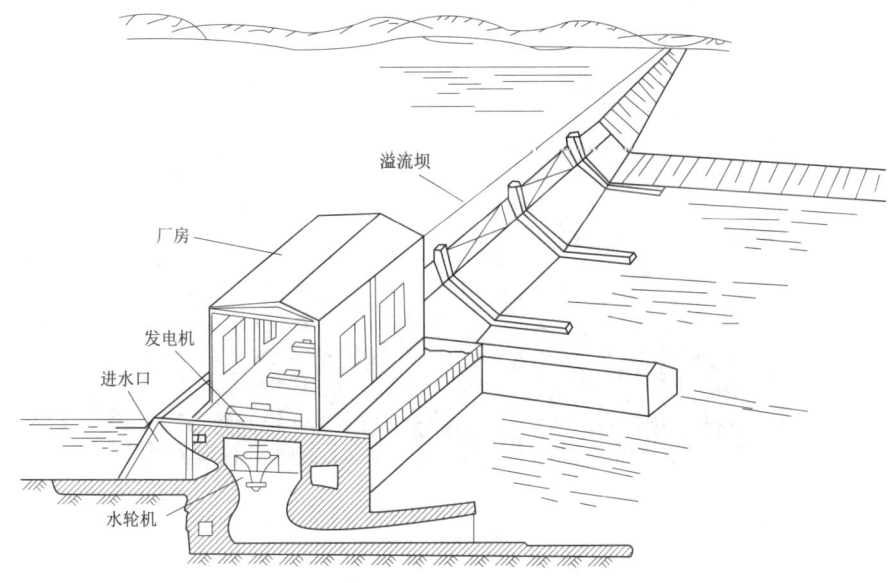

图 1.4 河床式水电站平面图

水电站建筑物组成包括：进水口、引水道及厂房等。进水口后的引水道较短，河水直接由厂房上游引入水轮机。由于电站水头低，流量大，大都安装直径大转速低的轴流式水轮发电机组。机组台数较多时，整个厂房的长度较长。多建于平原河段或灌溉渠道上。我国广西大化、浙江富春江、甘肃八盘峡、湖北葛洲坝以及修建在灌溉渠道上的许多小型水电站，都属于此种类型。当挡水建筑物为水闸、厂房建在闸墩中时，称为闸墩式水电站。

2. 坝后式水电站

如果水头较高或因河道狭窄而不宜将电站厂房与挡水坝并排布置，常将电站厂房布置在坝的后面，故称为坝后式水电站。在坝后式水电站的水利枢纽中，水电站建筑物集中布置在坝段后，大都靠河道一岸，以利于布置主变压器场与对外交通等设施。其建筑物组成包括拦河坝、溢洪道、电站进水口及其附属设备、厂房和输变电设施等。拦河坝一般较高，坝型可以是重力坝、支墩坝或拱坝（图 1.5）。电站取水口和拦污栅、闸门及其启闭设备均布置在坝的上游与坝身合成一体。泄水建筑物多设计成坝体溢流形式。由于水头较高，厂房本身重量不足以维持其稳定，因此厂房不挡水，坝与厂房之间用永久缝分开，上游水压力全部由坝承受。拦河坝可能是重力坝、支墩坝、拱坝或土石坝（图 1.6）。坝后式水电站一般宜建在河流上游的山区峡谷地段，集中落差为中高水头。我国著名的三峡水电站便是坝后式水电站。

坝后式水电站厂房的布置形式很多，当厂房布置在坝体以内时，称为坝内式水电站；当厂房布置在溢流坝段之后时，通常称为溢流式厂房；如果坝后式水电站的拦河坝是土坝或堆石坝等当地材料坝，其发电用的引水管道可以埋设在坝基内。采用这种埋设方法，当水管由于某种原因破裂时，不宜检修，自管中漏出的水将直接威胁大坝

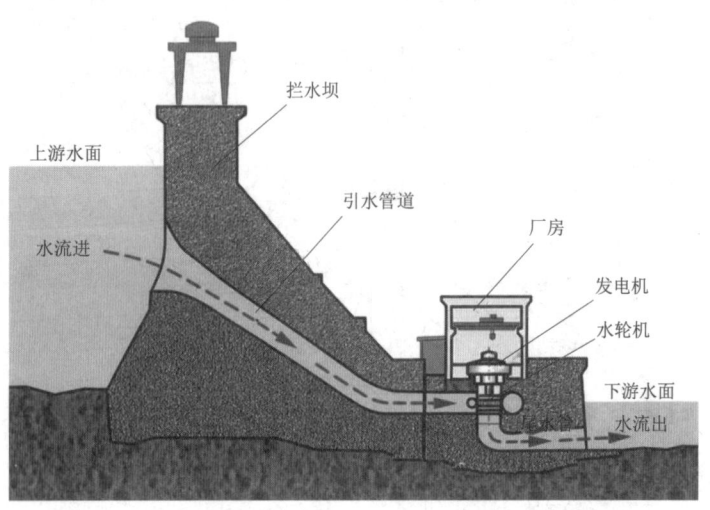

图1.5 坝后式水电站剖面图

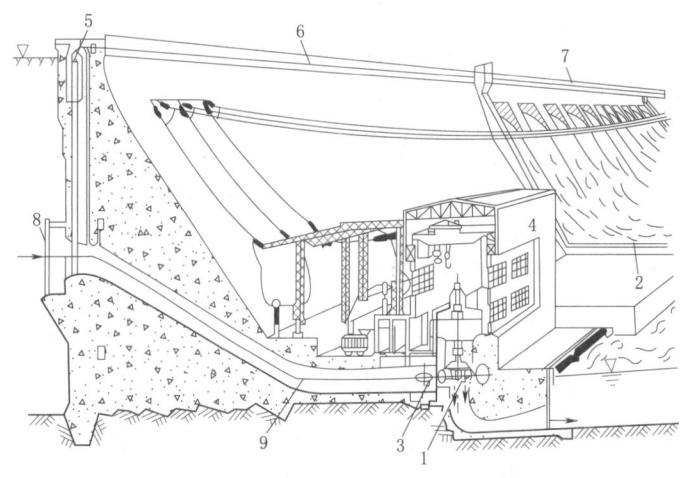

图1.6 坝后式水电站
1—水轮机；2—导流墙；3—主阀；4—厂房；5—闸门；6—拦河坝；
7—溢流坝；8—拦污栅；9—压力管道

安全。所以，大多数情况下压力管道采用隧洞而将厂房布置在河流一岸，这种布置方式称为河岸式，如我国著名的小浪底水利枢纽就属于此种类型。

#### 1.2.2.2 引水式水电站

所谓引水式水电站就是水能的开发方式为引水式的水电站，即用引水道集中水头的水电站。

1. 无压引水式水电站

引水道为无压明渠或无压隧洞的引水式水电站称为无压引水式水电站（图1.7）。在低丘区和平原地区，无压引水式水电站水头较小，一般为6～10m，这时发电用水由渠道直接引入厂房水轮机室。无压引水式水电站水利枢纽的主要特点是具有较长的渠道、隧洞或渠道与无压隧洞相结合的引水道。

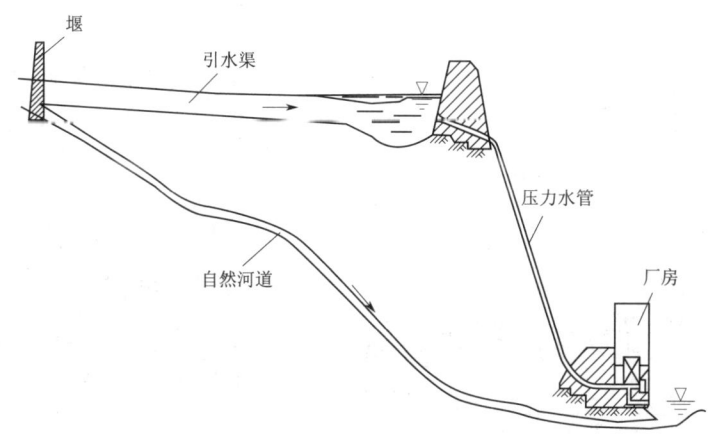

图 1.7 无压引水式水电站示意图

无压引水式水电站多建造在河流坡度较陡的河段上，一般用来集中高、中水头。其枢纽建筑物一般分为三部分，即①首部枢纽，由坝（低坝或无坝）、进水口及沉沙池（多泥沙河流）等建筑物组成；②引水建筑物，它紧接于进水口之后，在引水渠道上有时设有渡槽、涵洞、倒虹吸管及桥梁等附属建筑物，在引水渠道的尾端与压力前池相接；③厂区枢纽，由压力前池（有时设有日调节池）、高压管道、厂房、变电及配电设备和尾水渠等建筑物组成。

2. 有压引水式水电站

引水道为有压的隧洞、压力管道的引水式水电站称为有压引水式水电站。如图1.1所示，有压引水式水电站水利枢纽的特点是具有较长的有压引水道，一般为有压隧洞。其枢纽建筑物亦可分成为三部分：①首部枢纽，有拦河坝及进水口；②有压引水建筑物；③厂区枢纽，包括调压室、压力管道、电站厂房及尾水渠等建筑物。

如有压引水式水电站常建于河道坡降较陡或有河湾宜于修建压力水道集中落差的河段。在河湾地段裁弯取直引水，引取高山湖泊的蓄水发电，高差很大的毗邻流域引水等，均可获得相当大的水头，有利于修建有压引水式水电站。安徽毛尖山水电站就是这种形式，它通过拦河建造的土石混合坝取得20m的水头，又通过压力引水隧洞取得120m左右的水头，电站总静水头达138m。但在工程实际中很少采用混合式水电站这一名称，常将具有一定长度引水建筑物的水电站通称为引水式水电站。

### 1.2.2.3 混合式水电站

通过拦河筑坝集中部分落差，再通过引水道集中一部分落差而形成水头的水电站，称为混合式水电站（图1.8）。当上游河段有良好筑坝建库条件，下游河段坡降较大时，适于修建混合式水电站。但在工程实际中很少采用混合式水电站这一名称，常将具有一定长度引水建筑物的水电站统称为引水式水电站。

图 1.8 混合式水电站

#### 1.2.2.4 抽水蓄能电站

抽水蓄能电站

抽水蓄能电站不属于水能开发的方式，而是以水体为储能介质，对电能的供求起调节作用的一种形式，或者说其主要解决电力系统的调峰问题。

枢纽建筑物主要有上、下两个水库，用引水建筑物相连，蓄能电站厂房建在下水库处，采用双向机组。有抽水蓄能和放水发电两个过程如图 1.9 所示：

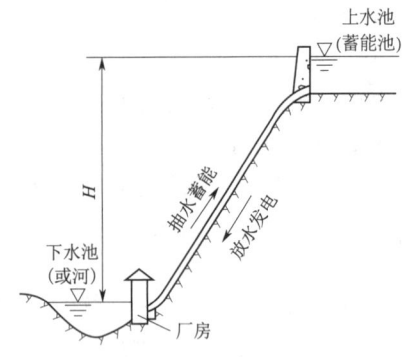

图 1.9 抽水蓄能电站

（1）抽水蓄能：系统负荷低时，利用系统多余的电能带动泵站机组将下库的水抽到上库（电动机＋水泵），将电能以水的势能形式储存起来。

（2）放水发电：系统负荷高时，将上库的水放下来推动水轮发电机组（水轮机＋发电机）发电，以补充系统中电能的不足。

抽水蓄能式水电站不但可有效解决用电高峰与低谷时电力供求的矛盾，而且随着我国电力行业的改革，实行负荷高峰高电价、负荷低峰低电价后，抽水蓄能电站的经济效益将是显著的。位于辽宁省抚顺市清原满族自治县北三家乡境内的辽宁清原抽水蓄能电站为日调节抽水蓄能电站。我国已建抽水蓄能电站有：①广东从化抽水蓄能电站，其装机容量为 2400MW（8×300MW）；②浙江天荒坪抽水蓄能电站，其装机容量为 1800MW（6×300MW）；③北京十三陵抽水蓄能电站，其装机容量为 800MW（4×200MW）；④河北潘家口抽水蓄能电站，其装机容量为 420MW（3×90MW＋150MW）；⑤西藏羊卓雍湖抽水蓄能电站，其装机容量为 90MW（4×22.5MW）。

#### 1.2.2.5 潮汐电站

潮汐现象是海水因受日月引力而产生的周期性升降运动，即海水的潮涨潮落。正常潮汐的最大潮差为 8.9m；北美芬迪湾蒙克顿港最大潮差竟达 19m。世界海洋潮汐能蕴藏量约为 27 亿 kW，若全部转换成电能，每年发电量大约为 12000 亿 kW·h。潮汐发电的原理是：利用潮水涨、落产生的水位差所具有势能来发电的，也就是把海水涨、落潮的能量变为机械能，再把机械能转变为电能（发电）的过程。潮汐发电就是在海湾或有潮汐的河口建一拦水堤坝，将海湾或河口与海洋隔开构成水库，再在坝内或坝房安装水轮发电机组，然后利用潮汐涨落时海水位的升降，使海水通过水轮机带动发电机发电，如图 1.10 所示。

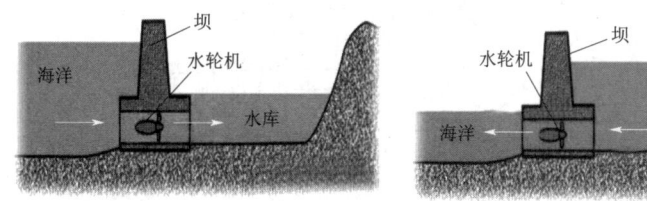

图 1.10　潮汐电站示意图

潮汐发电按开发方式不同分为单向水库单向发电，单向水库双向发电及双向水库潮汐发电。由于潮汐发电的开发成本较高和技术上的原因，所以发展不快。

## 1.3　水电站厂房类型

### 1.3.1　按结构形式分类
#### 1.3.1.1　地面厂房

1. 坝后式厂房

坝上游面设有进水口，进水口设有拦污栅和闸门。高压管道穿过非溢流坝身通向设于坝下游侧的电站厂房中，为保证坝体所受水压力不传至电站厂房建筑物上，将坝与厂房用永久伸缩沉陷缝分开。电站厂房一般设在有对外交通道路的一侧，厂房虽然占据部分河床，但并不影响溢流坝的布置，因此这种布置方式要求有较宽的河床，如图 1.5 所示。

2. 溢流式坝后厂房

对于有较高的挡水头，若将水电站厂房设于坝后，却因河床较窄，其他建筑物无法布置得开，这种情况下可采用厂房布置在溢流坝后的方案，如图 1.11 所示。泄洪时，水流从厂房顶挑出。由于在厂房顶上通过高速水流，因此房顶施工要求更平滑，厂房结构要求能抵抗水流的荷载和不发生有害的振动与气蚀，这也要求房顶和边墙一般做成厚重的结构。这种布置形式，厂坝之间有很大的空间，可布置副厂房。当然其缺点也很明显，如泄洪时因振动而使厂房内的工作环境较差，同时下游水位的波动对发电是不利的，也存在通风、采光和防潮问题，另外，厂区的布置也受限制，变压器、开关站一般只能布置在岸边。这种布置方式多应用在河谷狭窄、泄洪量大，厂房也较长的情况。

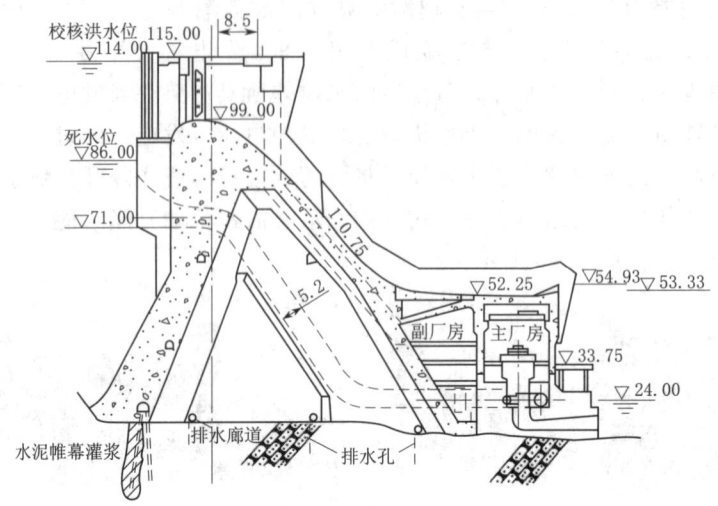

图1.11 溢流式坝后厂房（单位：m）

**3. 溢流式坝内厂房**

当河谷狭窄，而洪水很大时，河谷内往往不能同时布置厂房和泄水建筑物，如把厂房放在坝体内，而在坝顶上溢流，就成为溢流式坝内厂房，如图1.12所示。这种电站厂房不仅可设于重力坝内、宽缝重力坝内，甚至拱坝内也有先例。

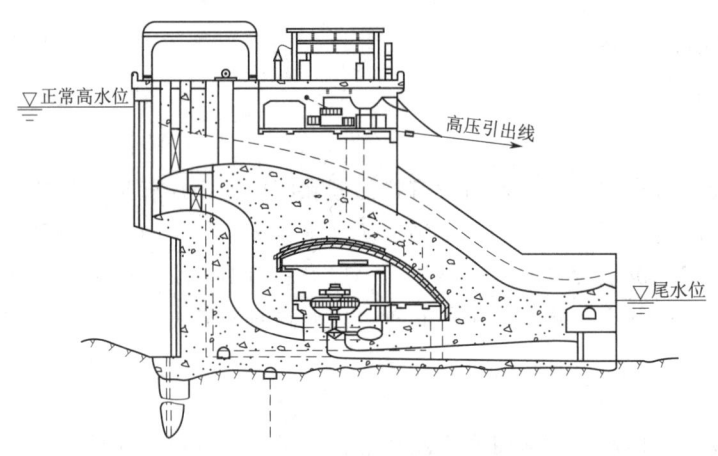

图1.12 溢流式坝内厂房

这类厂房的引水道和尾水道很短，混凝土坝体有空腔，有利于坝体混凝土的冷却和节省混凝土。其特点与溢流式坝后厂房很类似，通风、照明与防潮问题需要很好地解决；应力比较复杂；施工干扰大；下游消能及岸坡保护也较复杂。

**4. 河床式厂房**

当水电站水头较低（一般为25～35m）时，而单机容量又比较大时，水电站厂房尺寸就较大，可把厂房与大坝并排布置，利用厂房来挡水，代替部分拦河大坝，以减小工程投资，这类厂房称为河床式厂房，如图1.4所示。

这种厂房本身作为挡水建筑物,也存在滑动、稳定、基础防渗等一系列问题。另外,由于流量大,因此水轮机的蜗壳的尺寸较大,而且为钢筋混凝土做成。当然进水口、闸门及拦污栅的尺寸也都很大。因其尾水管较长,使尾水管之上的空间往往较大而便于布置副厂房和变压器等设备。

5. 河岸式厂房

水电站厂房设于远离坝区的岸边之上。这种电站厂房多为引水式和混合式水电站的地面厂房。河岸式厂房的特点是厂房枢纽与大坝枢纽互不干扰,引水建筑物比较长,因此厂区布置灵活。厂房的布置主要取决于河岸的地形地质条件以及引水建筑物、对外交通和水电站的出线等因素。

6. 露天式厂房

如把地面厂房的上部结构去掉,用一个防护罩将发电机罩上,就成为露天式厂房。每台发电机都要单独设防护罩并应留有吊物孔和进人孔。用门式吊车代替桥式吊车。机组安装或检修时,打开防护罩的顶盖,在露天下进行,如图1.13所示。如果厂房的主、辅设备布置在低矮的房间中,房顶开孔,孔口用活动防护罩盖住,发电机周围有较大空间便于巡视,称为半露天式厂房,如图1.14所示。

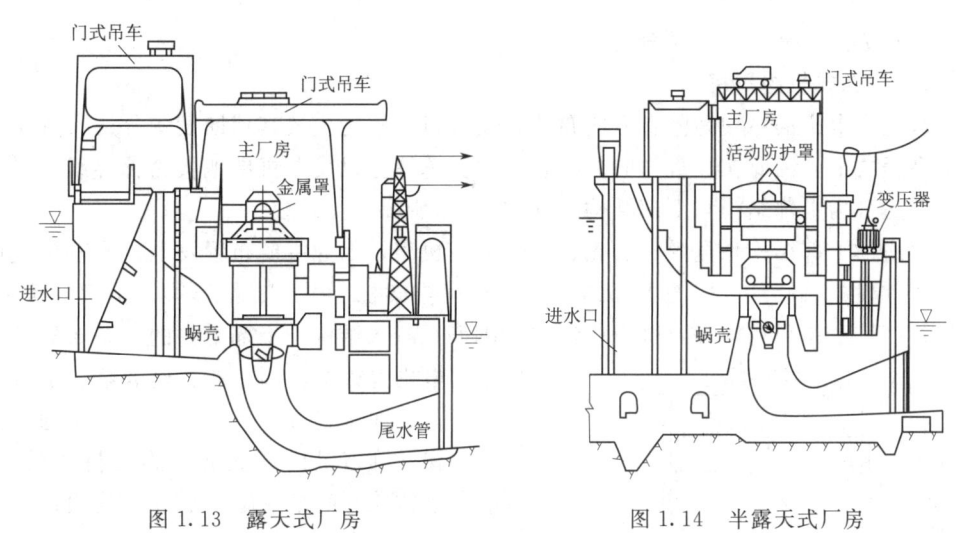

图1.13 露天式厂房 　　　　　图1.14 半露天式厂房

露天厂房是靠取消上部结构减小投资的。其缺点是对防护罩的防雨、防风、防冻的要求较高,运行上也有很多不便。因此,该方案应在经济效果与运用管理等多方面综合论证,确实有较大优势情况下方才选用。

#### 1.3.1.2 地下式厂房

有压引水式(主要是混合式)水电站,如因地形地质条件或其他条件限制不宜布置成河岸式地面厂房,则可布置成为地下厂房,如图1.15所示。地下厂房对地质条件要求较高,受地形条件影响较小,故厂房的位置选择比较灵活;施工不受季节气候影响,可全年施工。其缺点是:地下岩石开挖工程量大;除主体工程外还有通风洞、出线洞、交通洞的施工;投资大、施工条件差;地下厂房厂区的布置、对外交通及通风采光等条件比较差,厂房结构也比较复杂。当前,随着岩土力学的不断发展以及地下开挖技术的日趋成熟，地下式厂房已普遍地被采用，有些甚至是在岩石条件不好的情况下，我国著名的小浪底水电站就是典型例子。引水洞和尾水洞是地下厂房水流系统的主要建筑物。根据厂房与水流系统相对位置的不同，地下厂房可分为首部式-厂房靠近进水口，引水洞较短；中部式-厂房位于水流系统的中部，引水洞和尾水洞长度接近；尾部式-厂房靠近出水口，引水洞较长，尾水洞较短。

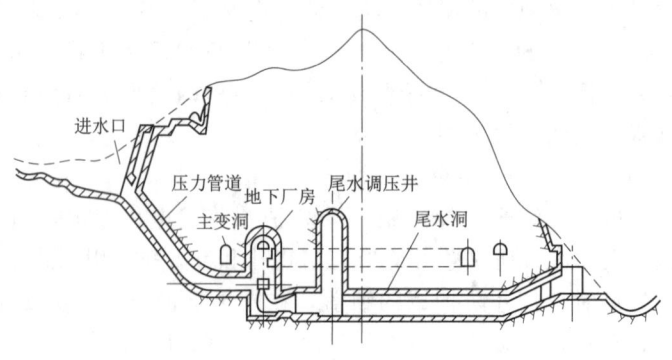

图 1.15　地下式厂房剖面图

### 1.3.2　按机组的装置方式分类

#### 1.3.2.1　立式机组厂房

水轮发电机的主轴为竖直方向布置，发电机、水轮机及其辅助设备分层布置于不同的高程之上，因此在竖直方向分有若干层。总体上以发电机层地板为分界线，将水电站厂房分为上部结构与下部结构，如图 1.16 所示。

厂房的上部结构是宽敞、明亮、干燥的主机房，因为主要布置发电机及其电气设备，故称发电机层。厂房的上部结构包括厂房排架柱、牛腿、吊车梁、桁架、楼板、墙体、门窗和屋顶结构等，这些构件多为钢筋混凝土结构。上部结构的设备布置有发电机上机架、调速器、机旁盘、励磁设备、油压装置等，此外，还有走道、楼梯、廊道等内部交通设施及桥式吊车、吊物孔等起吊设施。上部结构通常位于尾水最高洪水位以上，又称为"水上部分"。水上部分在结构上和常见的一般工业厂房相似。

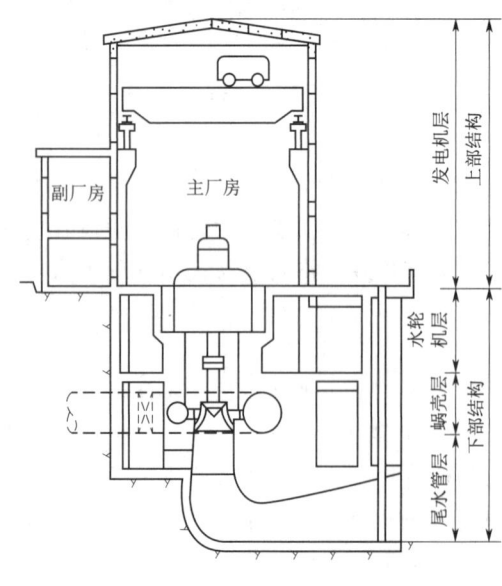

图 1.16　立式厂房横剖简图

厂房的下部结构包括发电机层、水轮机层（主要布置水轮机的上部结构及其附属设施）、蜗壳层（主要布置蜗壳及其附属设施）、尾水管层（布置尾水管及其进人孔和主阀室）。

在发电机层以下为"水下部分"，包括水轮机层及其以下的蜗壳和尾水管层的混凝土块体结构。水下部分的工程量大，设计时要在满足结构安全可靠的前提下力求节省。

#### 1.3.2.2 卧式机组厂房

卧式机组厂房由水轮机和发电机安装在同一高程的地板上。卧式机组厂房的面积比立式机组厂房的相对大一些，但厂房高度小，总的工程量比立式机组厂房少。其优点还有投资省，运行管理方便，安装、维修也简易。

## 章 节 练 习 题

### 一、单选题

1. 下列说法哪种是正确的？（　　）
   A. 水电站设备比火电站复杂
   B. 水电站启动比火电站慢
   C. 水电站可以担负调峰、调频、调相和事故备用
   D. 核电站可以担负调峰、调频、调相和事故备用

2. （　　）是指水电站正常发电的保证程度。
   A. 设计保证率　　B. 保证出力　　C. 发电量　　D. 保证发电效率

3. 按其（　　）的不同方式，水电站分为坝式、引水式和混合式三种基本方式。
   A. 集中流量　　B. 引水建筑　　C. 形成河道　　D. 集中水头

4. 下列哪一项不是坝式水电站的特点？（　　）
   A. 水头取决于坝高　　　　　　B. 没有水库调节径流
   C. 水能利用较充分　　　　　　D. 引用流量较大

5. 引水式水电站适合修建在（　　）。
   A. 河道坡降较陡，流量较小的山区性河段
   B. 河道坡降较缓，流量较小的平原河段
   C. 河道坡降较陡，流量较大的山区性河段
   D. 河道坡降较缓，流量较大的平原河段

### 二、判断题

1. 水能资源是一种清洁的、可再生的能源，利用得越早，其价值越大。（　　）
2. 水能为可储存能源，也是可再生能源。（　　）
3. 水力发电不消耗燃料，不需要开采和运输发电所用的燃料所投入的大量人力和设施，自动化程度高，运行和维修费用低。（　　）
4. 修建水电站需要考虑多方面因素，如水量、落差、地质、地形、地理、环境、土地淹没、移民、政治、经济、交通等。（　　）

### 三、名词解释

1. 水电站装机容量

2. 水电站发电量


四、简答题
1. 水力发电的基本原理是什么？



2. 河床式水电站与河岸式水电站的主要区别有哪些？

# 2

# 水 轮 机

【知识目标】
- 明晰水轮机的基本类型以及应用范围。
- 熟知水轮机的基本构造。
- 明白水轮机的工作原理。

【技能目标】
- 能够分辨水轮机的基本类型。
- 能根据基础资料选用合适的水轮机。
- 能根据基础资料选用合适类型的调速器。

【思政目标】
- 具备高效、严谨、实事求是的专业素养,传承吃苦耐劳的大国水利工匠精神。

## 带你游历著名水电站之二
## 溪洛渡水电站

溪洛渡水电站位于四川雷波县和云南永善县交界的金沙江河段上,是中国第三、世界第四大水电站,也是国家"西电东送"骨干电源点之一。

该水电站于 2005 年 12 月开工,2013 年 7 月首批机组投产发电,2014 年 6 月底全部机组投产发电。它安装了 18 台单机容量 77 万 kW 的水轮发电机组,总装机容量 1386 万 kW。截至 2024 年 2 月 14 日,累计发电量突破 6000 亿 kW·h,相当于节约标准煤 1.8 亿 t,减排二氧化碳 4.94 亿 t。2024 年以来,机组高峰期运行台数达 16 台,日均出力最高达 1042.3 万 kW,为电力保供提供了坚强保障。

溪洛渡水电站以发电为主,兼顾防洪、拦沙、改善库区及坝下河段通航条件等综合效益。其水库总容量 126.7 亿 $m^3$,调节库容 64.6 亿 $m^3$,可进行不完全年调节。此外,它与乌东德、白鹤滩、向家坝、三峡、葛洲坝等梯级电站构成世界最大清洁能源走廊,为"西电东送"战略实施提供了有力支撑。

【知识准备】

水轮机是一种将河流中蕴藏的水能转换成旋转机械能的原动机。水流流过水轮机时,通过主轴带动发电机将旋转机械能转换成电能。水轮机与发电机连接所成的整体称为水轮发电机组，水轮机是水电站的动力设备之一。

## 2.1 水轮机的类型与基本构造

### 2.1.1 水轮机的类型和应用范围

#### 2.1.1.1 水轮机的基本类型

水轮机是将水流能量转换成机械能的一种原动机，根据水流能量转换特征不同，把水轮机分为反击式和冲击式两大类。

利用水流的势能（位能和压能）和动能的水轮机，称为反击式水轮机；只利用水流动能的水轮机，称为冲击式水轮机。

两大类水轮机按水流流经转轮的方向及结构特征不同，又分为若干种型式。

1. 反击式水轮机

反击式水轮机的转轮由若干个具有空间三维扭曲面的叶片组成，压力水流充满水轮机的整个流道。当压力水流通过转轮时，受转轮叶片作用使水流的压力、流速大小和方向发生变化，因而水流便以其压能和动能给转轮以反作用力，此反作用力形成的旋转力矩使转轮转动。

反击式水轮机按水流流入和流出转轮方向的不同，又分为混流式、轴流式、斜流式和贯流式水轮机。

2. 冲击式水轮机

冲击式水轮机是在大气中进行能量交换的，水流能量以动能形态转换为转轮旋转的机械能。有压水流先经过喷嘴形成高速自由射流，将压能转变为动能并冲击转轮旋转，故称为冲击式。在同一时间内水流只冲击部分转轮，水流不充满水轮机的整个流道，转轮只部分进水。根据转轮的进水特征，冲击式水轮机又分为切击式、斜击式和双击式水轮机三种形式。近代水轮机的主要类型归纳如图2.1所示。

#### 2.1.1.2 水轮机的特点及应用范围

1. 反击式水轮机

（1）混流式水轮机。混流式水轮机又称弗朗西斯式水轮机，水流自径向进入转轮，大体上沿轴向流出，故称为混流式，如图2.2所示。

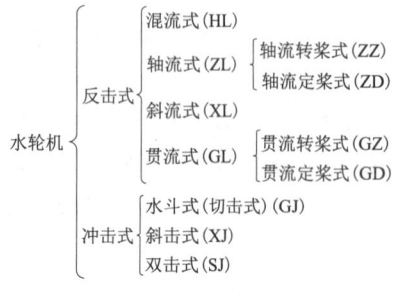

图2.1 水轮机的主要类型

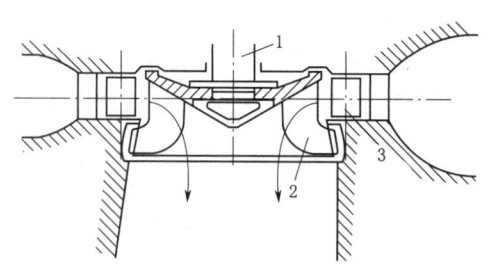

图2.2 混流式水轮机
1—主轴；2—叶片；3—导叶

混流式水轮机结构简单，运行可靠，效率高，是应用最为广泛的机型。混流式水轮机应用水头范围宽阔，一般为 20～700m，最高达 734m。我国龙羊峡水电站 320MW 的水轮发电机组，就是采用混流式水轮机。

（2）轴流式水轮机。轴流式水轮机在水流进入和流出这种水轮机的转轮时，都是轴向的，故称轴流式。其应用水头为 3～80m，如图 2.3 所示。根据转轮叶片在运转中能否转动，又分为轴流定桨式和轴流转桨式两种。轴流转桨式又称为卡普兰式（Kaplan）。

轴流定桨式水轮机的转轮叶片在运行时是固定不动的，因而结构简单。

由于叶片固定，当水头及负荷变化时，叶片角度不能迎合水流情况，效率会急剧下降，因此这种水轮机一般用于水头和负荷变化幅度较小的电站。轴流定桨式水轮机的应用水头一般为 3～50m。

水轮机的构造

轴流转桨式水轮机适用于负荷变化较大的大、中型低水头电站，其应用水头一般为 2～88m。我国葛洲坝水电站安装的 175MW 机组，就是采用的轴流转桨式水轮机。

（3）斜流式水轮机。水流流经水轮机转轮时，水流方向与轴线呈某一倾斜角度，它是 20 世纪 50 年代发展起来的一种机型，其结构和特性方面，均介于混流式和轴流转桨式之间，如图 2.4 所示。斜流式水轮机的叶片角度也可以根据运行需要进行调整，实现导叶与转轮叶片的双重调节。斜流式水轮机有较高的高效率区，且具有可逆性，常作为水泵水轮机用于抽水蓄能电站中。

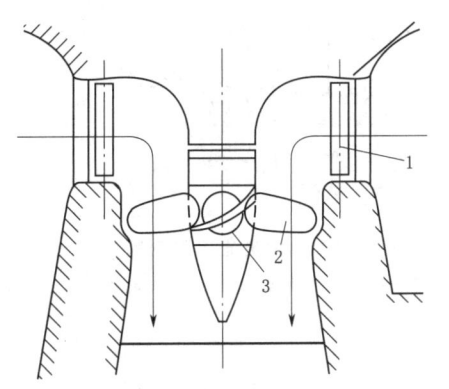

图 2.3 轴流式水轮机
1—导叶；2—叶片；3—轮毂

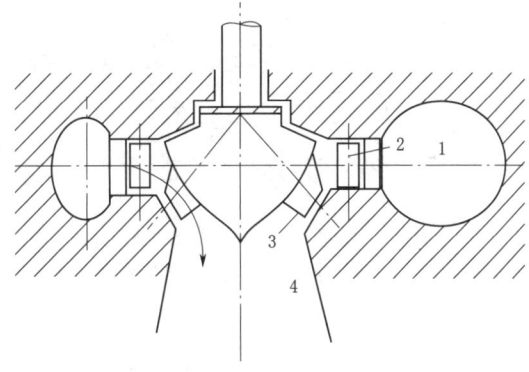

图 2.4 斜流式水轮机
1—蜗壳；2—导叶；3—转轮叶片；4—尾水管

应用水头范围一般为 40～200m，因其结构复杂，造价较高，很少用于小型水电站。

（4）贯流式水轮机。当轴流式水轮机的主轴水平（或倾斜）装置，且不设置蜗壳，采用直尾水管，水流一直贯通，这种水轮机称为贯流式水轮机，如图 2.5 所示。贯流式水轮机是开发低水头水力资源的一种机型，应用水头通常在 20m 以下。

贯流式水轮机也有定桨与转桨之分，由于发电机的装置方式及传动方式不同，这种水轮机又分为全贯流式和半贯流式两类。将发电机转子安装在水轮机转轮外缘的叫作全贯流式水轮机，如图 2.6 所示。它的优点是流道平直、过流量大、效率高。但由于转轮叶片外缘的线速度大、周线长，因而旋转密封困难。目前这种机型已很少使用。半贯流式水轮机有灯泡式、轴伸式、竖井式和虹吸式等结构形式，如图 2.7 和图 2.8 所示。

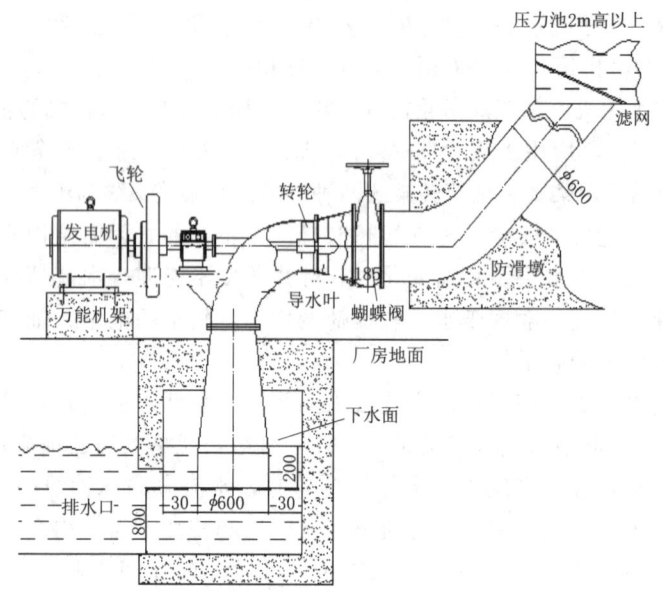

图 2.5　贯流式水轮机

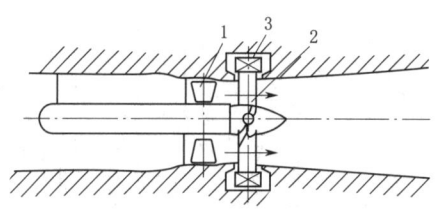

图 2.6　全贯流式水轮机
1—导叶；2—转轮叶片；3—发电机

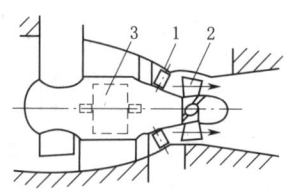

图 2.7　半全贯流式水轮机
1—导叶；2—转轮叶片；3—发电机

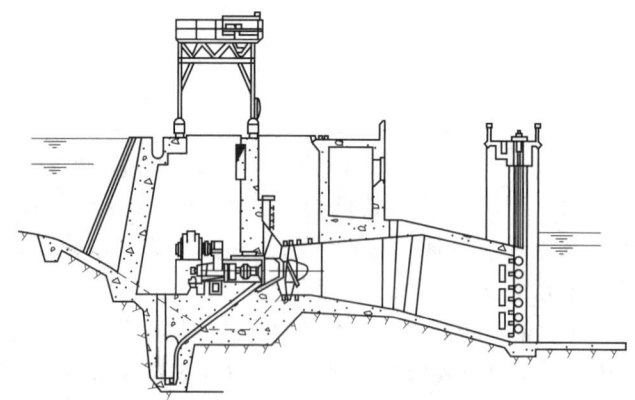

图 2.8　竖井贯流式水轮机

目前应用最多的是灯泡贯流式水轮机,其结构紧凑、稳定性好、效率高,其发电机布置在被水绕流的钢制灯泡体内,水轮机与发电机可直接连接,也可通过增速装置连接。

2. 冲击式水轮机

(1) 切击式水轮机。切击式水轮机一般又称水斗式水轮机或培尔顿水轮机(Pelton),如图 2.9 所示。它是冲击式水轮机中应用最广泛的一种机型,它适用于高水头电站,中小型切击式用于水头 100~800m,大型切击式一般应用在 400m 水头以上,目前最高应用水头达 1770m。

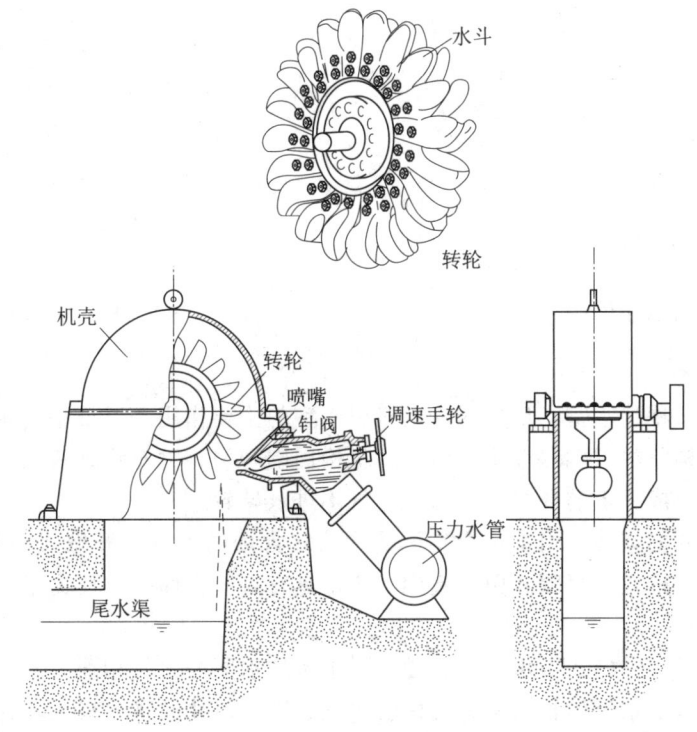

图 2.9 水斗式水轮机

(2) 斜击式水轮机。斜击水轮机,射流与转轮平面夹角约为 22.50°。如图 2.10 所示,这种水轮机用在中小型水电站,使用水头一般在 400m 以下,最大单机出力可达 4000kW。

(3) 双击式水轮机。双击式水轮机,结构简单,制造容易,但效率低,只适应于小水电站,如图 2.11 所示,应用水头 10~150m。

## 2.1.2 水轮机的基本部件

水轮机的基本部件较多,这里只简要介绍对水轮机能量转换过程有直接影响的主要过流部件。

### 2.1.2.1 反击式水轮机

反击式水轮机一般有四大基本过流部件,即引水部件、导水部件、工作部件和泄水部件。不同形式的反击式水轮机,上述四大部件不尽相同。

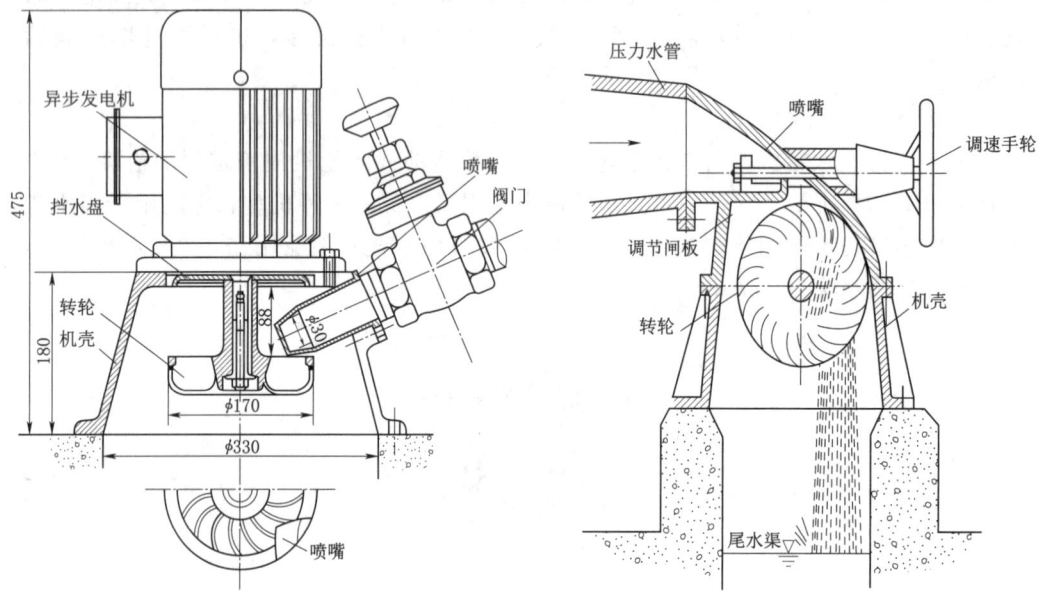

图 2.10 斜击式水轮机图（单位：cm）　　图 2.11 双击式水轮机

**1. 引水部件**

引水部件又称引水室，反击式水轮机引水室的主要作用是以最小的水力损失将水流引向导水机构，尽可能保证水流沿导水机构周围均匀、轴对称地流入；并使水流进入导水机构前形成一定的环量以及保证空气不进入转轮。

为适应不同的条件，引水室有不同的形式，常用的类型有开敞式和封闭式两类。开敞式又称为明槽式；封闭式引水室中水流不具有自由水面，有压力槽式、罐式、蜗壳式三种形式。

(1) 开敞式：明槽式引水室。明槽式引水室的水面与大气相通。为了减少明槽内的水力损失及保证水流的轴对称，明槽引水室的平面尺寸通常比较大，这种引水室一般用于水头10m以下，转轮直径小于2m的小型渠道电站，如图2.12所示。

(2) 封闭式。

1) 压力槽式引水室。压力槽式引水室适用于8～20m的小型水轮机，如图2.13所示。

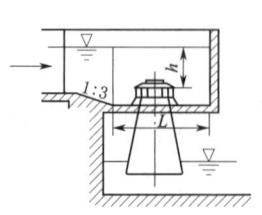　　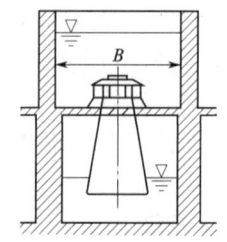

图 2.12 明槽式水轮机　　图 2.13 压力槽式水轮机

2) 罐式引水室。罐式引水室中的水流具有一定的压力，属于封闭式引水室，它由一个圆锥形金属机壳构成，一端与压力钢管相连，另一端与尾水管连接。这种引水室结构简单，但水力损失大，一般用于 D1 小于 0.5m，水头 10~35m，容量小于 1000kW 的小型水轮机，如图 2.14 所示。

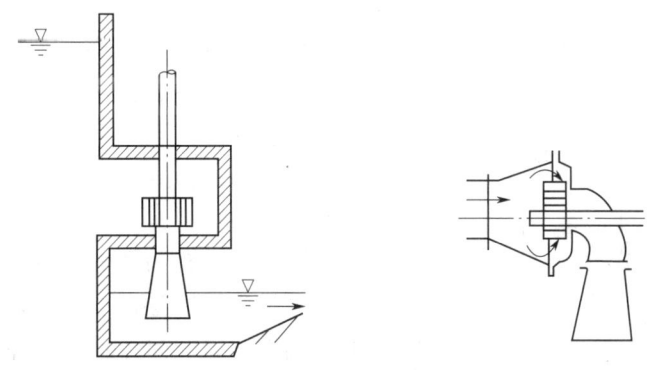

图 2.14　罐式引水室

3) 蜗壳式引水室。蜗壳式引水室俗称蜗壳，其进口与压力引水管相连，沿进口断面向末端，断面面积逐渐缩小，它属于封闭式引水室。

垂直于压力水管来水方向的蜗壳断面，叫作蜗壳的进口断面。蜗壳断面面积为零的一端，称为蜗壳的末（鼻）端，由末端到任意断面之间所形成的圆心角叫作包角，由末端到进口断面之间所形成的圆心角为最大包角（$\varphi_{max}$）。

水轮机的应用水头不同，作用在蜗壳内的水压力不相同。水头高则水压力大，要求蜗壳具有较高的强度，因此采用金属制造；而低水头时压力较小，强度可以降低，故一般采用混凝土制作。

金属蜗壳通常采用铸造或钢板焊接结构，其断面为圆形，最大包角接近 360°（通常为 345°）。工作水头在 40m 以上时，一般采用金属蜗壳，如图 2.15 所示。

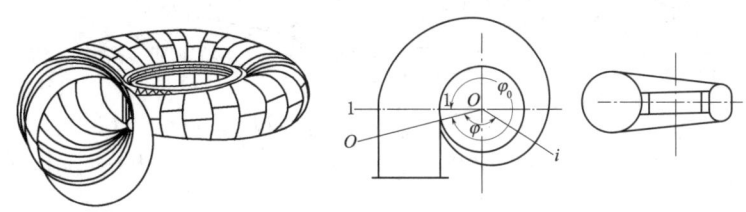

图 2.15　金属蜗壳

混凝土蜗壳用混凝土在电站施工现场浇筑而成，其断面为梯形断面，做成多边形梯形断面可以减小径向尺寸以及便于制作模板和施工。混凝土蜗壳的最大包角通常为 180°，应用水头在 40m 以下，如图 2.16 所示。

2. 导水部件

导水部件即导水机构，位于引水室和转轮之间，它的作用是引导水流以一定的方向进入转轮，形成一定的速度矩，并根据机组负荷变化调节水轮机的流量改变水轮机

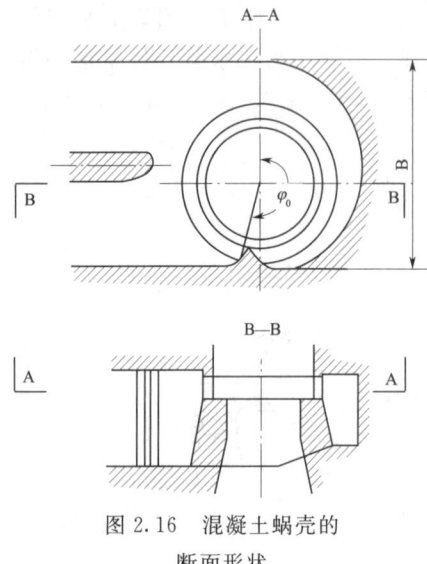

图 2.16 混凝土蜗壳的断面形状

功率。为达到上述目的，通常导水机构是由流线形的导叶及其转动机构（包括转臂、连杆、剪断销、控制环等）所组成，而控制环的转动是通过调速器控制油压接力器来实现的，其原理如图 2.17、图 2.18 所示。当控制环相连的连杆同时带动所有转臂转动，而转臂又带动导叶以相等的角速度沿同一方向关闭，反之开启。

（1）导叶。导叶均布在转轮的外围，为减少水力损失，其断面设计成翼型，导叶可随其轴转动，称为活动导叶。为保证水轮机在停止运行时，导叶关闭不漏水，在导叶的上下端面、导叶间隙均设有橡胶或不锈钢的密封装置。

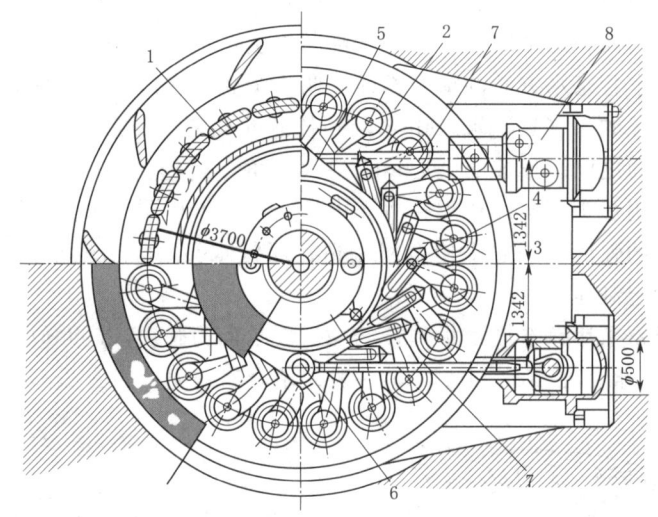

图 2.17 水轮机导水机构
1—导叶；2—顶盖；3—转臂；4—连杆；5—控制环；6—轴销；7—推拉杆；8—油压接力器

（2）座环。座环位于引水部件（蜗壳）与导水机构之间，由上环、下环和中间若干个流线形立柱（也称固定导叶）组成，如图 2.19 所示。其作用是承受水轮发电机的部分重量、水轮机的轴向水推力、顶盖的重量及部分混凝土重量，并将此荷载通过立柱传给下部基础。同时，座环也是水轮机的过流部件和水轮机安装基准部件。

3. 工作部件

工作部件即转轮，它的作用是将水能转换为机械能，实现水流能量转换的核心部件。转轮的形状、制造工艺、轮叶数目对水轮机的性能、结构、尺寸起决定性的作用。

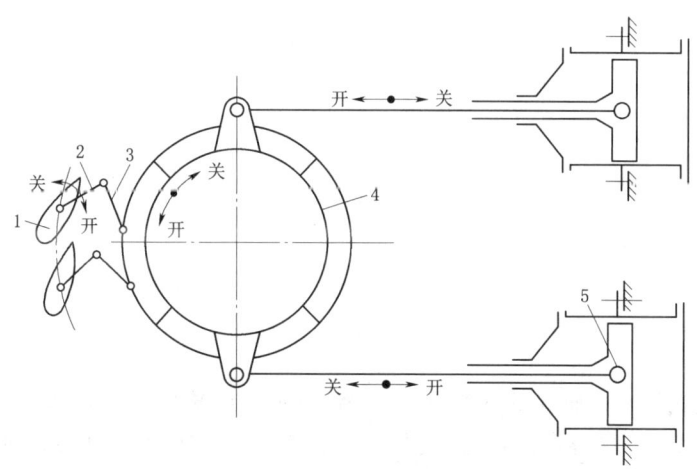

图 2.18　接力器的工作原理图
1—导叶；2—转臂；3—连杆；4—控制环；5—接力器

（1）混流式转轮。如图 2.20 所示，转轮由上冠、下环、叶片、止漏环和泄水锥组成。

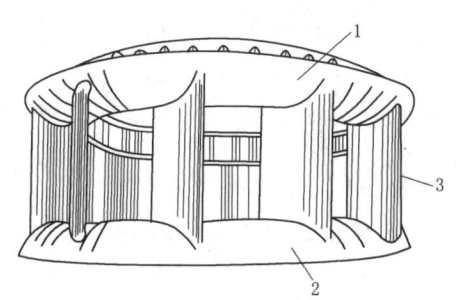

图 2.19　水轮机座环
1—上环；2—下环；3—固定导叶

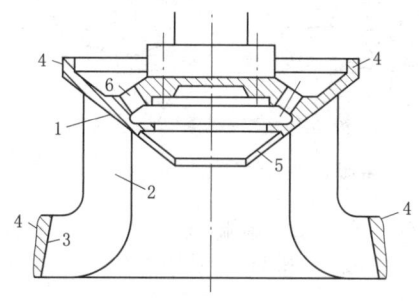

图 2.20　混流式转轮
1—轮毂；2—转轮叶片；3—下环；
4—止漏环；5—泄水锥；6—减压孔

转轮叶片均匀分布在上冠与下环之间，一般轮叶数目为 12～20 片。泄水锥用来引导水流平顺轴向流动，避免出流相互撞击，减少水头损失和振动。

为适应不同水头和流量的要求，转轮形状不同，以 $D_1$ 表示转轮进口边最大直径，$D_2$ 表示出口边最大直径，进口边高度用 $b_0$ 表示，如图 2.21 所示。

中、低水头（中、高比转速）混流式转轮的特征如下：

$D_1 \leqslant D_2$，$\dfrac{b_0}{D_1} = 0.2 \sim 0.39$，且数值较大，适于水头低、流量大的水电站。

高水头（低比转速）混流式转轮的特征如下：

$D_1 > D_2$，$\dfrac{b_0}{D_1} < 0.2$，且数值较小，适用于水头较高、流量相对较小的水电站。

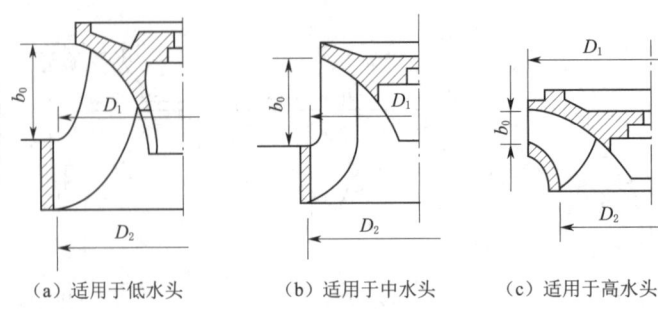

(a) 适用于低水头　　(b) 适用于中水头　　(c) 适用于高水头

图 2.21　混流式转轮剖面图

(2) 轴流式转轮：轴流式转轮如图 2.22 所示，由轮毂、叶片和泄水锥组成。它分为轴流定桨式转轮和轴流转桨式转轮。轴流定桨式转轮叶片形状类似船舶的螺旋桨，叶片固定，水轮机制造厂通常可提供同一转轮型号及标称直径而叶片装置角 $\phi$ 不相同的定桨式转轮，电站依具体情况选择。轴流转桨式转轮叶片在工作过程中可绕自身轴线转动，其工作原理如图 2.23 所示。

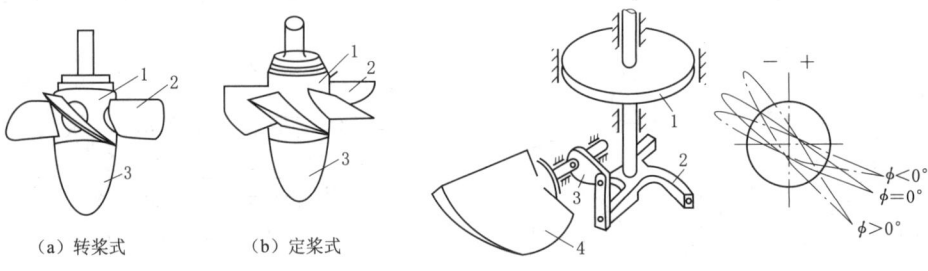

(a) 转桨式　　(b) 定桨式

图 2.22　轴流式转轮
1—轮毂；2—转轮叶片；3—泄水锥

图 2.23　转桨机构原理图
1—活塞；2—操作架；3—转臂；4—叶片

(3) 斜流式转轮：斜流式转轮如图 2.24 所示，其结构与轴流式转轮相似，水流流经转轮时与主轴成某一倾斜角度，这种转轮结构复杂，制造工艺要求很高。

(4) 贯流式转轮：贯流式转轮与轴流式转轮整体形状类似，相当于水平放置的轴流式水轮机，水流直接贯入，过流能力大，适用于低水头大流量的电站。

4. 泄水部件

泄水部件即尾水管，又称为吸出管。它的作用为：将流出转轮的水流平顺地引向下游；回收转轮出口的部分动能（动力真空）及势能（静力真空）。

尾水管可分为直尾水管和弯曲形尾水管两类。

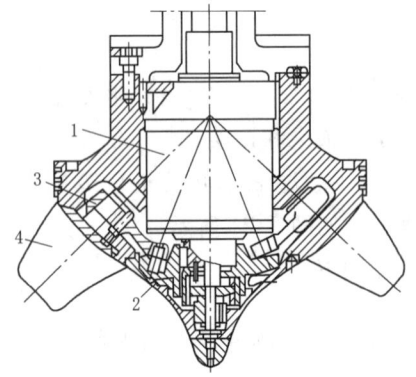

图 2.24　斜流式转轮
1—刮板接力器；2—操作架；
3—转臂；4—桨叶

(1) 直尾水管。如图 2.25 所示，直锥形尾水管是由钢板成形后焊接而成的直圆锥形管，它的进口直径为 $D_3$，出口直径为 $D_5$，$D_5$ 与尾水管的出口流速有关。

直锥形尾水管水力损失小，效率高，结构简单，制作方便，一般用于 $D_1<0.8m$ 的小型水轮机。

(2) 弯曲形尾水管。这类尾水管又分为弯管形尾水管和弯肘形尾水管。

弯管形尾水管，水流从转轮流出经过 90°的弯管后进入直锥管，由于弯管内水流速度大，且水流方向发生急剧变化，因此水力损失大、效率低，只用于中小型卧轴水轮机，如图 2.26 所示。

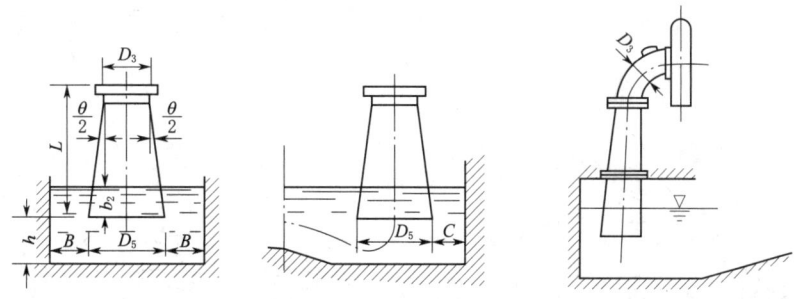

图 2.25　直锥形尾水管和尾水渠　　　　图 2.26　弯管形尾水管

弯肘形尾水管，它由进口直锥段、肘弯段和水平扩散段三部分组成。直锥形尾水管虽然损失小、效率高，但如果应用在转轮直径较大的水轮机中，尾水管将要做得很长，基础开挖及土建投资大。因此，大中小型立式装置的水轮机，广泛采用弯肘形尾水管。

#### 2.1.2.2　冲击式水轮机

冲击式水轮机结构一般比较简单，它的转轮按其结构特点可分为切击式（水斗式）、斜击式和双击式三种。这里着重论述冲击式水轮机中最常用的水斗式水轮机，其装置如图 2.27 所示，可以看出水斗式水轮机是由引水管、喷管、外调节机构、转轮、机壳及尾水槽等组成。高压水流由引水管引入喷管后，经过喷嘴将水流的势能转变为射流的动能，高速水流冲击做功后，自由落入尾水槽流向下游河道。

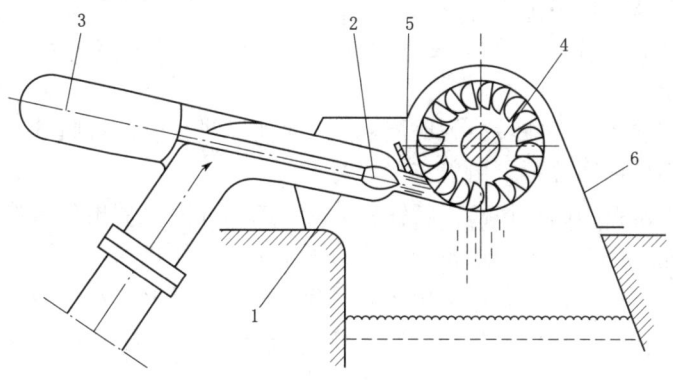

图 2.27　切击式水轮机的结构示意图
1—喷嘴；2—针阀；3—喷针控制机构；4—转轮；5—外调节机构；6—机壳

水斗式转轮如图 2.28 所示,它是由轮辐、若干呈双碗状的水斗组成。转轮每个斗叶的外缘均有一个缺口(图 2.29),缺口的作用是使其后的斗叶不进入先前射流作用的区域,并且不妨碍先前的水流。承受绕流射流作用的凹面称为斗叶的工作面。斗叶凸起的外侧表面称为斗叶的侧面。位于斗叶背部夹在两水斗之间的表面称为斗叶的背面。

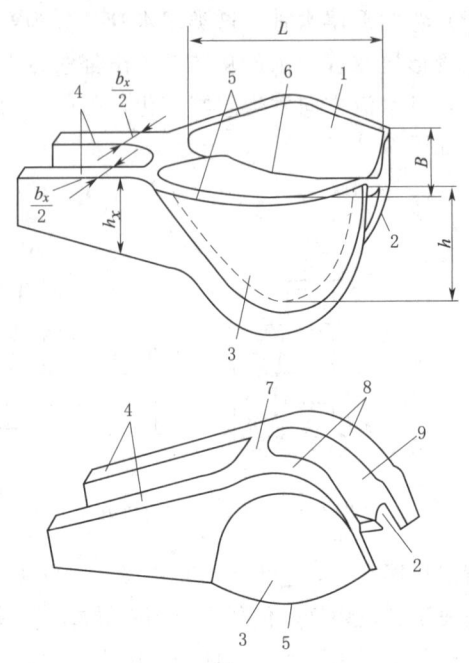

图 2.28 水斗式转轮立体图

图 2.29 水斗水轮机的转轮斗叶

1—工作面;2—切水刃;3—侧面;4—尾部;5—出水边;
6—进水边;7—横向筋板;8—纵向筋板;9—背面;
$B$—宽度;$L$—长度;$h$—深度

两水斗间的工作面的结合处称为斗叶的进水边(又称分水刃)。进水边在斗叶的横剖面上为一锐角。缺口处工作面与背面结合处称为斗叶的切水刃。水斗工作面与侧面间的端面称为斗叶的出水边。

图 2.30 是喷管结构图。喷管主要由喷嘴、喷针(又称针阀)和喷针控制机构组成,其作用如下:

(1)将水流的压力势能转换为射流动能,当水从进水管流进喷管时,在其出口便形成一股冲向转轮的圆柱形自由射流。

(2)起着导水机构的作用。当喷针移动时,渐渐改变喷嘴出口与喷针头之间的环形过水断面面积,因而可平稳地改变喷管的过流量及水轮机的功率。

当机组突然丢弃负荷时,针阀快速关闭会形成管内过大的水锤压力,为此在喷嘴口外装置了可以转动的外调节机构。它的作用是控制离开喷嘴后的射流大小和方向。当机组负荷骤减或甩负荷时,具有双重调节的水轮机调速器,一方面操作喷针接力器,使喷针慢慢向关闭方向移动;另一方面操作外调节机构接力器,使外调节机构(折向器或分流器)快速投入,迅速减小或全部截断因针阀不能立即关闭而继续冲

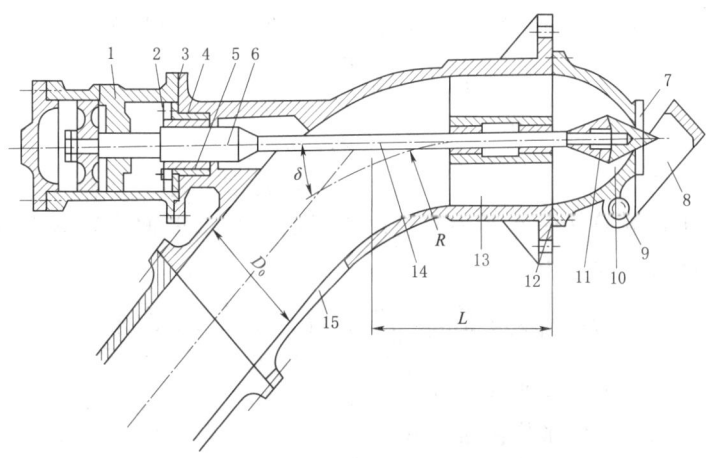

图 2.30 喷管结构

1—缸体；2—填料压盖；3—喷嘴座；4—填料盒；5—填料；6—杠杆；7—喷嘴口环；8—折向器；
9—销杆；10—喷针；11—喷针座；12—喷嘴；13—喷管；14—杆体；15—喷管弯管

向转轮水斗的射流。这样既解决了因针阀快速关闭在引水压力钢管中产生的较大水锤压力，又解决了因针阀不能及时关闭使机组转速上升过快。

机壳的作用是将转轮中排出的不再做功的水排往下游而不溅落在转轮和射流上。机壳内的压力要求与大气相当。为此，往往在转轮中心附近的机壳上开设有补气孔，以消除局部真空。机壳的形状应有利于转轮出水流畅，不与射流相干扰。因此在机壳的内部还设置了引水板。喷管也常固定在机壳上，卧式机组的轴承支座也和机壳连在一起，因而要求机壳具有足够的强度、刚度和耐振性能。机壳上一般开有进入孔，机壳下部应装有静水栅，以消除排水能量。静水栅要求有一定的强度，可作为机组停机观察和检修时的工作平台。

## 2.2 水轮机的基本工作参数、牌号及标称直径

### 2.2.1 水轮机的工作参数

当水流通过水轮机时，水流的能量被转换为水轮机的机械能，用一些参数来表征能量转换的过程，称为水轮机的基本工作参数。基本工作参数主要包括：工作水头 $H$、流量 $Q$、出力 $N$、效率 $\eta$、转速 $n$ 等。

#### 2.2.1.1 工作水头 $H$

如图 2.31 所示，水流从水库进水口经压力管道流入水轮机，在水轮机内进行能量交换后通过尾水管排至下游。

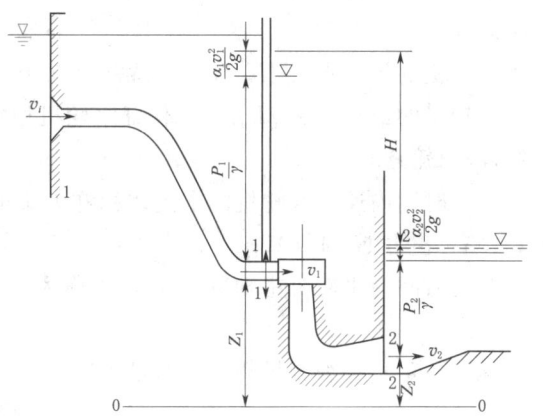

图 2.31 水轮机的工作水头

水轮机的工作参数及型号

在水轮机进口断面 1—1 处和出口断面 2—2 处，水流所具有的单位能量为

$$E_1 = z_1 + \frac{P_1}{\gamma} + \frac{\alpha_1 v_1^2}{2g}$$

$$E_2 = z_2 + \frac{P_2}{\gamma} + \frac{\alpha_2 v_2^2}{2g}$$

把水轮机进口断面（1—1 断面）与出口断面（2—2 断面）的单位能量差定义为水轮机的工作水头，即

$$H = \left(Z_1 + \frac{P_1}{\gamma} + \frac{\alpha_1 v_1^2}{2g}\right) - \left(Z_2 + \frac{P_2}{\gamma} + \frac{\alpha_2 v_2^2}{2g}\right) \tag{2.1}$$

式中　$H$——水轮机的工作水头，m；
　　　$v_1$——进口断面的平均流速，m/s；
　　　$v_2$——出口断面的平均流速，m/s；
　　　$\alpha_1$——进口断面动能不均匀系数；
　　　$\alpha_2$——出口断面动能不均匀系数；
　　　$P_1$——进口断面处的压强，Pa；
　　　$P_2$——出口断面处的压强，Pa；
　　　$g$——重力加速度，m/s²；
　　　$\gamma$——水的重度，$\gamma = 9.81 \text{kN/m}^3$；
$Z_1$、$Z_2$——进、出口断面相对于基准面的位置高度，m。

水电站的装置水头亦称毛水头 $H_g$，等于电站上、下游水位差。因此水轮机的工作水头 $H$（净水头）等于水电站毛水头 $H_g$ 减去引水系统的水头损失 $h_w$（单位：m），即

$$H = H_g - h_w$$

水轮机的工作水头是水轮机的重要工作参数，它的大小表征水轮机利用水流单位能量的多少，它影响水电站的开发方式、机组类型和经济效益等。在水轮机的工作过程中，工作水头是不断变化的，它有几个特征水头值。

水轮机的设计水头 $H_r$，是水轮机以额定转速运转时发出额定出力所必需的最小水头。

水轮机的最大水头 $H_{\max}$，是水轮机运行中允许的最大工作水头。

水轮机的最小水头 $H_{\min}$，是保证水轮机稳定运行的最小工作水头。

#### 2.2.1.2　流量 $Q$

单位时间内通过水轮机的水流体积称为流量，单位为 m³/s。

#### 2.2.1.3　出力 $N$ 和效率 $\eta$

单位时间内水轮机主轴所输出的功称为水轮机的功率。功率也称出力，单位用 kW 表示。

具有一定水头和流量的水流通过水轮机时，水流的出力为

$$N_S = 9.81 QH \tag{2.2}$$

水轮机不可能将水流的功率 $N_S$ 全部转换和输出，由于水轮机在能量转换的过程

中，会产生一定的损耗，因此水轮机的出力必然小于水流的出力。

水轮机的出力 $N$ 与水流的出力 $N_S$ 之比，称为水轮机的效率，用 $\eta$ 表示，即

$$\eta = N/N_S(\%) \tag{2.3}$$

水轮机效率 $\eta$ 由三部分组成，即容积效率 $\eta_v$、水力效率 $\eta_s$ 和机械效率 $\eta_j$，而水轮机效率 $\eta$ 为上述三项效率的乘积。

因此，水轮机的出力可写成

$$N = N_S\eta = 9.81QH\eta \tag{2.4}$$

效率为小于 1.0 的正系数，它表征水轮机对水流能量的有效利用程度。

#### 2.2.1.4 转速 $n$

水轮机的转速是指水轮机转轮在单位时间内旋转的次数，单位为 r/min。当水轮机主轴和发电机主轴采用直接联结时，其额定转速应满足下列关系式：

$$n = \frac{60f}{p} \tag{2.5}$$

式中 $f$——电流频率，我国规定为 50Hz；

$p$——发电机的磁极对数。

### 2.2.2 水轮机型号表示方法

我国水轮机产品型号由三部分组成，各部分之间用一短横线相连。

(1) 第一部分表示水轮机型式和转轮型号（比转速代号），水轮机型式用两个汉语拼音字母表示，各种形式水轮机的规定代表符号见表 2.1。转轮型号用阿拉伯数字表示，采用统一规定（效率为 88%时）的比转速。

表 2.1　　　　　　　　　水轮机形式的代表符号

| 水轮机形式 | 代表符号 | 水轮机形式 | 代表符号 |
|---|---|---|---|
| 混流式 | HL | 贯流定桨式 | GD |
| 轴流转桨式 | ZZ | 贯流转桨式 | GZ |
| 轴流定桨式 | ZD | 水斗式（切击） | CJ |
| 轴流调桨式 | ZT | 双击式 | SJ |
| 斜流式 | XL | 斜击式 | XJ |

注　在水轮机形式代表符号后加"N"，表示可逆式水轮机。

比转速：水头为 1m、发出 1 匹（1 匹为 735.5W）功率且机械效率为 100%时水轮机自身的转速。

(2) 第二部分由两个汉语拼音字母组成，前一个字母表示水轮机主轴的布置形式，后一个字母表示引水室特征，主轴布置形式和引水室特征的代表符号见表 2.2。

表 2.2　　　　　　主轴布置形式与引水室特征代表符号

| 名　称 | 代表符号 | 名　称 | 代表符号 |
|---|---|---|---|
| 立轴 | L | 罐式 | G |
| 卧轴 | W | 灯泡式 | P |
| 斜轴 | X | 竖井式 | S |

续表

| 名 称 | 代表符号 | 名 称 | 代表符号 |
|---|---|---|---|
| 金属蜗壳 | J | 虹吸式 | X |
| 混凝土蜗壳 | H | 轴伸式 | Z |
| 明槽 | M | | |

(3) 第三部分为水轮机的标称直径 $D_1$ 或其他必要的指标。

水轮机的标称直径表征转轮的主要几何尺寸，用 $D_1$ 表示，以 cm 计。不同类型转轮规定的标称直径如图 2.32 所示。

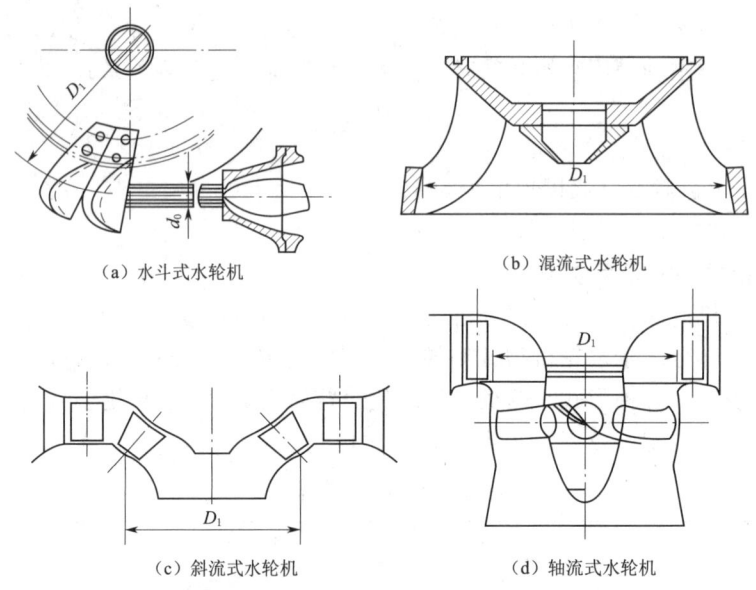

(a) 水斗式水轮机　　　　(b) 混流式水轮机

(c) 斜流式水轮机　　　　(d) 轴流式水轮机

图 2.32　各类水轮机的转轮标称直径

混流式水轮机的标称直径 $D_1$ 指转轮叶片进口边的最大直径；轴流式水轮机和斜流式水轮机转轮的标称直径 $D_1$ 指转轮叶片轴线与转轮室表面相交处的转轮室内径；水斗式水轮机转轮的标称直径 $D_1$ 指转轮与射流中心线相切处的节圆直径。

反击式水轮机转轮直径尺寸系列（以厘米计）如下，括号内尺寸仅适用于轴流式：25、30、35、(40)、42、50、60、71、(80)、84、100、120、140、160、180、200、225、250、275、300、330、380、410、450、500、550、600、650、700、750、800、850、900、950、1000、(1020)、(1130)。

水斗式水轮机第三部分表示方法如下：

$$\frac{水轮机转轮标称直径 D_1(\text{cm})}{作用在每个转轮上的喷嘴数 \times 设计射流直径(\text{cm})}$$

型号表示示例：

1) HL180-LJ-410，表示混流式水轮机，转轮型号180，立轴，金属蜗壳，转轮标称直径410cm。

2) ZZ560-LH-1130，表示轴流转桨式水轮机，转轮型号560，立轴，混凝土蜗壳，转轮标称直径1130cm。

3) XLN200-LJ-300，表示斜流可逆式水轮机，转轮型号200，立轴，金属蜗壳，转轮标称直径300cm。

4) GD600-WP-250，表示贯流定桨式水轮机，转轮型号600，卧轴，灯泡式引水室，转轮标称直径250cm。

5) 2CJ26-W-120/2×8.5，表示一根主轴上装有两个转轮的水斗式水轮机，转轮型号26，卧轴，转轮标称直径120cm，作用在每个转轮上的喷嘴数为2个，设计射流直径8.5cm。

6) ZD760-LM-120（$\varphi=+10°$），表示轴流定桨式水轮机，转轮型号760，立轴，明槽式引水室，转轮标称直径120cm，转轮叶片安装（装置）角为+10°。

水轮机的型号编制规则，有利于转轮型谱的制定，有利于水轮机产品的标准化、系列化和通用化，对暂未列入型谱的转轮，则采用带有厂家代号和序号来表示，如A代表哈尔滨电机厂，D代表东方电机厂，T代表天津发电设备厂，J代表金华水轮机厂等，例如HLA006，HLD003等。另外，在部标颁发以前，主要是沿用苏联的代号，表示方法大体相同，但第一部分中的转轮型号所表示的阿拉伯数字是模型转轮的编号，不是比转速代号，如：HL123-LJ-225，其中123表示该转轮的模型编号。

## 2.3 水轮机的工作原理

### 2.3.1 水轮机的基本方程式
#### 2.3.1.1 水流在转轮中的运动

运行中的水轮机，水头、流量和效率是不断变化的，转速也是变化的，因此水流在水轮机中的流动是一种非恒定的，沿圆周方向非对称的、复杂的三维空间流动。水轮机流道的几何形状复杂，且转轮是旋转的，水流进入转轮后一方面要沿叶片间构成的流道运动，另一方面又要随着转轮旋转。因此，水流在转轮中的运动，是一种复杂的空间运动。根据运动学原理，在水头、流量和转数不变的稳定工况下，水流在转轮流道运动时，可分解为两种简单运动：一种是水流从转轮进口沿叶片流道到转轮出口的流动，称为相对运动，其相对速度用 $\vec{W}$ 表示；另一种是水流质点随转轮作旋转运动，称为圆周运动（牵连运动），其圆周速度用 $\vec{U}$ 表示。水流在转轮中的运动是以上两种运动合成的结果，称为绝对运动，其绝对速度用 $\vec{V}$ 表示，则

$$\vec{V}=\vec{W}+\vec{U}$$

由 $\vec{W}$、$\vec{U}$ 和 $\vec{V}$ 构成的三角形称为速度三角形，水流质点在转轮中任一位置都有其相应的速度三角形，转轮进口和出口的速度三角形是研究水轮机工作的重要条件，分别用下标1表示进口速度三角形，下标2表示出口速度三角形。

图 2.33 所示为一般形式的速度三角形。图中 $\alpha$ 角为圆周速度与绝对速度之间的

夹角；β角为圆周速度与相对速度之间的夹角；$V_u$为绝对速度在圆周方向的分量，称为圆周分速度，$V_u=V\cos\alpha$；$V_m$为绝对速度在某一轴面（考虑质点与主轴中心线所在平面）上的分速度，称为轴面速度，$V_m=V\sin\alpha$。

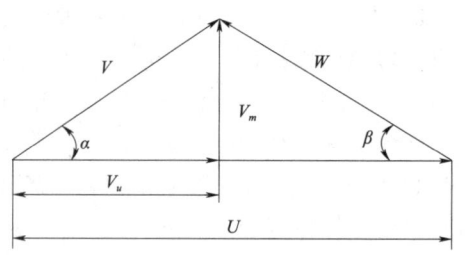

图2.33　速度三角形

#### 2.3.1.2　水轮机的基本方程式

反击式水轮机的压力水流以一定的流速进入转轮，由于空间扭曲叶片间所形成的流道对水流产生的约束，迫使水流的运动速度和方向不断改变，因而水流给叶片以反作用力使转轮旋转做功。为了说明水流能量在转轮中是怎样转换为机械能，可从基本方程式得到回答。质点$m$的动量矩如图2.34所示，水流通过转轮时的动量矩的变化如图2.35所示。

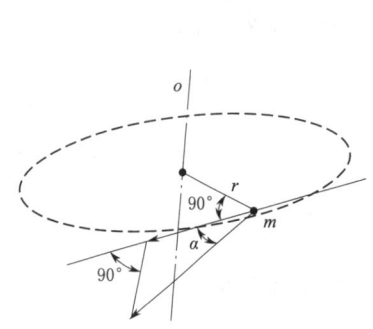

图2.34　质点$m$的动量矩

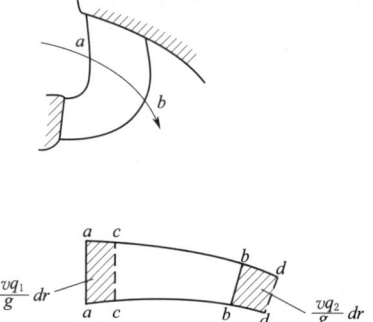

图2.35　水流通过转轮时的动量矩的变化

$$H\eta_s = \frac{v_1^2 - v_2^2}{2g} + \frac{u_1^2 - u_2^2}{2g} + \frac{w_2^2 - w_1^2}{2g} \tag{2.6}$$

此式为用相对运动表达的基本方程式，它给出了有效水头与速度三角形中各速度之间的关系式。式中第一项为水流作用在转轮上的动能水头，第二、三项为势能水头，它主要用于克服水流因旋转产生的离心力和加速转轮中水流的相对运动。

#### 2.3.1.3　水轮机基本方程式分析

基本方程式的物理意义在于：水流对转轮作用的有效能量是水流内部能量转换相平衡的，它实质上是水能转换成机械能的平衡方程式。

基本方程说明，水流对转轮做功的必要条件是水流通过转轮时其速度矩发生变化。如果转轮进口和出口速度矩转换不充分，则水流对转轮作用的有效能量就要减少；如果转轮由进口到出口的环量没有改变，转轮将不会受到任何力矩的作用。因此，正确设计转轮叶片进口、出口角是十分重要的。

在正确设计叶片进、出口角，以保证所要求的环量差以后，进出口之间的叶片形状和变化规律对能量转换无直接影响，但中间环量的分布规律，对水轮机气蚀性能、工作稳定性等有一定影响。

保证进口、出口一定的环量差，虽可达到对转轮有效的作功，但进口、出口环量的绝对值则必须根据过流部件整体考虑。如出口环量可选择为零,也可选择略带正值,对转轮的作用都一样,但对尾水管的工作则有不同效果。

**2.3.2 水轮机的能量损失与效率**

水流进入水轮机的水流功率 $N_s$（即水轮机的输入功率）大于水轮机的输出功率 $N$,两者之差便是水轮机工作过程中产生的能量损失。

水轮机的能量
损失及效率

**2.3.2.1 能量损失**

按损失特性可把能量损失分为容积损失、水力损失和机械损失。各种损失相应的效率分别称为容积损效率、水力效率和机械效率。

1. 容积效率

水轮机的旋转部分与固定部分之间存在间隙,因此进入水轮机的流量 $Q$ 不可能全部进入转轮做功,有一小部分流量 $q$ 会从间隙中漏损掉,这部分漏损掉的流量称为容积损失。它对转轮做功的有效流量为 $Q_e=Q-q$,它所产生的有效流量功率 $N'_e$ 为

$$N'_e=\gamma Q_e H=\gamma(Q-q)H \tag{2.7}$$

水流输入水轮机的功率为

$$N_s=\gamma QH$$

我们将水流的有效功率 $N'_e$ 与水轮机输入功率 $N_s$ 之比称为容积效率,即

$$\eta_v=\frac{N'_e}{N_s}=\frac{\gamma(Q-q)H}{\gamma QH}=\frac{Q-q}{Q}=1-\frac{q}{Q} \tag{2.8}$$

可见,要提高容积效率,必须使漏水量 $q$ 尽量减少,保证转轮正常运行和安装检修方便的前提下,应尽量减小止漏环间隙。应注意,在运行中由于泥沙磨损和气蚀等原因,止漏环间隙会增大,因而会降低容积效率。

2. 水力效率

水流经过引水室、导水机构、转轮、尾水管流过,必然要产生沿程水头损失和局部水头损失,这些水头损失,称为水力损失。

水轮机的工作水头 $H$ 减去上述总的水头损失 $\sum\Delta H$,便是水轮机的有效水头 $H_e$,即

$$H_e=H-\sum\Delta H$$

有效水头和有效流量产生的功率,便是水轮机的有效功率 $N_e$,即

$$N_e=\gamma Q_e H_e$$

有效功率 $N_e$ 与有效流量功率 $N'_e$ 之比,称为水力效率,即

$$\eta_s=\frac{N_e}{N'_e}=\frac{\gamma(Q-q)(H-\sum\Delta H)}{\gamma(Q-q)H}=\frac{H-\sum\Delta H}{H}=1-\frac{\sum\Delta H}{H} \tag{2.9}$$

由式（2.9）可知,提高水力效率的途径是尽可能减少过流部件的水力损失。如过流部件表面应光滑、符合流线形状以及避免撞击、漩涡和脱流等局部损失。在运行中,由于气蚀和泥沙磨损等会降低水力效率,因此运行时要尽可能接近最优工况,避开气蚀区等。

3. 机械效率

转轮获得的有效功率 $N_e$ 不能全部输出给发电机,有一部分会消耗在各种机械损失上,如主轴与轴承间的摩擦、与密封装置的摩擦、转轮外表面与水流的摩擦等。

设 $\Delta N_j$ 为总的机械摩擦损失功率，则水轮机的输出功率为

$$N = N_e - \Delta N_j \tag{2.10}$$

因此机械效率为

$$\eta_j = \frac{N}{N_e} = \frac{N_e - \Delta N_j}{N_e} \tag{2.11}$$

要提高机械效率，应尽量减少机械摩擦损失，如保证导轴承的良好润滑条件，正确设计、安装导轴承和密封装置，处理好机组轴线等。

4. 总效率

根据水轮机效率为

$$\eta = \frac{N}{N_s} \tag{2.12}$$

考虑到这些损失的综合影响，可将水轮机效率表示为

$$\eta = \frac{N}{N_s} = \frac{N'_e}{N_s} \frac{N_e}{N'_e} \frac{N}{N_e} = \eta_v \eta_s \eta_j \tag{2.13}$$

即水轮机的效率等于容积效率、水力效率和机械效率三者的乘积，它是评价水轮机能量性能特性的主要依据。水轮机的效率，表征了水轮机对水流能量的有效利用程度，在设计、制造、安装、运行和检修中，都应采取一系列可能的措施，力求减少各种损失，以提高水轮机的效率。

**2.3.2.2 水轮机的最优工况**

水头、流量、出力等工作参数，在水轮机的运行过程中经常发生变化。因此，转轮内的水流流态也是不断变化的。不同的运行工况对水轮机的性能有很大的影响。其中效率最高的工况称为最优工况，最优工况以外的工况称为非最优工况（一般工况）。

水轮机最优工况时，能量转换最充分，水力损失最小。在水轮机的各项损失中，水力损失是最主要的。在水力损失中，局部撞击损失和漩涡、脱流损失的比重很大。水轮机设计时，要按水力损失最小的工况作为依据。水轮机最优工况的必要条件，是无撞击进口和法向出水。

**2.3.3 水轮机的气蚀**

**2.3.3.1 气蚀现象**

水以三态存在，而三态之间可以转化，当液态水转化为气态水时通常称为汽化现象。汽化现象产生既与水温有关也与压力有关，压力越低水开始汽化的温度越低，水在某一温度下开始汽化的临界压力称为该温度下的汽化压力。

水流流速在水轮机中各点大小不同，进而引起压力高低不同，当某点的压力达到（或低于）该温度下水的汽化压力时，水就开始局部汽化产生大量气泡，同时水体中存在的许多肉眼看不见的气核体积骤然增大也形成可见气泡，这些气泡随着水流进入高压区（压力高于汽化力）时，气泡瞬时破灭，由于气泡中心压力较低，气泡周围的水质点将以很高的速度向气泡中心撞击形成巨大的压力（可达几百甚至上千大气压力），并以很高的频率冲击金属表面。在初始阶段，由于金属材料固有的抵御能力，一般表现为表面失去光泽而变暗；而后随着时间的推移表面变毛糙并逐渐出现麻点；

接作表面逐渐形成疏松的海绵蜂窝状，严重时甚至可能造成水轮机叶片的穿孔破坏。高频率冲击的结果，使水轮机过流部件金属表面产生的上述物理电化学作用破坏现象就称为气蚀现象，简称气蚀（图 2.36）。

图 2.36　水轮机的气蚀

#### 2.3.3.2　气蚀的危害

气蚀对水轮机的运行主要有下列危害：

（1）降低低水轮机效率，减小出力。

（2）破坏水轮机过流部件，影响机组寿命。气蚀产生，使金属表面失去光泽，产生麻点、蜂窝，严重时轮叶上产生孔洞或大面积剥落。

（3）产生强烈的噪声和振动，恶化工作环境，从而影响水轮机的安全稳定运行。气蚀破坏是机械、化学、电化学作用的共同结果，其中以机械破坏为主。

#### 2.3.3.3　气蚀类型

根据气蚀产生部位不同，气蚀可分为：翼型气蚀、间隙气蚀、空腔气蚀、局部气蚀四种类型，如图 2.37 所示。

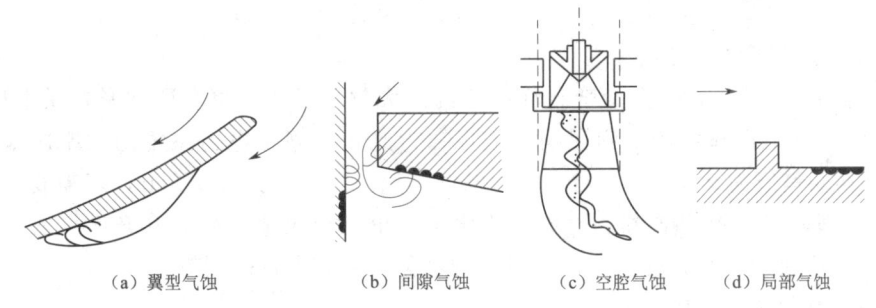

（a）翼型气蚀　　（b）间隙气蚀　　（c）空腔气蚀　　（d）局部气蚀

图 2.37　水轮机气蚀

（1）翼型气蚀：发生在水轮机转轮叶片上的气蚀，是反击式水轮机的主要气蚀形式。水流流经转轮时，一般叶片正面为正压，背面为负压，靠近流道出口处的压力最低（即压力最低点），此处最易产生气蚀。

（2）间隙气蚀：在水轮机过流部件的间隙部位产生的气蚀为间隙汽蚀。如反击式水轮机转轮与转轮室之间，导叶端面间隙，转轮止漏装置处；冲击式水轮机喷嘴内腔、针阀表面等部位。

（3）空腔气蚀：反击式水轮机偏离最优工况时，水轮机出口流速则产生圆周分量使水流在转轮出口处产生脱流和旋涡形成一大空腔，在中心产生很大真空，形成空腔气蚀。空腔气蚀多发生在尾水管中，使尾水管壁破坏，且有强烈的噪音和振动，危害较大。

（4）局部气蚀：水轮机过流部件局部凸凹不平时，引起局部压力降低形成过流部件局部的气蚀。

#### 2.3.3.4 水轮机气蚀的防护

为防止和减轻气蚀对水轮机的危害,一般从以下几个方面来考虑。

1. 水轮机设计制造方面

合理设计叶片形状、数目使叶片具有平滑流线;尽可能使叶片背面压力分布均匀,减小低压区;提高加工工艺水平,减小叶片表面粗糙度。采用耐气蚀性(耐磨、耐蚀)较好的材料,如不锈钢、环氧树脂等。

2. 工程措施方面

合理确定水轮机安装高程,使转轮出口处压力高于汽化压力,多沙河流上设除沙措施,防止粗粒径泥沙进入水轮机造成过多压力下降。

3. 运行方面

拟定合理的水电站运行方式,尽可能避免在气蚀严重的工况区运行。在发生空腔气蚀时,可采用在尾水管进口补气增压,破坏真空涡带的形成。对于遭受破坏的叶片,及时采用不锈钢焊条补焊,并采用非金属涂层(如环氧树脂、环氧金刚砂、氯丁橡胶等)作为叶片的保护层。

## 2.4 水轮机调速设备

### 2.4.1 水轮机调节

#### 2.4.1.1 水轮机调节的定义

在电力系统中,由于负荷变化而引起的过大频率变化,将会严重影响供电质量,使用户的正常工作和生产受到影响或破坏。为此我国规定电力系统的频率应保持为 50Hz,其偏差值为±0.5Hz,对大电力系统其偏差应不超过±0.2Hz,就需要对水轮机进行合理调节。随着电力系统负荷变化,水轮机相应地改变导叶开度(或针阀行程),使机组转速恢复并保持为额定转速的过程,称为水轮机调节。

#### 2.4.1.2 水轮机调节的任务

(1)系统负荷变化→系统电压发生变化→发电机励磁装置动作→发电机的端电压恢复并保持在许可范围内。

(2)系统负荷变化→系统电流的频率 $f$ 发生变化,由于 $f$ 是磁极对数 $p$ 和转速 $n$ 的函数→发电机调速器动作→发电机的转速恢复并保持在许可范围内。

#### 2.4.1.3 水轮机调节系统的组成

调速器的作用:以转速偏差为依据,迅速自动地调节导叶开度,已达到改变出力恢复转速的目的。调速器原理简单框图如图 2.38 所示。

调速器主要由以下几个部分组成:

测量机构:测量机组转速偏差,并把偏差信号转变为位移信号,然后输出。

放大机构(引导阀+辅助接力器、

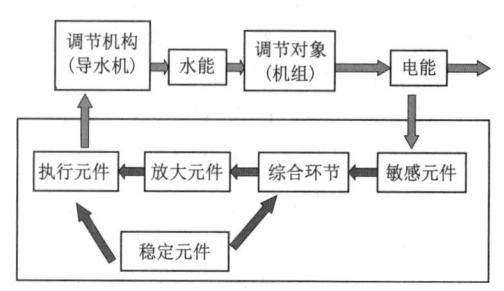

图 2.38 调速器原理简单框图

主配阀＋主接力器，二级放大）：位移变化→油压变化。

执行机构：主接力器，控制导叶开度，改变流量。

反馈机构：缓冲器和杠杆机构，当调节使 $M_t=M_g$ 时，反馈信号使调节停止。

机械液压型调速器是以压力油作为外界能源。

**2.4.1.4 水轮机调节的途径**

发电机输出电流的频率与其磁极对数 $p$ 和转速 $n$ 有关，对一定的发电机来说其磁极对数是固定的，因此要调节发电机的电流频率就必须调节机组（也就是水轮机）的转速。当机组负荷变化时，其转速的变化应满足运动方程式。

$$M_t - M_g = J\frac{d\omega}{dt} \tag{2.14}$$

式中 $M_t$——水轮机的主动力矩；

$M_g$——发电机的阻抗力矩；

$J$——机组转动部分的惯性矩；

$\omega$——机组转动的角速度；

$\dfrac{d\omega}{dt}$——角加速度；

$t$——时间。

对一定的机组来说 $J$ 为一常数。当机组稳定工作时，$M_t=M_g$，$\dfrac{d\omega}{dt}=0$，$\omega$ 为常数，机组保持为额定转速，发电频率保持为 50Hz。当机组减小负荷时，$M_t>M_g$，机组出现了剩余能量，使 $\dfrac{d\omega}{dt}>0$，机组转速上升，发电频率亦随之上升；当机组增加负荷时，$M_t<M_g$，机组出现了不足能量，使 $\dfrac{d\omega}{dt}<0$，机组转速下降，发电频率亦随之下降。上述后两种情况都会形成机组转速变化而导致电网频率变化。对电力系统来说，在正常情况下用户的负荷是必须保证的，因而就要求改变水轮机的主动力矩 $M_t$ 使之适应于新的发电机阻抗力矩，重新使 $M_t=M_g$ 达到新的平衡，使机组转速恢复到原来的额定转速，频率亦恢复到额定频率。

而水轮机主动力矩 $M_t$ 的关系式为

$$M_t = \frac{\gamma Q H \eta}{\omega} \tag{2.15}$$

式中水的重度是常数；角速度是力图不变的；改变效率 $\eta$ 显然是不经济的；改变水轮机的工作水头 $H$ 是很难做到的。因此改变 $M_t$ 最好和最有效的办法是改变通过水轮机的流量，这可通过改变导叶的开度（对水斗式水轮机可改变喷针的行程）来实现。所以，水轮机调节的主要任务是：随着机组负荷的变化，水轮机相应地改变导叶开度（或喷针行程），使机组转速即供电频率恢复或保持在允许范围以内，并在机组之间进行负荷分配达到经济合理的运行。

常见的调节流量的途径是：对于反击式水轮机，通过改变导叶开度 $a_0$；对于轴流转桨式水轮机，可同时改变叶片转角和导叶开度；对于冲击式水轮机，改变喷嘴开度可达到调节目的。

### 2.4.2 调速器的主要设备

调速器的主要设备包括调速柜、油压设备和接力器三部分。中小型水轮机调速器的这三部分通常组成一个整体，也称为组合式。组合式调速器结构紧凑，便于布置和安装，运行上也比较方便。大型水轮机调速器的油压设备和接力器尺寸均较大，采用分体式。

调速柜也称为调速器的控制柜，它通常将测量元件、放大元件、反馈元件集成在一起，具有数据采集和数据处理功能。如果是微机调速器，其中还装有微型计算机。调速柜的面板上设置有按钮和键盘，在水轮机安装和检修期间，用于调整相关参数。水轮发电机组正常运行时，调速器自动工作，改变运行方式以及开机或关机等操作，通常是通过中控室控制台上的按钮或计算机键盘完成，而无须在调速柜上直接操作。

油压设备是供给调速器压力油能源的设备，是由压力罐、回油箱、油泵、输油管及附件组成。

油罐中油的比例占30%~40%，高压空气的比例占60%~70%，额定工作油压有的电站为2.5MPa，有的电站为4.0MPa。调速器工作时的高压油来自油罐，低压侧的油通过回油管路进入回油箱。随着压力油罐内的油位降低，对于额定油压为2.5MPa的电站，当油压降到正常工作油压2.3~2.7MPa的下限时，油泵自动启动，将回油箱中的油泵入压力油罐，油压达到工作油压上限时，油泵停止工作。

接力器是调速器的执行元件，调速功的大小，不仅和调速器的工作油压有关，还和接力器活塞的面积有关。为了工作平稳和获得较大的调速功，大、中型水电站每台机组通常设置有两个或两个以上的接力器。

### 2.4.3 调速设备的选择
#### 2.4.3.1 调速器的类型

1. 按调速器元件结构分

按调速器元件结构分：机械液压（机调）和电气液压（电调）。

电调比机调的优越性：调节性能优良，灵敏度和精确度高，成本低，便于安装调整。

电气液压：用电气回路代替机调中的机械元件。

2. 按调节机构数分

按调节机构数分：单调、双调。

单调：只有一个导叶起闭机构，如混流和轴流定桨机组。

双条：有两个调节机构（导叶开度，叶片转置角），ZZ、CJ（针阀、折流板转动）。

3. 按大小（容量）

大型：活塞直径80mm以上。

中型：操作功10000~30000N·m。

小型：操作功小于10000N·m。

特小：操作功小于3000N·m。

#### 2.4.3.2 调速器的系列

根据机组对调速器工作容量、可靠性及自动化水平的要求,将调速器分为大型、中型、小型和特小型四个系列。我国反击式水轮机调速器系列型谱见表2.3。表2.3中型号由三部分组成,各部分用短横线分开:

第一部分用来表明调速器的基本特性和类型,采用汉语拼音的第一个字母:大型(无代号),中型带油压装置(Y);机械液压型(无代号),电气液压型(D);单调(无代号),双调(S);调速器(T),通流式调速器(T)。

第二部分的阿拉伯数字,对于中小型调速器是指最高工作油压下的主接力器工作容量(kg·m),对于大型调速器是指主配压阀的直径(mm);字母A、B、C、D、…表示改型标记。

第三部分表示调速器的额定油压,也采用阿拉伯数字。为简便起见,对接力器工作容量为$25kg/cm^2$(约2.5MPa)及以下者不加表示,而对额定油压较高者则用油压数值表示。

表 2.3 调速器的主要型号

| 类型 | | 型 式 | | | |
|---|---|---|---|---|---|
| | | 压力油箱式 | | | 通流式 |
| | | 大型 | 中型 | 小型 | 特小型 |
| 单调节调速器 | 机械液压式 | YT-100 | YT-1800 YT-3000 | YT-300 YT-600 YT-1000 | TT-35 TT-75 TT-150 TT-300 |
| | 电气液压式 | DT-80 DT-100 DT-150 | YDT-800 YDT-3000 | | |
| 双调节调速器 | 机械液压式 | ST-100 ST-150 | | | |
| | 电气液压式 | DST-80 DST-100 DST-150 DST-200 | | | |

型号示例:

(1) YT-3000,表示中型带油压装置的机械液压单调节型调速器,其接力器工作容量为3000kg·m(29419.95N·m)。

(2) DST-100A-40,表示大型电气液压双调节型调速器,主配压阀直径为100mm,经第一次改型后的产品,额定工作油压为$40kg/cm^2$(约4.0MPa)。

微机调速器出现以后,虽然已在我国的许多水电站投入使用,也是今后新建水电站的首选产品。但微机调速器在我国还处于不断地发展完善阶段,目前我国还没有制定出统一的标准系列和相应详细的技术标准,各生产厂家对型号的标注还不完全统一,因此在选择微机调速器时,要求对当时微机调速器的现状有足够的了解。

#### 2.4.3.3 调速器选择的一般原则

调速器选择的一般原则有以下几点:

(1) 根据水轮机的出力和水头等有关参数,对小型机组,确定出所需的调速功;对大型、中型机组,确定出接力器的直径和容量、主配压阀的直径及压力油箱(罐)

的总容积，从而选出相应的调速器。

（2）对于大型水电站及中小型水电站中容量相对较大、在小电网中担任调频任务、单机带孤立负荷的运行方式、对电能品质要求较高或在系统中有较大冲击负荷的电站，应选择调节品质好、自动化程度高的调速器。

（3）当机组引水管道较长，有可能在压力管道内产生较大水锤压力的情况下，宜选择调节规律较好的调速器，以减少水锤压力。

（4）对于容量较小、在系统中地位不重要、经常承担基荷的机组，宜选用调节方式简单、性能稳定、价格便宜的调速器以节省投资。

（5）选择调速器应考虑和相关设备的功能匹配和协调，避免高端产品和低端产品结合，导致通信不畅、利用率不高，造成不必要的浪费。

## 章 节 练 习 题

### 一、单选题

1. 水流自径向进入转轮，大体上沿轴向流出，故称为（　　）。
   A. 切击式水轮机　　　　　　　　B. 轴流式水轮机
   C. 双击式水轮机　　　　　　　　D. 混流式水轮机
2. 水流进入和流出这种水轮机的转轮时，都是轴向的，故称（　　）。
   A. 混流式水轮机　B. 轴流式水轮机　C. 切击式水轮机　D. 贯流式水轮机
3. 冲击式水轮机中应用最广泛的一种机型是（　　）。
   A. 双击式水轮机　B. 轴流式水轮机　C. 斜击式水轮机　D. 切击式水轮机
4. 翼型气蚀是发生在（　　）的气蚀。
   A. 水轮机过流部件的间隙部位　　　B. 水轮机转轮叶片上
   C. 尾水管　　　　　　　　　　　　D. 转轮出口
5. 引水式水电站适合修建在（　　）。
   A. 河道坡降较陡，流量较小的山区性河段
   B. 河道坡降较缓，流量较小的平原河段
   C. 河道坡降较陡，流量较大的山区性河段
   D. 河道坡降较缓，流量较大的平原河段

### 二、填空题

1. 反击式水轮机一般有四大基本过流部件，即（　　）部件、（　　）部件、（　　）部件和（　　）部件。
2. 引水部件又称（　　），反击式水轮机引水室的主要作用是以最小的水力损失将水流引向导水机构，尽可能保证水流沿导水机构周围（　　）、（　　）的流入。
3. 工作部件即转轮，它的作用是将（　　）转换为（　　），实现水流能量转换的核心部件。
4. 水斗式水轮机是由（　　）、（　　）、（　　）、（　　）、（　　）及（　　）等组成。

5. 水轮机的基本工作参数，主要有（　　）、（　　）、（　　）、（　　）、（　　）等。

6. 水轮机的效率等于（　　）、（　　）和（　　）三者的乘积，它是评价水轮机能量性能特性的主要依据。

### 三、判断题

1. 座环也是水轮机的过流部件和水轮机安装基准部件。（　　）

2. 贯流式转轮与轴流式转轮整体形状类似，相当于水平放置的轴流式水轮机，水流直接贯入，过流能力大，适用于低水头大流量的电站。（　　）

3. 导叶均布在转轮的外围，为减少水力损失，其断面设计成翼型，导叶不能随其轴转动。（　　）

4. 水斗式水轮机转轮每个斗叶的外缘均有一个缺口，缺口的作用则使其后的斗叶不进入先前射流作用的区域，并且不妨碍先前的水流。（　　）

5. 水电站的工作水头等于电站上、下游水位差。（　　）

6. 水流进入水轮机的水流功率（即水轮机的输入功率）大于水轮机的输出功率，两者之差便是水轮机工作过程中产生的能量损失。（　　）

7. 调速器的作用是以转速偏差为依据，迅速自动地调节导叶开度，已达到改变出力恢复转速的目的。（　　）

### 四、简答题

1. 水斗式水轮机的外调节机构的作用是什么？

2. 为防止和减轻气蚀对水轮机的危害，一般可以采取哪些措施？

# 3 有压引水式水电站的组成建筑物

水电站组成建筑物

【知识目标】
- 明晰水电站进水口的功用和要求、有压进水口的主要类型及适用条件、引水建筑物功用与类型。
- 熟知引水渠道的基本要求和线路设置原则、引水隧洞的特点和类型。
- 记得压力前池的作用、位置选择、组成及布置。
- 知道压力管道的功用与类型、压力管道的线路选择和布置方式。
- 理解明钢管的构造、附件及敷设方式，钢岔管的工作特点及设计要求、布置形式及构造要求、结构类型。
- 知道水锤现象、类型。
- 掌握调压室的功用、基本要求、基本类型、设置条件。

【技能目标】
- 能够根据引水渠道的基本要求和线路设置原则对引水渠道的线路设置。
- 能区分自动调节渠道和非自动调节渠道。
- 能解释水锤现象。
- 会对压力管道的、明钢管进行简单的布置。

【思政目标】
- 传递职业道德和人文精神，具备爱岗敬业的职业态度。

## 带你游历著名水电站之三
## 白鹤滩水电站

白鹤滩水电站位于四川省宁南县和云南省巧家县境内，是金沙江下游干流河段梯级开发的第二个梯级电站，电站2013年主体工程开工，2018年首批机组发电，2022年工程完工，总工期12年，静态投资846亿元。工程完全竣工后将淹没耕地2.2万亩、林地10.2万亩，搬迁人口10万人，电站建成后，仅次于三峡水电站成为中国第二大水电站。

【知识准备】

## 3.1 水电站进水口

### 3.1.1 水电站进水口的功用与要求

#### 3.1.1.1 进水口在水电站建筑物中的位置

水电站进水口位置选择的原则,应尽量使入流平顺、对称,不发生回流和漩涡,不出现淤积,不聚集污物,泄洪时仍能正常进水。进水口还应与洞线布置协调一致,选择地形、地质及水流条件都适宜的位置。

#### 3.1.1.2 进水口功用与要求

1. 进水口功用

在水利水电工程中,为了从天然河道或水库中取水而专门修建的水工建筑物,称为进水建筑物,简称进水口,其功用为引进符合发电要求的用水。进水口也可以修建成综合利用的形式,如发电灌溉或发电泄洪功用的进水口。如为满足地区供电而专门修建的进水建筑物,称为水电站的进水口。

2. 进水口的基本要求

进水口的设计应满足下列要求:

(1) 足够的进水能力,且水头损失小。在任何工作水位下,进水口都能保证按照负荷要求引进所需的流量,且水头损失要小。为此,在枢纽的总体布置中要合理安排水电站进水建筑物的位置和高程,进水建筑物要有平顺的外形轮廓、足够的断面尺寸,还应避免出现吸气漩涡。

(2) 水质符合要求。为防止污物进入引水道和水轮机,需在进水口设置拦污设备。在寒冷地区和多泥沙河流上,还需设置排冰设施和拦沙、冲沙等设备。应妥善处理结冰、淤积和污塞等问题。

(3) 可控制流量。进水口需设置闸门,以便给进水口和引水道的检修创造条件,并在必要时进行紧急事故关闭,截断水流,避免事故扩大。对于无压引水式电站,有时尚需用进口闸门来控制流量。

(4) 满足水工建筑物的一般要求。进水口要有足够的强度、刚度和稳定性,结构简单,施工方便,造型美观,造价低廉,便于运行、检修和维护等。若为综合利用形式还应满足综合利用要求,必要时应设置专门的设备。

水电站进水口类型特征见表 3.1。

表 3.1　　　　　　　　　　水电站进水口类型特征表

| 进水口类型 | 特　征 |
|---|---|
| 有压进水口 | 有压进水口也称为深式进水口或潜没式进水口。进水口位于最低死水位以下一定深度,在一定的水压之下工作,以引进深层水为主,适用于从水位变化幅度较大的水库中取水。它可以单独布置,也可以和挡水建筑物结合在一起,进水口后常接有压隧洞或管道。有压引水式水电站、坝后式水电站的进水口大都属于这种类型 |

# 3 有压引水式水电站的组成建筑物

续表

| 进水口类型 | 特 征 |
|---|---|
| 无压进水口 | 无压进水口的水流具有自由水面,处于无压状态,进水口以引进表层水为主,适用于从天然河道或者水位变化不大的水库中取水,进水口后一般接无压引水建筑物,一般用于无压引水式水电站 |

### 3.1.2 有压进水口

#### 3.1.2.1 有压进水口的主要类型及适用条件

有压进水口的类型主要取决于水电站的开发和运行方式、引用流量、枢纽布置要求以及地形地质条件等因素,可分为竖井式、墙式、塔式、坝式四种主要类型。有压进水口类型特征见表3.2。

有压进水口的类型

表 3.2  有压水口类型特征表

| 类型 | 特 征 |
|---|---|
| 竖井式进水口 | 竖井式进水口的闸门井布置于山体竖井中,竖井的顶部布置启闭设备和操作室 |
| 墙式进水口 | 墙式进水口的进口段和闸门段均布置在山体之外,形成一个紧靠在山岩上的墙式建筑物 |
| 塔式进水口 | 塔式进水口的进口段和闸门段组成一个竖立于水库边的塔式结构,通过工作桥与岸边相连 |
| 坝式进水口 | 坝式进水口指的是布置在挡水坝或挡水建筑物上的整体结构进水口,进口段和闸门段常合二为一,布置紧凑 |

(1) 竖井式进水口。如图3.1所示,进口段开挖成喇叭形,以使水流平顺。闸门段经渐变段与引水隧洞衔接。这种进水口适用于隧洞进口地质条件较好、地形坡度适中的情况。当地质条件不好,扩大进口和开挖竖井会引起塌方,地形过于平缓,不宜成洞,或过于陡峻,难以开凿竖井时,都不宜采用。竖井式进水口充分利用了岩石的作用,钢筋混凝土工程量较少,是一种既经济又安全的结构形式,因而应用广泛。

(2) 墙式进水口。如图3.2所示,这种进水口适用于洞口附近地质条件较差或地形陡峻而不宜采用洞式进水口时。墙式进水口其建筑物承受水压力,有时也承受山岩压力,因而需要足够的强度和稳定性,有时可将墙式结构连同闸门槽依山做成倾斜的,以减小或免除山岩压力,同时使水压力部分或全部传给山岩承受,这时的墙式进水口称为斜卧式进水口。

(3) 塔式进水口。如图3.3所示,这种进水口适用于洞口附近地质条件较差或地形平缓从而不宜采用洞式进水口的引水工程。当地材料坝的坝下涵管也常采用塔式进水口。塔式结构要承受风浪压力及地震力,必须有足够的强度及稳定性。

#### 3.1.2.2 有压进水口的布置

1. 有压进水口的位置

水电站有压进水口在枢纽中的位置应根据地形地质条件、水位变幅、隧洞线路、进水口形式等综合考虑确定。在各级运行水位下,应进流匀称、水流平顺、不发生回流和漩涡,不出现淤积,不聚集污物,不受其他建筑物运行的影响。进水口后连接引水隧洞时,应与隧洞平顺过渡,选择地形、地质及水流条件相宜的位置。

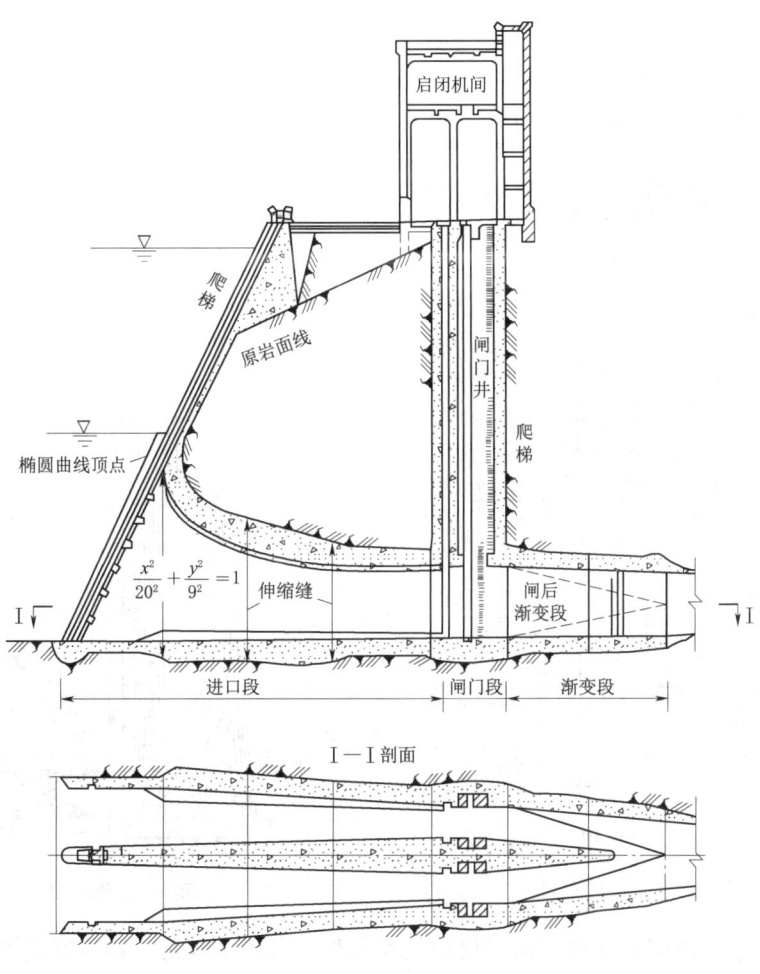

图 3.1 竖井式进水口

**2. 有压进水口的高程**

有压进水口在上游最低运行水位时仍应有足够的淹没深度，防止产生贯通式漏斗漩涡。最小淹没深度可按下式计算：

$$S = cv\sqrt{d}$$

式中 $S$——最小淹没深度（进口顶部高程与水位之间的差值），m；
$d$——闸门孔口高度，m；
$v$——闸孔断面的水流速度，m/s；
$c$——经验系数，对称进水时取 0.55，侧向进水时取 0.73。

引水工程进水口难以达到最小淹没深度要求时，应在水面以下设置防涡梁（板）和防涡栅等防涡措施。

在满足进水口前不产生漏斗状吸气漩涡及引水道内不产生负压的前提下，进水口高程应尽可能抬高，以改善结构受力条件，降低闸门、启闭设备及引水道的造价，也便于进水口运行维护。

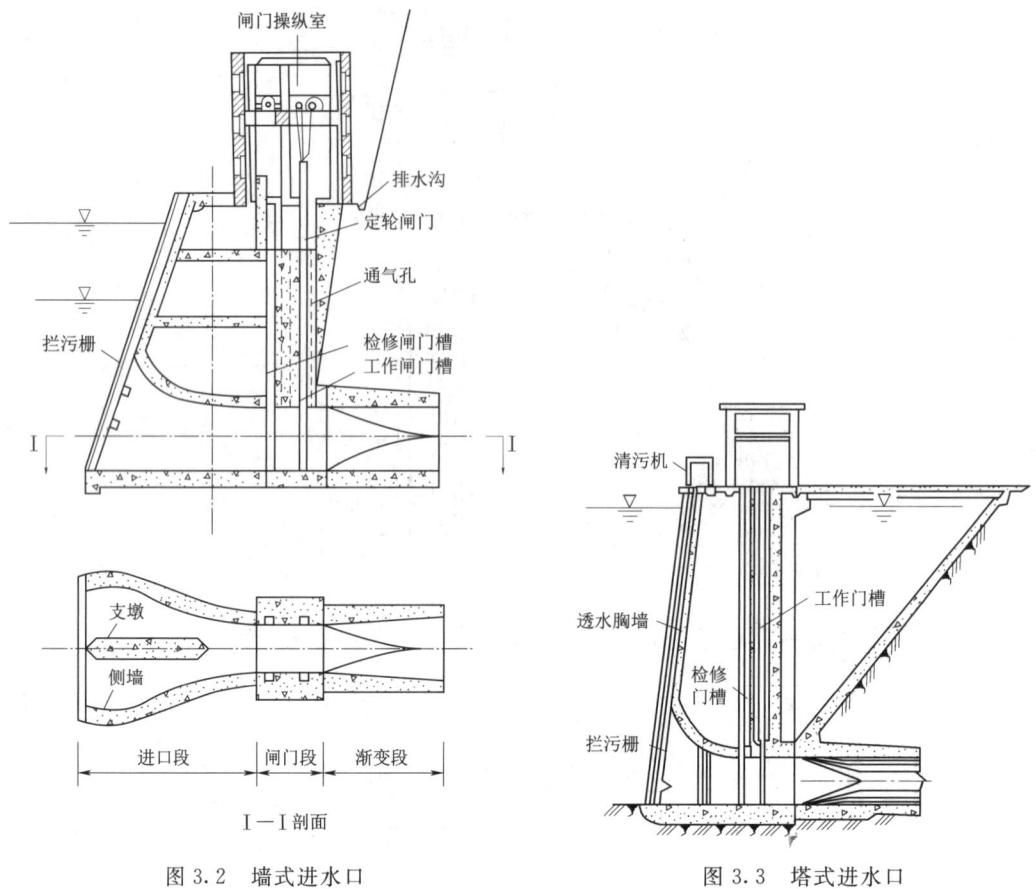

图 3.2 墙式进水口　　　　　图 3.3 塔式进水口

有压进水口的底部高程应高于设计淤积高程。若无法满足，则应在进水口附近设排沙孔，以保证进水口不被淤塞，并防止石块进入引水道。

#### 3.1.2.3 有压进水口的轮廓尺寸

有压进水口沿水流方向可分为进口段、闸门段、渐变段三部分。这三部分的尺寸及形状，主要与拦污栅断面、闸门尺寸和引水道断面有关。进水口的轮廓就是使这三个断面能平顺地连接起来。在保证引进发电所需流量的前提下，尽可能使水流平顺地进入引水道，使水头损失小，避免因水流脱壁而产生负压，降低工程造价和设备费用。

1. 进口段

进口段的作用是连接拦污栅与闸门段。隧洞的进口段常为平底，两侧稍有收缩，上唇收缩较大。两侧收缩曲线常为圆弧，上唇收缩曲线一般用四分之一椭圆。进口流速不宜太大，一般控制在 1.5m/s 左右。进口段的长度无一定标准，在满足工程结构布置需要、进水尺寸、水流平顺的原则下，力求布置紧凑。

2. 闸门段

闸门段的体型主要由闸门、门槽形式及受力条件而定，一般为矩形断面。闸门段布置闸门槽，槽内埋设止水封条及闸门滚轮导轨。在工作闸门槽后尚需设置通气孔和检查孔等，有时还根据需要设置测量设备。闸门段净过水断面为引水道的1.1倍左右。其宽度等于或略小于引水道直径，高度等于或略大于引水道直径。检修闸门一般等于或略大于事故闸门。闸门段的长度取决于闸门及启闭设备的需要，并应考虑引水道检修通道的要求。

3. 渐变段

渐变段是矩形闸门段到圆形隧洞的过渡段，如图3.4所示。通常采用圆角过渡，圆角半径 $r$ 可按直线规律变化。渐变段长度一般为隧洞直径的1.5～2.0倍，坝式进水口由于引水道短可取1.0～1.5倍，收缩角不超过10°，以6°～8°为宜。渐变段轴线通常为直线，对坝式可布置成曲线。渐变段布置成曲线时，要注意避免水舌与底板分离而产生负压现象。

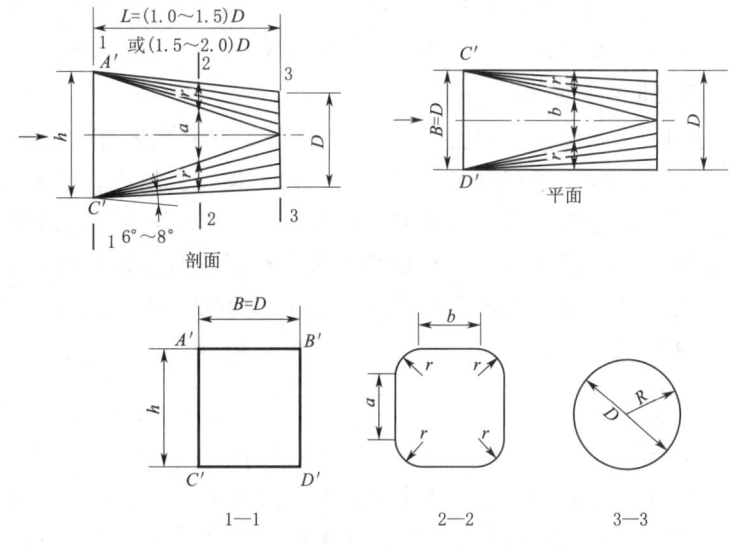

图3.4 进水口的渐变段

(1) 地质条件。隧洞沿线应尽可能位于完整坚硬的岩层、山坡稳定的地区中，避开岩体软弱、山岩压力大、地下水充沛及岩石破碎带等不利地质区。隧洞必须穿越软弱夹层或断层时，应尽可能正交布置。隧洞通过层状岩体时，洞线与岩层走向间夹角应尽可能大（夹角不宜小于45°），以利于围岩稳定，提高承载能力。隧洞的进出口应选择在覆盖薄、风化层浅、岩石比较坚固完整的地段，避开容易滑坡的地带，以免施工和运行中发生塌方、堵塞洞口等事故。要考虑到运行中隧洞漏水使岩体浸湿后发生崩滑的可能性。

(2) 地形条件。隧洞在平面上力求最短，在立面上要有足够的埋藏深度。尽量减少或避免与沟谷交叉，进口位置不应靠近陡壁，更不宜设于水面狭窄的山湾内。洞脸地形不宜过缓，否则引渠过长，进口建筑物工程量将加大。当隧洞左右地形显著不对称时，将对隧洞产生不利的附加荷载。一般要求隧洞周围坚固岩层厚度不小于3倍开挖直径，以利用岩石的天然拱形作用，减小山岩压力，承受部分内水压力。应利用山谷等有利地形布置施工支洞，不能单纯考虑缩短主洞长度，而要统一考虑主洞及支洞的布置。

(3) 施工条件。对于长引水隧洞，施工条件是重要因素。为加快施工进度，每隔一段距离开凿一条施工支洞，支洞外还要有相应的道路及附属设施。有压隧洞纵坡通常为 0.002～0.005，以便于施工排水及放空隧洞，若采用有轨运输时坡度宜小于 1%。

(4) 水流条件。应力求水流平顺，水头损失小。隧洞线路要求短而直，以节省开挖量，使水流条件好，减少水头损失，提高经济效益。平面上必须转弯时，由于弯道会影响流态和压力分布，造成水头损失，应选取合适的转角和曲率半径。一般小于 10m/s 流速的低流速隧洞洞线转角 $\alpha$ 不应大于 60°，曲率半径 $R$ 应不小于 5 倍洞径或洞宽。曲线两端应有长度不小于 5 倍洞径或洞宽的直线段。无压隧洞中，尽量不要形成反坡，避免坡度多变。在有压隧洞中，虽然洞身中一般不会产生空蚀现象，但为考虑检修时易于排水和避免水流的可能分离现象，也不宜布置成反坡。平面布置中，还要重视隧洞进出口轴线与河流主流的相对位置，应使进出口水流顺畅。

#### 3.1.2.4 引水隧洞断面的选择

对于引水隧洞，在水电站引用流量已定的情况下，选择的断面尺寸越大，工程投资越大，但电能损失较少；选择的断面尺寸越小，工程投资越小，但电能损失较大。这就需要通过技术经济分析来确定最经济的断面。经济分析的原则与前述引水渠道的经济分析相同，一般是先假设几个隧洞断面方案，然后进行经济比较。对于一般中、小型电站，可用经济流速确定隧洞经济断面，有压隧洞的经济流速 $V_e$ 一般在 4m/s 左右，经济断面可由 $Q_{max}/V_e$ 求出。

### 3.1.3 无压进水口

#### 3.1.3.1 开敞式进水口

无压进水口的类型

无压进水口一般用于无压引水式水电站。特点是进水口水流为无压流。无压进水口分为有坝取水进水口和无坝取水进水口。当水电站的引用流量仅占河流流量的一小部分时，在河流上可不建坝，这种取水方式称为无坝取水。如果电站的引用流量占河流流量的较大部分，或者需要拦蓄一部分水量进行日调节时，就要在河流上建造低坝，这种取水方式称为有坝取水，如图 3.5 所示。无坝取水不能充分利用河流资源，因此很少采用。以下主要介绍有坝开敞式进水口。

1. 开敞式进水口的位置选择

当水流经过弯道时，水质点做曲线运动并产生离心力。在离心力影响下，表层水流趋向凹岸，使凹岸水位抬高，在过水断面上形成了横比降。由于凹岸水位比凸岸水位高，故水体所受水压力方向为由凹岸指向凸岸，大小由水面至水底一致。将离心力与水压力相叠加，结果是表层水流合力指向凹岸，水质点向凹岸运动，底层水流合力指向凸岸，水质点向凸岸运动，这样便形成了弯道环流现象，如图 3.6 所示。

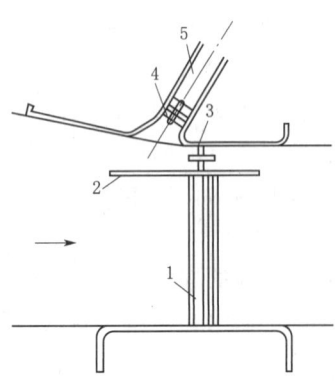

图 3.5 有坝进水口
1—溢流坝；2—导流墙；3—冲沙闸；
4—进水闸；5—水电站引水渠道

无论是有坝取水还是无坝取水，进水口的位置都应尽可能选在稳定河道的凹岸，以利用弯道处的横向环流作用，是进水口引进表层较清的水，而底沙则由底流带向凸岸。此外，为使水流平顺，在进水闸前应有一段喇叭口与河流相衔接，如图 3.5 所示。在喇叭进水口前根据需要可设置浮排（与水流方向成 30°～45°交角布置），用以拦截洪水期的漂浮杂物及冬季的浮冰。当河流中漂木较多时，有时还要设胸墙拦阻漂木进入。当无合适的稳定河段可以利用时，可采用工程措施造成人工弯道。图 3.7 为某水电站开敞式进水口的平面布置图。

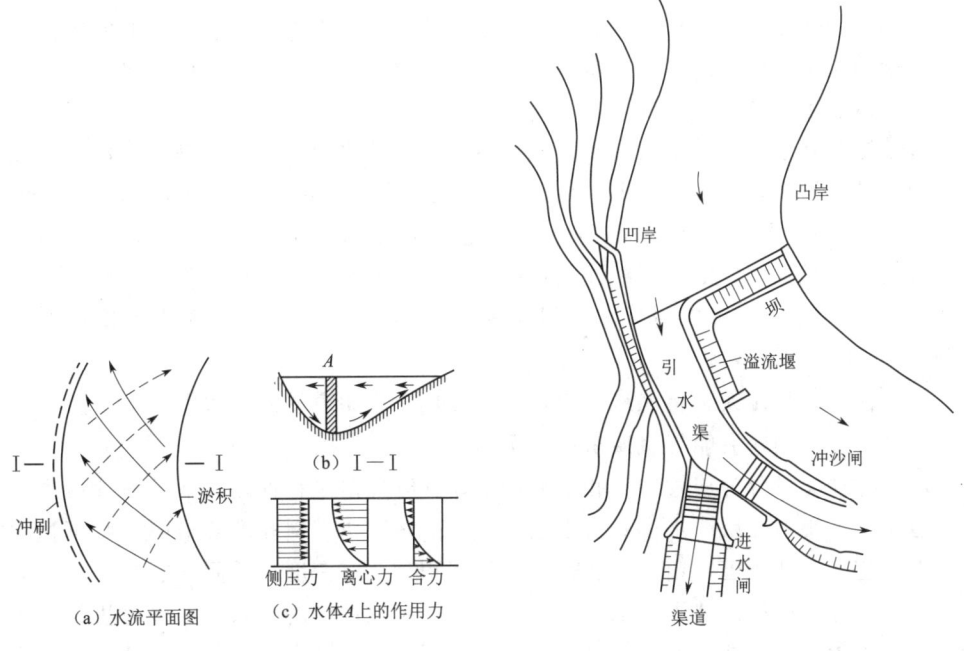

图 3.6　弯道环流原理　　　　　　　　　　图 3.7　某水电站开敞式进水口的平面布置图
---▶ 底层流　　──▶ 表层流

2. 开敞式进水口的组成建筑物及其布置

有坝开敞式进水口的组成建筑物一般有拦河过水低坝（或拦河闸）、进水闸、冲沙闸及沉沙池等。建造拦河闸或低坝时，要充分考虑泥沙的影响，如处理不当会使整个进水口枢纽淤死或冲坏。原则上要尽量维持河流原有的形态，洪水期要使上游冲下来的泥沙（特别是推移质）基本上全部经闸（或坝）下泄，不使其堆积在闸的上游。此外，尚需考虑建筑物的抗磨问题。进水闸与冲沙闸的相对位置应以"正面取水，侧向排沙"的原则进行布置。条件允许时，进水闸引水方向与河道主流方向偏向角尽量减小，一般为 20°～30°。冲沙闸的布置应以提高冲沙效果、施工方便为原则，因地制宜进行。进水闸轴线与冲沙闸轴线交角宜在 35°～45°之间，以保证防沙效果。当地形条件限制不能满足以上要求时，压力前池又称前池，是水电站无压引水建筑物与压力管道之间的平水建筑物，它设置在引水渠道或无压引水隧洞的末端。

应适当加大冲沙闸的过水能力，并在进口前设分水墙，以形成冲沙槽，冲沙槽和冲沙闸可按常年洪水流量设计。当采用不同进水口形式时，也可设置冲沙廊道，排除进水口前的淤积。冲沙廊道中的流速一般应达到 4～6m/s，才能有效地冲沙。

冲沙闸底板高程一般与河床齐平，进水闸底板高程应高于冲沙闸的底板高程，其高差一般不小于 1.0m，以防止泥沙进入引水道。在洪水期，引水比例小，河道推移质较大时，可设拦沙坎防止泥沙入渠。拦沙坎高度约为冲沙槽设计水深的 1/4～1/3，不宜小于 1m，拦沙坎与进水闸前水流方向宜成 30°～40°交角。布置进水口时，要尽可能防止有害的泥沙进入引水道。有害的泥沙一般是指粒径大于 0.25mm 的泥沙。这类泥沙容易淤积到引水道里，减小引水道的过水能力，而且会磨损水轮机转轮及导叶等过流部件。在进水口前设拦沙坎可挡住底部的推移质泥沙，但要注意及时清除拦沙坎前的推移质泥沙；否则堆积过多会使拦沙坎失效。对于悬移质中的有害泥沙，通常采用设置沉沙池的方法进行处理。

沉沙池的基本原理是加大过水断面，减小流速使水流挟沙能力降低，泥沙即在沉沙池中沉淀，清水则进入引水道。沉沙池的过水断面取决于池中平均流速，一般取 0.25～0.70m/s，视有害泥沙粒径而定。沉沙池长度则与泥沙沉速有关，过短达不到沉沙效果，过长则不经济。沉沙池的断面与长度应通过专门计算和模型试验确定。沉沙池内沉积的泥沙应及时排除。排沙方式可分为人工清沙、机械排沙和水力冲沙三种。

人工清沙就是用人工将泥沙挖除，一般多用于小型电站的引水渠道清淤。

机械排沙是用挖泥船等机械来排除沉积的泥沙。

水力冲沙又可分为连续冲沙和定期冲沙。连续冲沙是将逐渐沉下的泥沙由底部冲沙廊道排至下游，上层清水进入引水道，上下层之间由带斜孔的隔板隔开，沉积的泥沙由斜孔进入冲沙廊道。定期冲沙是当泥沙沉积到一定深度时关闭池后闸门，降低池中水位，部分开启沉沙池进口闸门，进行冲沙。定期冲沙的缺点是冲沙时机组停止运行，为了不影响水电站的发电，可采用多室式沉沙池，各室轮流冲沙。冲沙时多采用射流，即先关闭沉沙池进口闸门，用冲沙廊道将池水放空。然后微开进口闸门，利用闸底的射流将泥沙冲走。

#### 3.1.3.2 虹吸式进水口

对于水头在 20～30m 且前池水位变幅不大的水利工程及无压引水式电站，采用虹吸式进水口可简化布置，节约投资。在小型水电站及水利工程中采用较多，如图 3.8 所示。

虹吸式进水口是利用虹吸原理将水从前池引向压力管道。由于这种进水口能迅速切断水流而无需闸门及启闭机等设备，使布置简化，操作简便，停机可靠，节省投资。

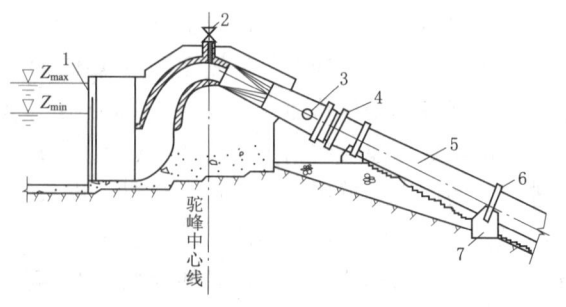

图 3.8 虹吸式进水口
1—拦污栅；2—真空破坏阀；3—进人孔；4—伸缩节；5—钢管；6—支承环；7—支墩

但虹吸管的体型较复杂,施工质量要求较高。由于水流要越过压力墙顶进入压力管道,故引水道比闸门式进水口长,工程量相应增多。

虹吸式进水口一般由进口段、驼峰段、渐变段三部分组成。进口段的进口淹没在上游一定的水深下,并安装拦污栅。进口流道光滑平顺,为矩形断面的管道,以曲线与驼峰衔接。流道可采用象鼻形、S形、口腔形等形式。驼峰段经常处于负压下工作,驼峰高程最高,压力最低。为减小驼峰顶点的负压,断面形式一般采用扁方形。渐变段为扁方形驼峰段和圆形压力水管的过渡段,在水平方向逐渐收缩,在垂直方向逐渐扩散,以便使水流平顺进入压力水管。为了减少水头损失,两个方向的收缩角或扩散角一般控制在8°~10°,驼峰顶端装有真空破坏阀,并布置有抽气管道、旁通管及阀门等。抽气机或射流气泵可布置在附近机房内。虹吸式进水口的进口段、驼峰段和渐变段都是埋置在大体积混凝土或浆砌块石中的钢筋混凝土结构,如图3.8所示。

在引水发电时,为了使虹吸管内形成满管流,必须先抽空管内的空气,为了减少驼峰下游侧的抽气量,常需设置充水管,向压力水管内充水。充水管进口设在拦污栅后面。机组启动前,先关闭水轮机导叶,同时打开驼峰段上面的真空破坏阀,使充水时压力水管内的空气由此排出,再开启充水阀使压力水管充水,直至管内水位与压力前池水位齐平后,关闭真空阀,抽排出驼峰段中空气后开启水轮机导叶,水轮机即可工作。

## 3.2 引水建筑物功用与类型

### 3.2.1 引水建筑物的功用

引水式水电站是自河流坡降较陡、落差比较集中的河段,以及河湾或相邻两河河床高程相差较大的地方,利用坡降平缓的引水建筑物引水并与天然水面形成符合要求的落差(水头)进行发电的水电站。因此,引水建筑物是引水式水电站的重要组成之一。可见,引水建筑物的功用是集中落差,形成水头,输送发电所需的流量。

### 3.2.2 引水建筑物的类型

根据水流流态及特性,水电站的引水建筑物可分为无压引水建筑物和有压引水建筑物两大类。

无压引水建筑物的特点是具有自由水面,引水建筑物承受的水压力较小,适用于无压引水式水电站以及河道或水库的水位变化不大,沿线地形平缓、岸坡稳定的情况。在结构形式上,无压引水建筑物最常用的有引水渠道或无压隧洞。渠道常沿山坡等高线布置,受地形地质条件制约,其长度和开挖工程量较大,且运行期需经常维护和检查,但施工方便,以往中小型电站常采用渠道。目前因无压隧洞的施工技术提高,运行可靠,维护工作小等特点,故中小型水电站采用无压隧洞的逐渐增多。

有压引水建筑物的特点是引水道水流为压力流,承受的水压力较大,适用于有压引水式水电站以及河道或水库水位变幅较大的情况。有压引水建筑物最常用的结构形式是有压隧洞,埋藏在岩体中的有压隧洞造价比较昂贵,但运行可靠,使用年限长,维护工作小,不受地表地形、气温及泥沙污物的影响,并可利用岩体承受内水压力和防止渗漏。

### 3.2.3 引水渠道

#### 3.2.3.1 引水渠道的基本要求

水电站的引水渠道与一般灌溉和供水渠道不同。这是因为电力系统中的负荷随时间变化很大，水电站通常在系统中承担调峰作用，要求引水渠道的引用流量随负荷变化而变化，引起渠道中的水位、压强也不断变化，通常称水电站的引水渠道为动力渠道。

引水渠道及引水隧洞

水电站引水渠道应满足以下基本要求：

（1）有足够的输水能力。当电站负荷发生变化时，机组的引用流量也随之变化。为使引水渠道能适应由于负荷变化而引起流量变化的要求，渠道必须有合理的纵坡和过水断面。一般按水电站的最大引用流量设计。

（2）水质要符合要求。应防止有害污物和泥沙进入渠道，渠道进口、沿线及渠末要采取拦污、防沙、排沙措施。

（3）运行安全可靠，经济合理。应尽可能减少输水过程中的水量和水头损失，因此渠道要有防冲、防淤、防渗漏、防草、防凌功能。渠道应能放空和维护检修，并有排洪设施，结构布置合理，便于施工和运行。

#### 3.2.3.2 引水渠道的类型

根据引水渠道的水力特性，可分为自动调节渠道和非自动调节渠道两种类型。

1. 自动调节渠道

当水电站引用流量发生变化时，可由渠道自身调节渠内水深和水面比降，不必运用渠首闸门控制流量的渠道称为自动调节渠道。其主要特点是渠顶高程沿渠道全线不变，且高出上游最高水位；渠底按一定坡度逐渐降低，断面也逐渐加大；渠末不设泄水建筑物，如图3.9所示。

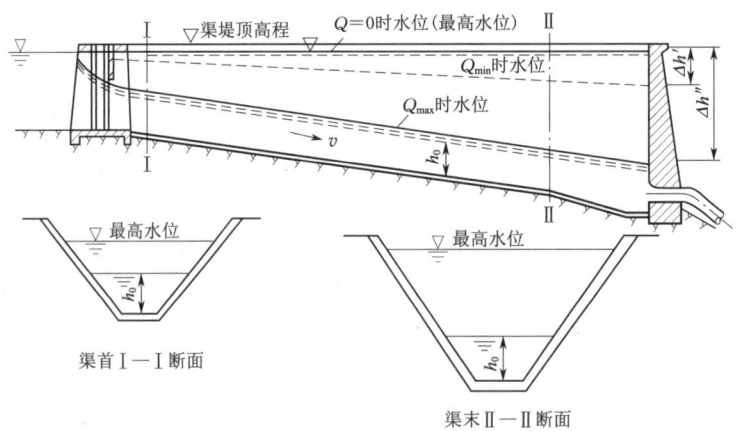

图3.9 自动调节渠道

当水电站引用流量等于渠道设计流量时，渠道内水面线平行于渠底，水深为正常水深，水面线为降水曲线；当水电站的引用流量为零时，渠道内水位与水库齐平，渠道不产生溢流和弃水现象；当水电站引用流量小于渠道设计流量时，渠道内水面线为壅水曲线。

这种渠道在最高水位和最低水位之间有一定的容积，可在一定程度上起调节作用，引用流量较小时可保持较高水头，为电站适应负荷变化创造了条件，但所需工程量较大，适用于渠道线路短，地面纵坡较小，进水口水位变化不大，且下游无其他部门用水要求的情况。

2. 非自动调节渠道

当水电站引用流量发生变化时，由渠道末端的泄水建筑物（溢流堰）控制渠内水位变化和宣泄水量，并运用渠首闸门控制流量的渠道称为非自动调节渠道。其主要特点是渠道顶部大致平行于渠底，渠道的深度基本不变，在渠道末端的压力前池中设有溢流堰，如图 3.10 所示。

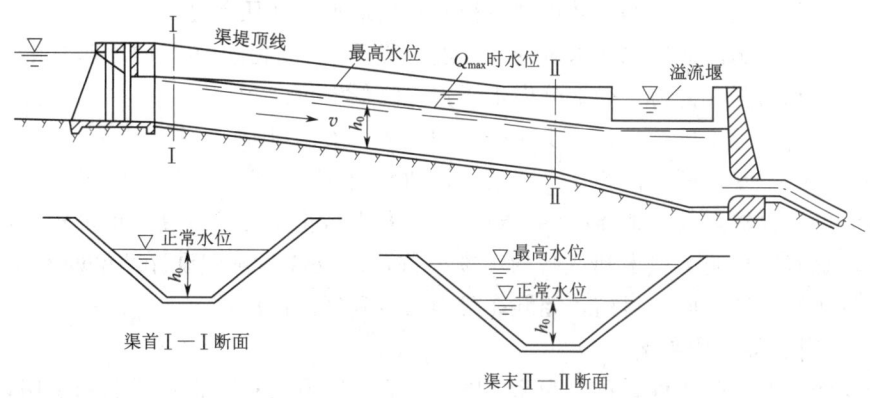

图 3.10 非自动调节渠道

当水电站引用流量等于渠道设计流量时，渠道内水面线平行于渠底，水深为正常水深，压力前池水位低于堰顶；当水电站引用流量小于渠道设计流量时，渠道内水面线为壅水曲线，水位超过堰顶，开始溢流；当水电站的引用流量为零时，通过渠道的全部流量泄向下游。

这种渠道的渠顶高程随地形而变化，当渠道较长、底坡较陡时，工程量比较小；溢流堰可限制渠末的水位，保证向下游供水；但若下游无用水要求而进口闸门又不能及时关闭时，则造成大量弃水损失。适用于渠道线路较长，地面纵坡较大或电站停止运行后仍需向下游供水的情况。

### 3.2.3.3 引水渠道线路选择

线路选择是引水渠道布置的重要任务，线路选择合理，可为施工带来方便，降低造价及管理维护费用，提高电站运行的可靠性和经济效益。线路选择一般应遵循以下原则：

（1）渠线应尽量短而直，以减小水头损失，降低造价。需转弯时，有衬砌渠道的转弯半宜不小于渠道水面宽度的 2.5 倍，无衬砌的土渠宜不小于水面宽度的 5 倍。

（2）应选择地质条件较好的地段。避开大溶洞、大滑坡、泥石流等不良地质地段，且不宜在冻胀性、湿陷性、膨胀性、分散性、松散坡积物等壤土上布置渠线。若无法避免时，则应采取相应的工程措施。

（3）渠线应尽量提高，以获得较大的落差。山区渠道宜沿等高线布置，减小工程量，避免深挖高填。宜少占或不占耕地，避免与现有建筑物干扰，必要时修建交叉建筑物，避免穿过集中居民点、高压线塔、重点保护文物、军用通信线路、油气地下管网以及重要的铁路、公路等。

（4）注意沿线生态与环境的保护。

### 3.2.4 引水隧洞

#### 3.2.4.1 引水隧洞特点

水电站引水隧洞与渠道相比，具有以下优点：

（1）可采用较短的线路，并避开沿线不利的地形、地质条件。

（2）有压隧洞能适应水库水位的大幅度升降及水电站引用流量的迅速变化。

（3）可利用岩石抗力承受部分内水压力，降低造价。

（4）避免沿程水质污染，不受冰冻影响，运行安全可靠。

（5）施工不受地面气候等外界因素干扰和影响。

隧洞的主要缺点是对地质条件、施工技术及机械化的要求较高，单价较贵，工期较长。但随着现代施工技术和设备的不断改进，以及隧洞衬砌设计理论的不断完善，这些缺点正被逐渐克服。目前，隧洞在我国已得到广泛的应用。

#### 3.2.4.2 引水隧洞的类型

根据隧洞的工作条件，可分为无压隧洞和有压隧洞两种。根据隧洞的功用，可分为引水隧洞和尾水隧洞。

（1）无压隧洞。当用明渠引水，渠线盘山过长，工程量很大时，通过方案比较，可采用无压隧洞引水。根据地质条件和施工条件，无压隧洞的断面形状常采用方圆形、马蹄形和高拱形。无压隧洞水面以上的空间一般不小于隧洞断面积的15%，顶部净空高度不小于0.4m。各种断面形状的隧洞，从施工需要考虑，其断面宽度不小于1.5m，高度不小于1.8m。为了防止隧洞漏水和减小洞壁糙率，并防止岩石风化，无压隧洞大都采用全部或部分衬砌。

（2）有压隧洞。有压隧洞是有压引水式电站最常用的引水建筑物，隧洞中水流充满整个断面，承受较大的内水压力，其断面形状常采用圆形。为了便于施工，圆形断面的内径一般不小于1.8m。

### 3.2.5 压力前池

压力前池又称前池，是水电站无压引水建筑物与压力管道之间的平水建筑物，它设置在引水渠道或无压引水隧洞的末端。

压力前池

#### 3.2.5.1 压力前池的作用

（1）平稳水压，平衡流量。当机组负荷发生变化时，引用流量的改变使渠道中的水位产生波动，由于前池有较大容量，能减小渠道水位波动的振幅，稳定了发电水头；另外，前池还可起到暂时补充不足水量和容纳多余水量的作用。

（2）分配流量。将渠道来水分配给各条压力管道，管道进口设有控制闸门，保证各台机组正常运行和检修。

(3) 拦截污物和有害泥沙。前池设有拦污栅及拦沙、排沙、防凌设施，防止渠道中的漂浮物、冰凌、有害泥沙进入压力管道，保证水轮机正常运行。

(4) 宣泄多余水量。当压力前池设有泄水建筑物时，可宣泄多余水量，限制水位升高；同时，当电站停止运行时，可向下游供水，满足下游用水部门的需要。

#### 3.2.5.2 压力前池的位置选择

压力前池的位置选择与引水道线路、压力管道、电站厂房及本身泄水建筑物等布置有密切联系。因此，应根据地形地质条件和运用要求，结合整个引水系统及厂房布置进行全面和综合的考虑。

(1) 前池整体布置应使水流平顺，水头损失最少，以提高电站的出力和电能。最好使渠道中心线与前池中心线平行或接近平行。

(2) 前池应尽可能靠近厂房，以缩短压力管道的长度。前池中水流应均匀地向各压力管道供水，使水流平顺，无漩涡发生。运行上要方便清污、维护和管理。

(3) 前池应有良好的地形地质条件。压力前池的位置通常布置在较陡山坡的顶部，故应特别注意地基的稳定和渗漏问题。因此，应建在天然地基的挖方中，不应建在填方或不稳定地基上，以防由于山体滑坡和不均匀沉陷导致前池及厂房建筑物破坏。

#### 3.2.5.3 压力前池的组成及布置

压力前池的主要组成建筑物包括：前室、进水室及其设备、泄水建筑物、冲沙和放水建筑物、拦冰和排冰设施等，如图 3.11 所示。

(1) 前室（池身及扩散段）。前室是渠末和压力管道进水室间的连接部分，由扩散段和池身组成。前室的作用是将渠道断面扩大并过渡到进水室所需的宽度和深度，减缓流速，便于沉沙，并形成一定容积。

前室的断面逐渐扩大，为使水流平顺，不产生漩涡，渠道连接前室的平面扩散角 $\beta$ 不宜大于 $10°$；在立面上，渠道末端渠底应以 $1:3\sim1:5$ 的斜坡向下延伸。为便于沉沙、排沙和防止有害泥沙进入进水室，前室末端底板高程应比进水室底板高程低 $0.5\sim1.0m$ 以形成拦沙槛，槛高及前室末端水平段长度，应根据冲沙廊道或冲沙孔的布置要求确定。为了缩短前室渐变段长度，可在前室首部中间设分流墩。当渠道轴线与压力管道轴线不一致时，为避免在前室中产生漩涡、增大水头损失和造成局部淤积，可用平缓的连接曲线和加设导流墙，如图 3.12 所示。

(2) 进水室及其设备。进水室通常指压力管道进水口部分，一般采用压力墙式进水口。进水口处应设闸门及控制设备、拦污栅、通气孔等设施。其布置与有压进水口相似。

(3) 泄水建筑物。泄水建筑物宣泄多余水量，防止前池水位漫过堤顶，并保证向下游供水。泄水建筑物一般包括溢流堰、陡槽和消能设施。溢流堰应紧靠前池布置，其形式可分为正堰和侧堰两种，堰顶一般不设闸门，水位超过堰顶时能自动溢流。冲沙孔有时可兼作前池的放水孔，当前池检修时用以放空存水。

(4) 冲沙和放水建筑物。从引水渠道带入的泥沙将在前池底部沉积，需在前池的

## 3 有压引水式水电站的组成建筑物

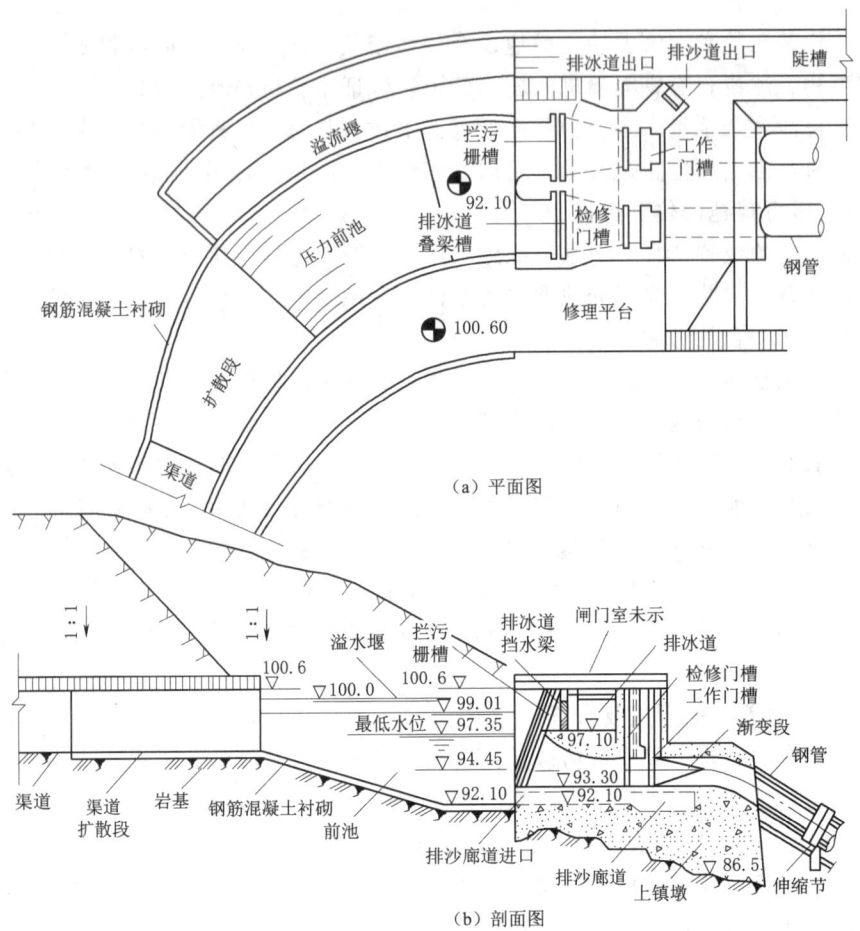

图 3.11 水电站压力前池布置图

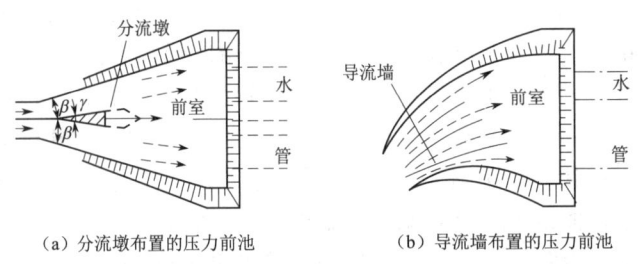

(a) 分流墩布置的压力前池　　(b) 导流墙布置的压力前池

图 3.12 分流墩与导流墙

最低处设置冲沙道，并在其末端设有控制闸门，以便定期将泥沙排至下游。冲沙道可布置在前室的一侧或在进水室底板下设冲沙廊道。冲沙孔的尺寸一般不小于 $1m^2$，廊道的高度不小于 $0.6m$，冲沙流速通常为 $2\sim3m/s$。

(5) 拦冰和排冰设施。排冰道只在北方严寒地区才设置，排冰道的底板应在前池正常水位以下，并用叠梁门进行控制。图 3.13 表示压力前池的几种布置形式，图 3.14 表示引水渠道与压力前池的连接方式。图 3.14 (a) 的特点是渠线平行于管线，水头损失小，排沙、排冰比较不利。图 3.14（c）的特点是渠线垂直于管线，进水流向不顺，常引起涡流并造成较大的水头损失，但排沙、排冰条件较好。图 3.14（b）的特点介于图 3.14（a）、（c）之间。

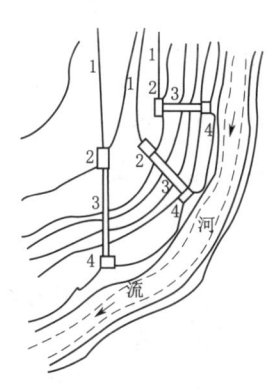 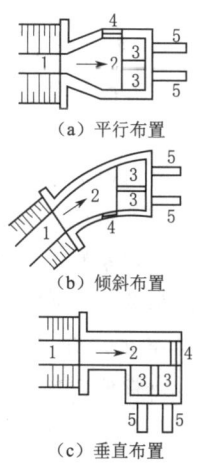

图 3.13　压力前池的布置形式　　　　图 3.14　压力前池的平面布置形式
1—渠道；2—压力前池；3—压力水管；4—厂房　　1—引水渠；2—前室；3—进水室；
　　　　　　　　　　　　　　　　　　　　　　　4—溢流堰；5—压力水管

### 3.2.6　压力管道

#### 3.2.6.1　压力管道的功用与类型

1. 压力管道的位置

水电站压力管道是指从水库或水电站平水建筑物（压力前池、调压室）向水轮机输送水量并承受内水压力的输水建筑物。

压力管道一般位于厂房前，并直接将水输送到水轮机中。因此必须是安全可靠的，万一发生事故，也要有防止事故扩大的措施，以保证厂房安全和厂房内运行人员的安全。

压力管道的功用与类型

2. 压力管道的功用与特点

压力管道的功用是输送水能。压力管道的特点是承受水电站大部分或全部的水头，内水压力大、坡度陡、靠近厂房且承受动水压力（水锤压力），又称水轮机管道或高压管道。压力管道的主要荷载为内水压力，管道的内直径 $D$、所承受的水头 $H$ 及它们的乘积 $HD$ 值是标志压力管道规模及技术难度的重要指标。

3. 压力管道的类型及适用条件

按管壁材料和管道布置方式的不同，压力管道可分为不同的类型。

4. 按管壁材料分类

（1）钢管。由于钢材具有强度高、抗渗性能好等优点，因此钢管广泛应用于中、高水头电站。

（2）钢筋混凝土管。钢筋混凝土管具有造价低、刚度较大，经久耐用，能承受较大外压等优点，但管壁承受拉应力的能力较差，通常适用于水头较低的中小型水电站。钢筋混凝土管按管身的施工方法可分为普通钢筋混凝土管、预应力和自应力钢筋混凝土管、钢丝网水泥管和预应力钢丝网水泥管等。普通钢筋混凝土管一般适用于 $HD<60\text{m}^2$，且静水头不宜超过 50m 的中小型水电站。预应力和自应力钢筋混凝土管具有抗裂性能好、抗拉强度高等特点，但制作要求较高，目前其适用范围可达 $HD\leqslant300\text{m}^2$，静水头可达 150m。

（3）钢衬钢筋混凝土管。钢衬钢筋混凝土管即在钢筋混凝土管内衬钢板。在内水压力作用下，钢衬与钢筋混凝土联合受力，从而可减小钢板的厚度，适用于 $HD$ 较高的情况。由于钢衬可以防渗，允许外围混凝土开裂，有利于充分发挥钢筋的作用。

（4）玻璃钢管。玻璃钢管是由玻璃纤维配合合成树脂缠绕而成。和钢管相比，玻璃钢管具有水流摩阻系数小、重量轻等优点，但目前尚无统一的设计规范，仅在水头不太高且流量较小的中小型水电站应用。

5．按管道布置方式分类

（1）地面压力管道。压力管道沿山坡脊线露天敷设形成地面压力管道，称为明管，或称露天式压力管道。此种布置形式广泛应用于引水式地面厂房的水电站，如图 3.15 所示。

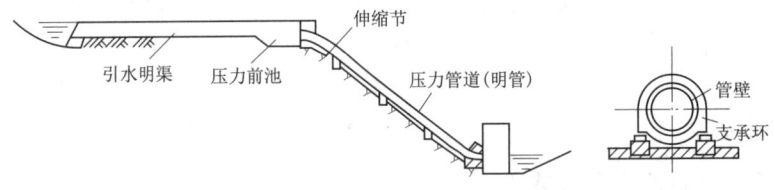

图 3.15　地面压力管道

（2）地下压力管道。将压力管道布置在地面以下称为地下压力管道，可分为地下埋管和回填管两种。压力管道埋入岩体中的称为地下埋管，如图 3.16（a）所示，其内水压力由管壁和周围岩体分担；回填管是在地面开挖沟槽，压力管道敷设在沟槽内后，再以土石回填，如图 3.16（b）所示，其内水压力全部由管壁承担。当电站厂房布置在地下或地形地质条件不宜布置成明管时采用。

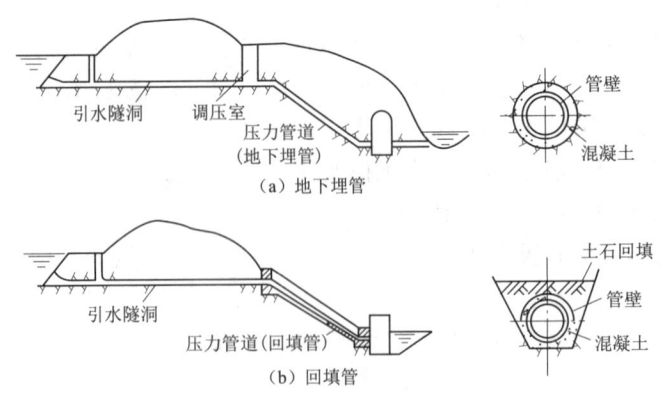

图 3.16　地下压力管道

(3) 坝体压力管道。坝式水电站厂房紧靠坝体布置，压力管道穿过坝身成为坝体压力管道，常用于坝后式、坝内式和地下式水电站。根据布置方式不同，可分为：

1) 坝内埋管。埋设于混凝土坝体内的压力管道称为坝内埋管，常采用钢管，其布置型式有斜式（图3.17）、平式（图3.18）、竖井式（图3.19）三种。坝内埋管的安装与大坝施工干扰较大，且影响坝体强度。

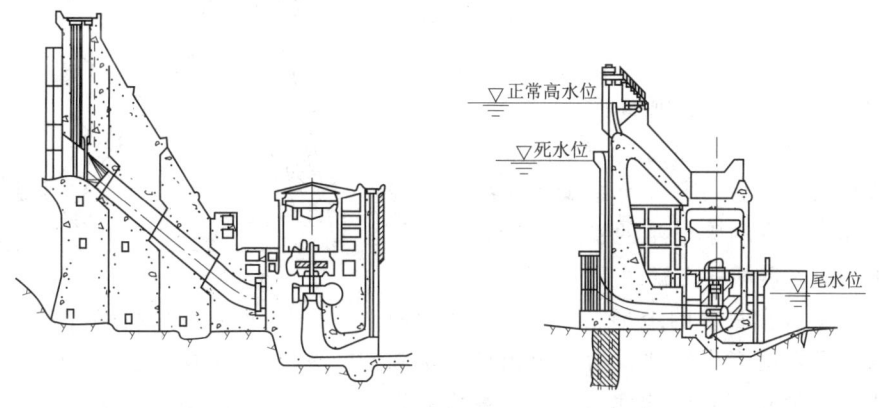

图3.17 斜式坝内埋管　　　　图3.18 平式坝内埋管

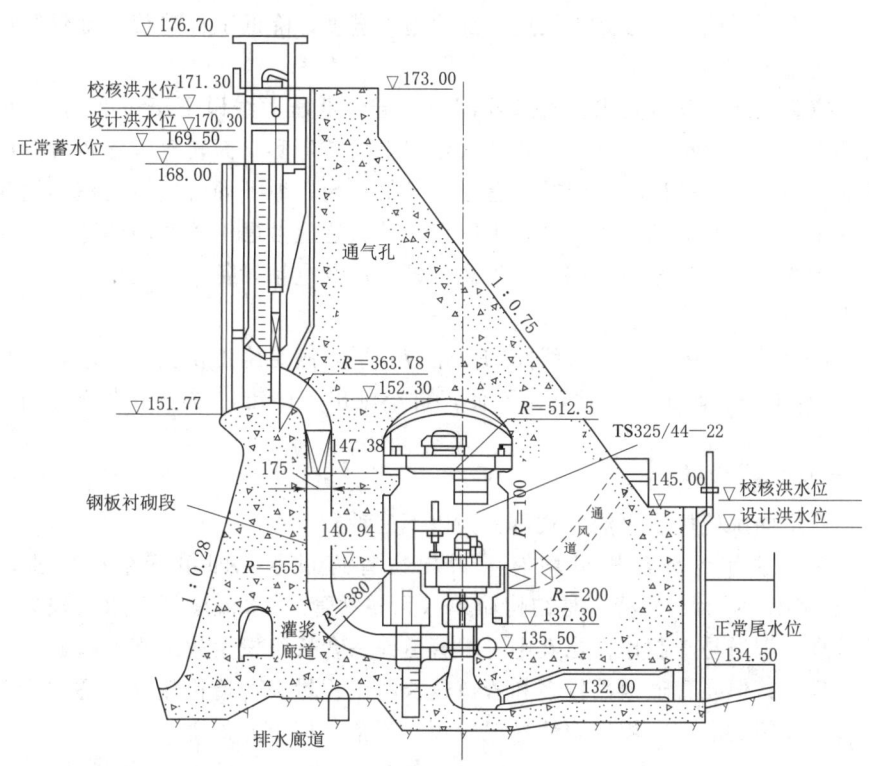

图3.19 竖井式坝内埋管

2) 坝后背管。将压力钢管穿过上部混凝土坝体后布置在下游坝坡上，成为坝后背管，如图3.20所示。这种布置的压力管道较布置在坝内时稍长，且管壁要承受全部内水压力，管壁厚度较大，用钢量多。常用于宽缝重力坝、支墩坝及薄拱坝的坝后式水电站。

#### 3.2.6.2 压力管道的线路选择和布置方式

压力管道的线路选择和布置方式

1. 压力管道线路选择

压力管道线路选择应符合水电站枢纽总体布置要求，并考虑地形、地质、水力学、施工及运行等条件，经技术经济比较后确定。压力管道线路选择的一般原则如下：

(1) 应尽可能短而直。一方面可减少工程量和降低造价，另一方面可减少水头损失和降低水锤压力，有利于电站的稳定运行。地面管道一般布置在陡峻的山脊线上。

(2) 应选择良好的地形、地质条件。地面管道应避开可能产生滑坡或崩塌及山坡起伏和波折大等危及管道安全的地段。地下埋管应避

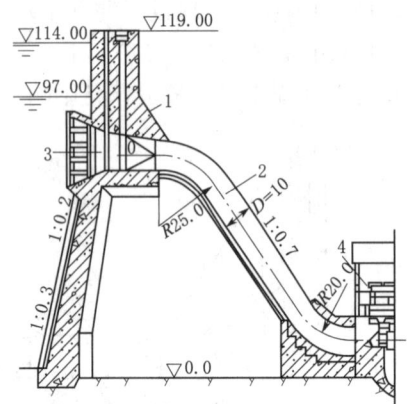

图 3.20 坝后背管
1—坝；2—压力管道；3—进水口；4—厂房

开成洞条件差、活动断层、滑坡、地下水位高和涌水量很大的地段。避开不利的地形、地质条件可以减少工程处理措施，加快施工进度，降低工程造价，确保管道的安全运行。

(3) 应满足运行安全要求。管道顶部应位于最低压力线以下至少 2m，避免管内产生局部真空；应尽量减少管道转弯的次数，平面转弯和立面转弯位置较近时应尽可能合并成立体转弯；管道转弯半径不宜小于 3 倍管径；地下埋管应有足够的埋深，一般不宜小于 0.4 倍水头及 3 倍洞径；坝内埋管的布置应考虑钢管对坝体稳定和应力的影响及施工的干扰。为避免明钢管发生意外事故危及电站设备和人员的安全，应设置事故排水和防冲设施。

(4) 应满足施工要求。明管线路的倾角应合适，满足施工及安装要求，坡角不宜超过 40°；地下埋管倾角过大对施工不便，过小则出渣困难，并应考虑施工支洞的方便布置。

2. 压力管道的供水方式

压力管道向水轮机供水的方式可分为以下三种：

(1) 单元供水。每台机组均有一根压力管道供水，即单管单机供水，如图 3.21 (a)、(d) 所示。其特点是结构简单（无需岔管），水流顺畅，水头损失小，运行灵活可靠，管道易于制作；当其中一根管道或一台机组发生故障需要检修时不影响其他机组运行；但当管道根数较多和管道较长时工程量大，造价较高，适用于单机流量大或管道较短的电站。坝内埋管一般较短，通常采用单元供水。

(2) 联合供水。一根主管向电站全部机组供水，即单管多机供水，如图 3.21 (c)、(f) 所示。其特点是可节省管材，降低造价，但需设置结构复杂的分岔管，水头损失也较大；每台机组前需设阀门；当主管发生故障或检修时全部机组将停止运行，运行的灵活性和可靠性较单元供水差。适用于水头较高、流量较小，管道较

长的电站。较长的地下埋管由于不宜平行开挖几个相近的管井，通常采用联合供水。

（3）分组供水。布置有两根或多根主管，每根主管向两台或两台以上机组供水，即多管多机供水，如图 3.21（b）、（e）所示。其特点介于上述两供水方式之间，适用于管道较长、机组台数较多、需限制管径过大的电站。

无论采用联合供水或者分组供水，与每根管道相连的机组台数一般不宜超过 4 台。

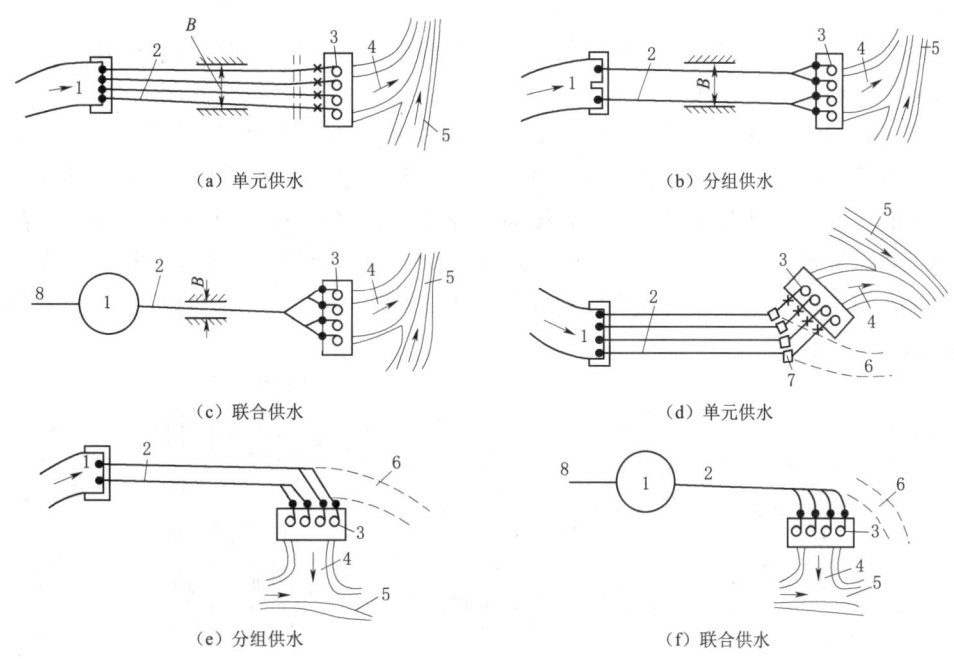

图 3.21　压力管道向机组的供水方式

1—压力前池或调压室；2—压力管道；3—厂房，4—尾水渠；
5—河流；6—排水渠；7—镇墩；8—压力隧洞
●—必设的阀门；×—非必设的阀门；$B$—管床宽度

**3. 压力管道的引近方式**

压力管道在进入厂房之前其主管的轴线与厂房纵轴线的相对方向称为引近方式，实际上也就是压力管道轴线与厂房轴线的关系。

（1）正向引近。如图 3.21（a）、（b）、（c）所示，管道的轴线与厂房的纵轴线垂直。其工作特点是管线较短，水流平顺，水头损失小，开挖量小；但管道失事破裂时直接危及厂房安全。一般适用于水头较低、管道较短的水电站。

（2）侧向引近。如图 3.21（e）、（f）所示，管道的轴线与厂房的纵轴线平行。其工作特点是当管道破裂可避免水流直冲厂房，但水流条件不好，增加水头损失，管材用量增加，开挖工程量较大，适用于高、中水头的电站。

（3）斜向引近。如图 3.21（d）所示，管道的轴线与厂房的纵轴线斜交。其工作特点介于上述两种布置方式之间，常用于分组供水和联合供水的电站。

### 3.2.7 明钢管的构造、附件、敷设方式及支承结构

明钢管是指暴露在空气中的压力钢管,在中小型引水式水电站中应用广泛,其构造、附件及敷设方式在各种压力管道中具有典型性。

#### 3.2.7.1 明钢管的构造

(1) 无缝钢管。无缝钢管是在工厂轧制成无纵缝的管节,运到现场后用横向焊缝或法兰将管节连成整体。无缝钢管强度高,性能可靠,但受制造条件的限制,直径一般小于60cm,适用于高水头、小流量的水电站,造价较高,应用不多。

(2) 焊接钢管。焊接钢管是由辊卷成圆弧形的钢板用纵缝和横缝焊接而成的,是压力钢管中最常用的方式。

焊接管的纵缝受力较大,一般是在工厂中将钢板加工焊制成4~6m管节,运到现场后再逐节拼装,以保证纵缝的质量。各管节间可用焊接也可用法兰接头连接。相邻管节的纵缝应错开并且避免布置在横断面应力较大的水平轴线和垂直轴线上,与水平轴线和垂直轴线的夹角应大于15°,如图3.22所示。焊缝必须采用对接焊,焊接坡口应符合有关规程,焊接质量应按规范规定用超声波法或射线法进行探伤检查。箍管如图3.23所示。

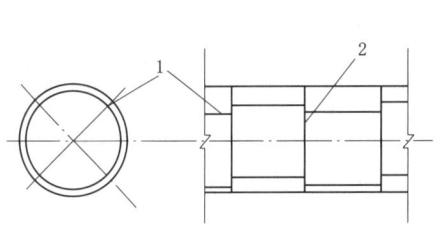

图3.22 焊缝布置图
1—纵缝;2—横缝

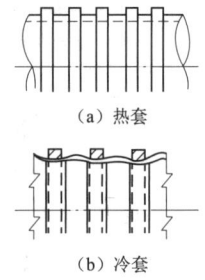

图3.23 箍管

(3) 弯管和渐缩管。钢管在水平面内或竖直面内改变方向时,需要装置弯管以保持水流顺畅,弯管由钢板焊接而成,如图3.24所示。每一折线段两端径向线的夹角不宜超过10°,以5°~7°为宜,夹角越小,水流条件越好。弯管的曲率半径不宜小于3倍管径,弯管首尾应为半节,使相邻管节在接缝处的相贯线形状相同。

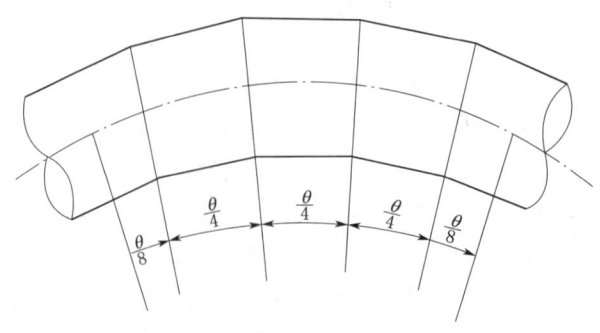

图3.24 弯管

不同直径钢管段连接时需设置渐缩管。为减小水头损失，渐缩管的收缩角 $\theta$ 不宜过大，通常采用 $10°\sim16°$。渐缩管与相邻管段之间常以横向焊缝连接，如图 3.25 所示。当渐缩管与弯管位置相近时，宜合并成渐缩弯管。分段式钢管的弯管和渐缩管均须埋于镇墩中。

（4）加劲环（刚性环）。为提高抗外压稳定，或加强钢管制作、安装时的刚度，而在管外侧设置的环状结构，称为加劲环。加劲环常用 T 形或槽形的型钢制作，其形式如图 3.26 所示。

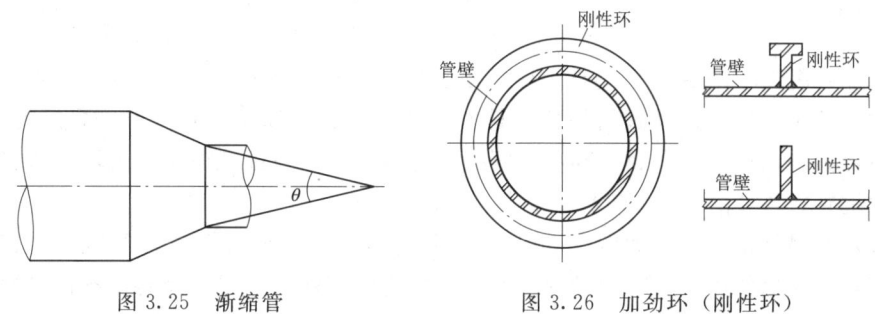

图 3.25　渐缩管　　　　图 3.26　加劲环（刚性环）

（5）分岔管。当水电站采用联合供水或分组供水方式时，钢管进入厂房之前必须设置分岔管。常见的分岔管有对称分岔和非对称分岔两种基本形式，如图 3.27 所示。当钢管为正向进水时，多采用对称分岔，侧向和斜向进水时，多采用非对称分岔。

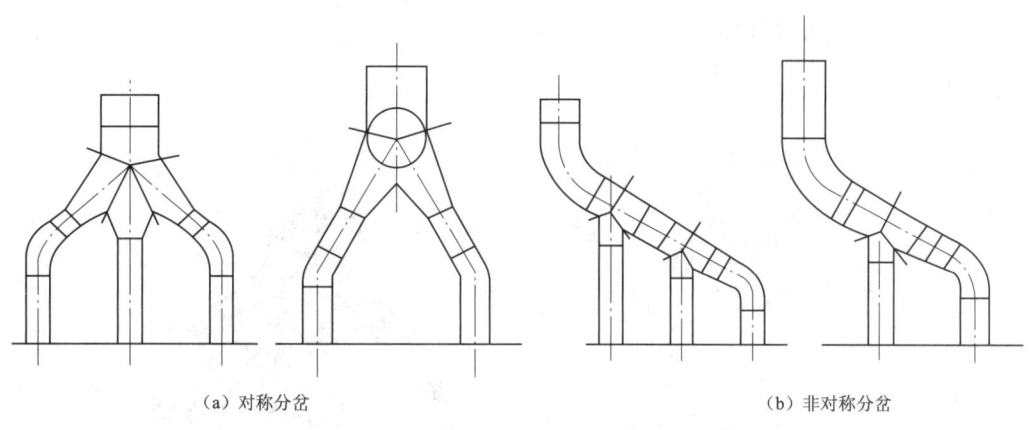

(a) 对称分岔　　　　　　　　　(b) 非对称分岔

图 3.27　分岔管

（6）支承环。钢管与支座间起支承、加固作用的环状结构，称为支承环。其作用是防止支墩直接接触管壁，加强支承处钢管的强度和刚度。支承环沿管周箍设，其断面型式可以为工字形、T 形、矩形、槽型或如图 3.28 所示形式等。

### 3.2.7.2　明钢管的阀门

在压力管道的进、出口端常需设置阀门控制水流。设在压力钢管进口端的阀门通常采用闸门，主要用于压力管道发生事故和放空检修管道时紧急关闭。阀门关闭时间

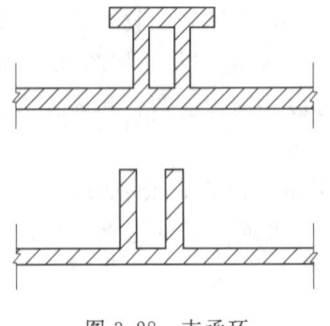

图 3.28 支承环

按规范要求，不能超过发电机的允许飞逸时间。当压力管道采用联合供水或分组供水时，为保证在某台机组停机或检修时不影响其他机组的正常运行，或在调速器、导水叶发生故障时，为紧急切断水流，防止机组产生飞逸，在每台水轮机前必须设置阀门，通常称为进水阀或主阀。对于单元供水的电站，当水头高于120m或管道较长时，经技术经济比较，也可设置主阀。水电站压力管道的主阀有如下三种常见的形式：

(1) 闸阀（也称平板阀）。闸阀由框架和面板构成，阀体在门槽中的滑动方式与一般的平板闸门相似，如图 3.29 所示。闸阀一般采用电动或液压操作。这种阀门的特点是安装和维修比较简单，止水严密，运行可靠；但启闭力大，动作缓慢，封水环易被磨损，也容易产生空蚀现象，只适用于直径较小的压力钢管。

(2) 蝴蝶阀。蝴蝶阀如图 3.30 所示，简称蝶阀，由阀壳和阀体组成。阀壳为一短圆筒，阀体形似圆盘，在阀壳内绕水平或垂直轴旋转。阀门关闭时，阀体平面与水流方向垂直；开启时，阀体平面与水流方向一致。蝶阀的操作有电动或液压两种方式。前者用于小型，后者用于大型。这种蝶阀的特点是启闭力小，动作迅速，体积小，重量轻，造价较低；但水头损失较大，止水不严密，过流时不能部分开启。蝶阀

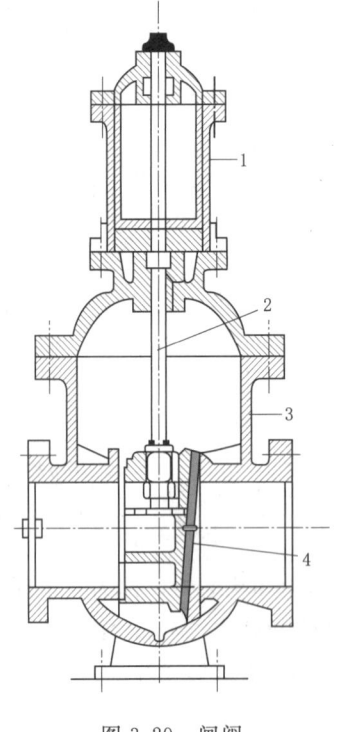

图 3.29 闸阀
1—接力器；2—闸阀柄；3—阀壳；4—活门

图 3.30 蝴蝶阀

可在动水中关闭,应利用旁通管平衡水压后在静水中开启。适用于管径较大、水头不很高的水电站。

蝶阀有横轴和竖轴布置两种。前者结构简单,水压力的合力偏于中心轴以下,一旦阀体离开中间位置,即有自闭倾向,适于做事故阀门,但因接力器布置在旁边,需较大的空间。后者接力器在阀顶,结构紧凑,但结构复杂。目前蝶阀应用广泛,最大直径可达 8m 以上,最大水头达 200m。

(3) 球阀。球阀如图 3.31 所示,由球形外壳、可旋转的圆筒形阀体(活门)及其他附件组成。阀体圆筒的轴线与水平轴线一致时,阀门处于开启状态。若将阀体旋转 90°,使圆筒一侧的球面封板挡住水流,则阀门处于关闭状态。这种阀门的特点是在开启状态时无水头损失,止水效果好,结构强度高;但是结构复杂,尺

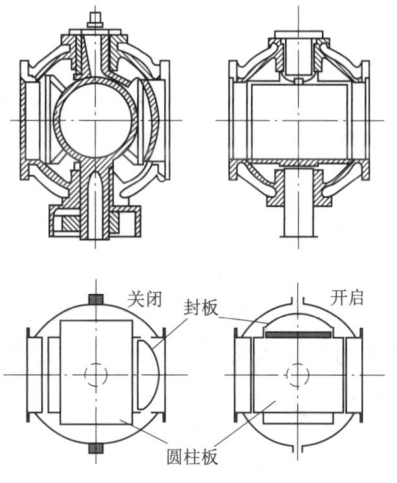

图 3.31 球阀

寸大,重量大,造价高。操作方式有电动或液压两种。球阀是在动水中关闭,但需用旁通阀平压后在静水中开启。适用于 100m 以上的高水头水电站。目前最大球阀直径达 3.4m,最大水头达 850m 以上,最大重量超过 100t。

#### 3.2.7.3 明钢管上的附件

1. 伸缩节

为避免明钢管管壁在环境温度变化及支座不均匀沉陷时产生过大的应力及位移,常在镇墩的下游侧设置伸缩节。伸缩节的作用是使明钢管在温度变化时,能沿轴线自由伸缩,以消除温度应力,且适应少量的不均匀沉陷。常用的伸缩节为滑动套筒式,其构造如图 3.32(a)所示。图 3.32(b)所示为一种简易伸缩接头,可用于直径较小的压力钢管上。

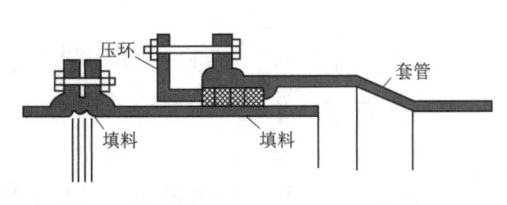
(a) 滑动套筒式伸缩节

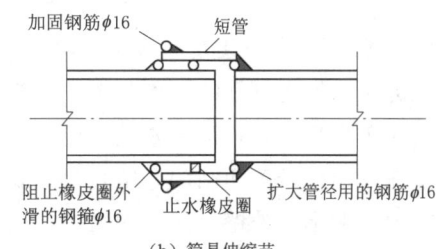
(b) 简易伸缩节

图 3.32 伸缩节

两镇墩之间一般要求布置伸缩节,伸缩节的间距不宜超过 150m。伸缩节应能满足轴向、径向和角变位的要求,并应有足够的刚度。

2. 通气孔与通气阀

为避免压力管道在放空和运行时真空,管道应能及时补气;管道在充水时需要排

气。因此，压力管道应设有自动进气和排气装置，用于放空时补气，充水时排气。自动进气和排气装置一般布置在压力管道进口位置，水头较低时常采用通气孔或通气井，通气孔或通气井的面积应满足补排气的要求，通气孔上端应设在启闭室之外，孔口高于该处可能发生的最高水位，孔口通到坝顶时应有防护设施。进水口较深时，可采用通气阀，其结构如图 3.33 所示，在正常运行时保持关闭状态，发生负压时开启，自动补气，充水时则自动排气。

3. 进人孔与排水阀

当明钢管很长时，为便于观察和检修管道内部，常在镇墩的上游侧管道上设置进人孔。进人孔截面常做成直径不小于 45cm 的圆孔或短轴不小于 45cm 的椭圆孔。进人孔间距一般不超过 150m，进人孔多安装在水平轴线下方 45°处，图 3.34 所示为一种常用且比较简易的结构。为便于在检修钢管时将管内积水排出，通常在压力钢管的最低点设置排水阀。

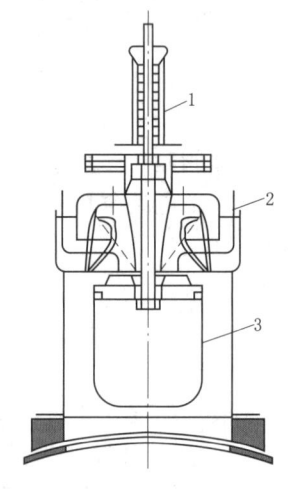
图 3.33　通气阀
1—弹簧；2—进气及排气孔；3—浮筒

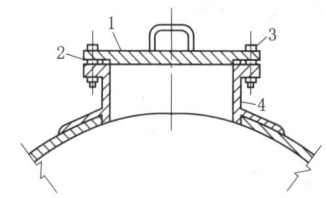
图 3.34　进人孔
1—孔盖；2—垫圈；3—螺栓；4—接管

4. 钢管的保护装置和防腐蚀措施

为了解压力钢管的工作状态，压力钢管上可安装测量压力、流量和管壁应力的设备。对于大型钢管，还可安装过流保护装置，这种装置在钢管破裂后管内流速增大时能迅速发出信号关闭闸门，防止事故扩大。

由于明钢管外壁暴露于大气中，内壁长期过流，受水流的冲蚀与磨损，且检修困难，因此需进行防腐处理。钢管的防腐蚀措施有金属热喷涂和涂料保护两类，另外还可采用电化学保护与涂料联合防腐蚀措施。不论采用何种防腐蚀措施，对于钢板表面均要进行除锈预处理，达到规定的清洁度和粗糙度要求后，才能进行涂装。在严寒地区，明钢管应有防冻设施。

明钢管的敷设及支撑结构

### 3.2.7.4　明钢管的敷设方式

明钢管需要支承在一系列墩座上以便于安装、检修和安全运行，常用的墩座有镇墩和支墩两种。根据明钢管的管身在镇墩间是否连续，其敷设方式有连续式和分段式两种。

明钢管管身在两镇墩之间是连续的，中间不设伸缩节，如图 3.35（a）所示。连续式的明钢管由镇墩固定，不能移动，温度变化时，管身将产生很大的轴向温度应力，并传给镇墩，因而需增加管壁的厚度和镇墩的重量，工程中一般较少采用这种敷设方式。当钢管直径和温度变化较小且管线较短时，可在管身的适当位置设置转角接头，以减小管身的温度应力。

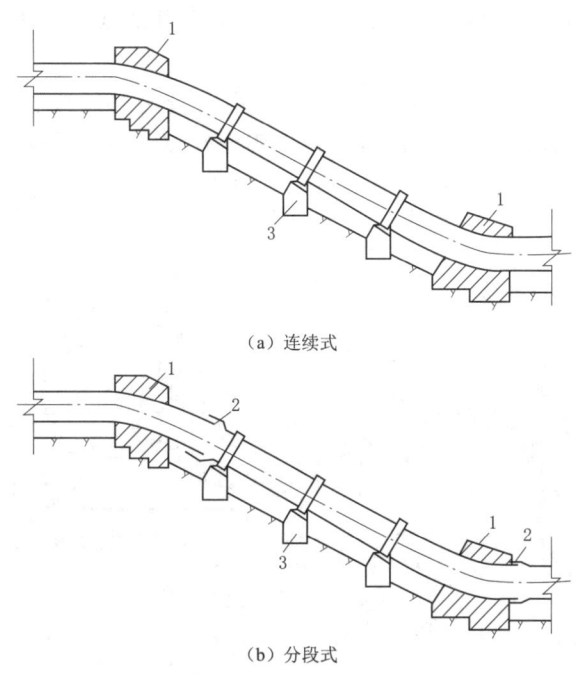

图 3.35 明钢管的敷设方式
1—镇墩；2—伸缩节；3—支墩

在两镇墩之间设置伸缩节将钢管管身分段，如图 3.35（b）所示。当温度变化时，由于伸缩节的作用，管段可沿管轴方向自由伸缩，由温度变化引起的轴向力仅为管壁与支墩的摩擦力及伸缩节的摩擦力。明钢管多采用这种分段敷设，但伸缩节构造较复杂，容易漏水，为了降低伸缩节的内水压力、便于安装钢管以及利于镇墩的稳定，伸缩节一般布置在镇墩下游侧第一节管的横向接缝处。

#### 3.2.7.5 明钢管的支承结构

1. 镇墩及其构造

镇墩是保持钢管段不致发生位移、倾覆和扭转的支承结构物，其作用是依靠自身的重量来固定钢管，承受因钢管改变方向及管径变化而产生的轴向不平衡力，并使钢管在任何方向均不产生位移和转角。分段式明钢管转弯处宜设置镇墩，直线管段长度超过 150m 时，宜在其间加设镇墩；当直线管段的管道纵坡较缓且长度不超过 200m，也可以不加镇墩，而将伸缩节布置在该段的中部。

镇墩为重力式结构,若基础为软基,镇墩底面宜做成水平;若为岩基,镇墩底面宜做成台阶式,以节省工程量。镇墩的轮廓尺寸应能包住全部弯管段,镇墩的上游面应与钢管垂直,使管壁受力均匀。在软基上,镇墩底应深埋在冻土线以下;在岩基上,埋深应不小于0.5m。明钢管底部至少应高出其下地表0.6m。

镇墩施工常分两期进行,初期浇筑混凝土基座,敷设钢管后再浇筑二期混凝土。向上凸的弯管应配置锚固件,镇墩的表面应配置温度钢筋,镇墩内的钢管周围宜配置环向筋。镇墩混凝土强度等级不应低于C15。钢管运行后,若镇墩混凝土裂缝较大,应在混凝土表面涂敷密闭材料。镇墩应进行抗滑稳定和地基应力计算,保证镇墩的整体性和稳定性。

按压力钢管在镇墩上的固定方式不同,镇墩可分为封闭式和开敞式两种,如图3.36所示。前者结构简单,节约钢材,管道固定性好,应用普遍;后者利用锚栓将钢管固定在混凝土基础上,管壁受力不均匀,锚环施工复杂,但便于检修,在工程上应用较少。

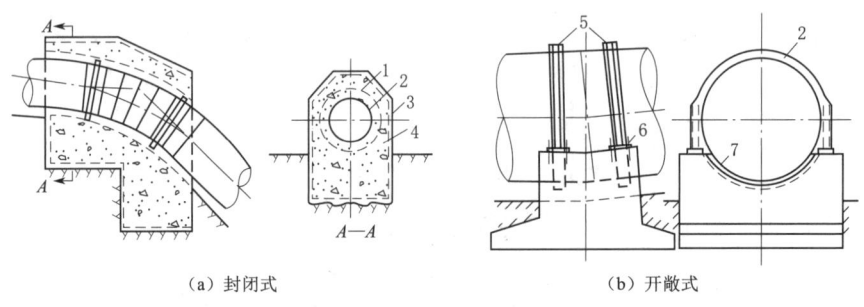

(a) 封闭式　　　　　　　　(b) 开敞式

图3.36 镇墩型式
1—环向钢筋;2—钢管;3—温度钢筋;4—锚筋;5—锚定环;6—锚栓;7—灌浆

**2. 支墩(支座)及其构造**

支墩(支座)是镇墩间支承钢管的承重结构物,其作用是减小钢管的跨度,防止钢管横向滑脱,承受管重和水重的法向分力。支墩间距应通过钢管应力分析,并考虑安装条件、支墩型式和地基条件等因素确定,一般间距为6～12m。在两相邻镇墩之间,支墩宜等间距布置,设有伸缩节的一跨,间距宜缩短。分段式明钢管的支墩应保证钢管轴向能自由伸缩并能防止横向滑脱。在可能沉陷的地基上的支墩,在支墩旁及支承环两侧应预留调整钢管高程的千斤顶顶托位置。支墩混凝土强度等级不应低于C15。支墩也应进行抗滑稳定和地基应力计算,保证支墩的整体性和稳定性。

根据支墩与管身相对位移的特征及管径等因素,常用的支墩有鞍形滑动支墩、平面滑动支墩、滚动支墩、摇摆支墩等形式。

(1) 鞍形滑动支墩如图3.37(a)所示。钢管直接支承在鞍形的混凝土支墩上,支墩的包角在90°～135°之间。为减小钢管伸缩时的摩擦力,可在鞍座表面铺设石墨、石棉或油毡等材料;直径较大的钢管,可在支墩的鞍面衬钢板,并涂润滑剂。鞍形滑动支墩的特点是结构简单,施工方便,但摩擦力大,管身受力不均匀,鞍座边缘处的钢管会产生较大的弯矩。一般适用于直径小于1m无支承环的钢管及直径小于2m有支承环的钢管。

(2) 平面滑动支墩如图 3.37 (b) 所示。为了克服鞍形滑动支墩缺点,平面滑动支墩在支墩处的管身设置支承环,环的两侧支承在墩座上。当钢管伸缩时支承环沿支墩滑动,从而避免管壁摩擦。平面滑动支墩适用于直径 1～3m 有支承环的钢管。

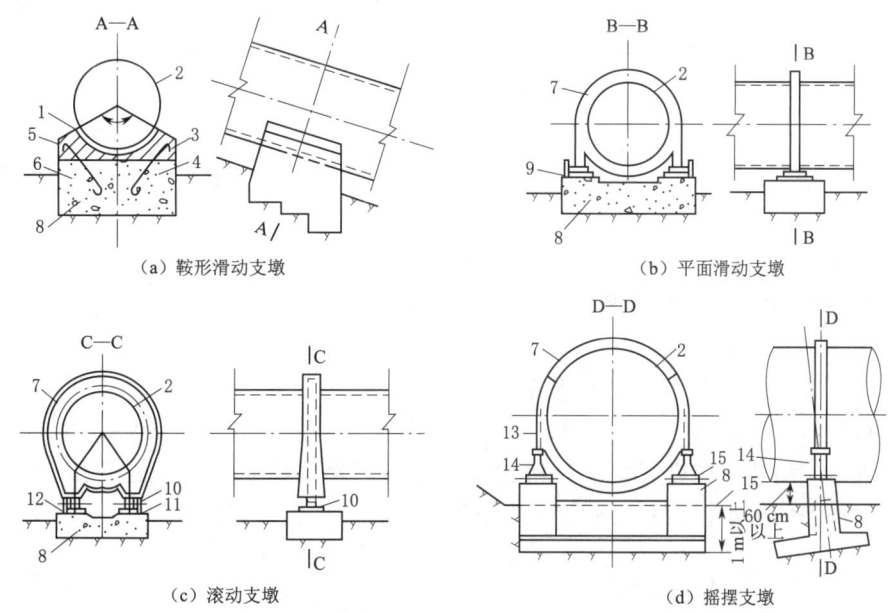

图 3.37 支墩型式

1—钢板;2—钢管;3—插筋;4—锚筋;5—二期混凝土;6—一期混凝土;7—支承环;8—支墩;
9—滑动面;10—滚轮;11—钢垫板;12—侧挡板;13—支柱;14—摆柱;15—转轴

(3) 滚动支墩。如图 3.37 (c) 所示。钢管通过滑轮支承在支墩顶面的固定钢板上,滑轮安装在支承环下端,固定钢板外侧设有防止横向位移的侧挡板。滚动支墩适用于直径大于 2m 的钢管。

(4) 摇摆支墩。如图 3.37 (d) 所示。在支承环与支墩面之间设置可以摆动的短柱,短柱的下端与支墩铰接,上端以圆弧面与支承环的承板接触。钢管沿轴向伸缩时,短柱以铰为中心前后摆动。这种支墩的摩擦力很小,能承受较大的垂直荷载,但构造较复杂,造价较高,适用于直径大于 2m 的钢管。

### 3.2.8 钢岔管

#### 3.2.8.1 钢岔管的工作特点及设计要求

1. 钢岔管的工作特点

钢岔管是指输水管道分岔处的压力钢管管段。在水电站中,采用联合供水或分组供水时,常需在主管末端设置岔管,岔管一般采用钢材制作。岔管的特点是结构复杂,水头损失大,位于钢管末端并靠近厂房,承受很大的内水压力。在岔管段,由于一部分管壁被割裂,不再是完整的圆形断面,内水压力所产生的环向力便不能平衡,所以，必须采取加固措施来承受被割裂处管壁的环向力。

2. 钢岔管的布置原则

钢岔管是一个被加强的复杂曲面的壳体，其布置应结合地形地质条件，与主管线路布置、水电站厂房布置协调一致，布置方案应作技术经济比较，并符合下列原则：

(1) 结构合理，安全可靠，不产生较大的应力集中和变形。为此，各管节的转角不宜过大，加强构件和管壁的刚度比不宜太悬殊，加固措施应结构合理。岔管主、支管轴中心线宜布置在同一平面内。

(2) 水流平顺，水头损失小，减少涡流和振动。分支管宜采用锥管过渡，分岔角宜较小，一般为30°～45°；分岔后流速宜宜逐渐加快。对于重要工程的岔管宜作水力学模型试验。

(3) 制作、运输、安装方便，经济合理。

#### 3.2.8.2 岔管的布置形式及构造要求

1. 布置形式

布置形式包括：①非对称Y形布置，如图3.38 (a) 所示；②对称Y形一级或二级分岔布置，如图3.38 (b) 所示；③三岔形布置，如图3.38 (c) 所示。

岔管形式的选择应进行技术经济比较，影响因素包括制作和土建费用、水头损失、内水压力的大小、岔管尺寸和受力条件、布置形式、工程经验等。

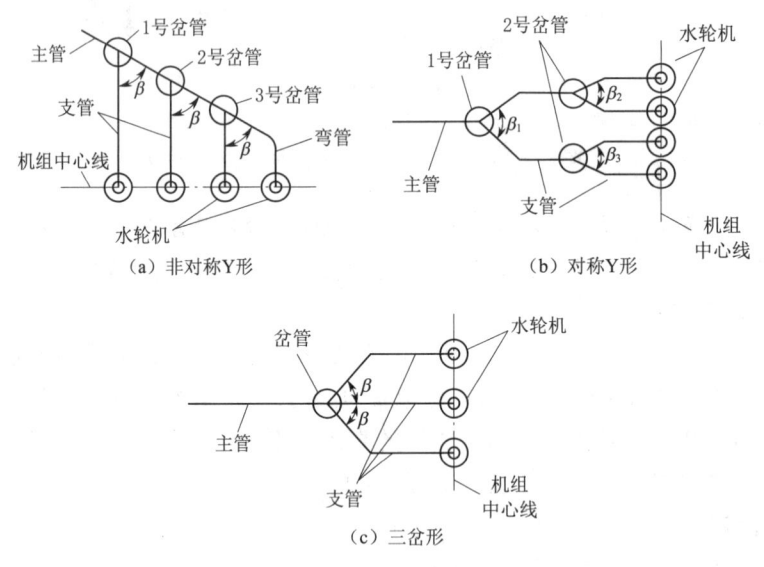

图 3.38 岔管布置形式

2. 构造要求

岔管的构造要求应符合下列规定：

(1) 主、支锥管（或柱管）间的连接，除贴边岔管外，应使相贯线为平面曲线。

(2) 主、支锥管长度及分节，在满足结构布置和水流流态要求下，宜布置紧凑。

月牙肋岔管当肋宽比大于 0.3 时宜设置导流板。无梁岔管、球形岔管内部应设置导流板。

（3）大型岔管宜按变厚设计。

#### 3.2.8.3 岔管的结构类型

由于布置形式及加固措施不同，岔管的结构也不同。

1. 三梁岔管

三梁岔管是用 U 形梁及腰梁加强的岔管，如图 3.39 所示。

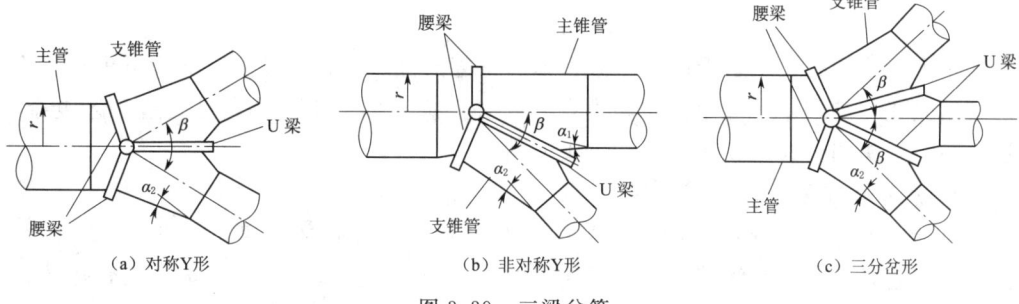

图 3.39 三梁岔管

在岔管主、支管三条相贯线处焊接矩形或 T 形断面的加强梁，主管处的加强梁为腰梁，支管间的加强梁为 U 形梁，这三根梁构成的空间结构共同承受不平衡区的内水压力。三梁岔管结构较为简单，运行安全可靠，各种布置形式均能适用。但梁系中的主要应力是弯曲应力，材料强度未得到充分利用，致使梁的截面尺寸较大，加大了岔管的轮廓尺寸，浪费材料，且对岔管的制造、运输和安装带来困难。此外，加强梁的刚度相对很大，在梁附近的管壁内将产生较大的焊接应力和局部应力，从而影响岔管的整体强度，又需要加固处理。因此，这类岔管多用于水头较高、流量较小的明钢管。

2. 贴边岔管

贴边岔管是在分岔坡口边缘焊有补强板加强的岔管，如图 3.40 所示。

在非对称布置岔管中，从主管分出的支管直径相对较小，在主、支管相贯线两侧用补强板焊贴加固，岔管的不平衡力由管壁和补强板共同承担。补强板可以贴在外壁和内壁，也可以内外壁都贴。贴边岔管为组合薄壳结构，应力情况较复杂，但构造简单、施工方便，一般适用于支、主管直径之比不大于 0.7 的中、低水头钢管。补强板厚度一般与管壁等厚，同时岔管段的管壁厚度应比直线段管壁厚度增加 25%～50%。

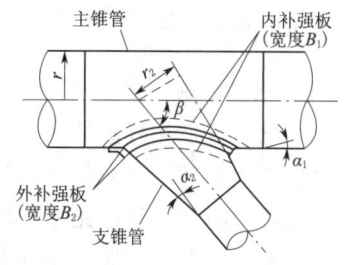

图 3.40 贴边岔管

3. 球形岔管

球形岔管是在分岔处为球壳，主管和支管与球壳面交接处用补强环加强的岔管，如图 3.41 所示。

球形岔管由球壳、主管与支管、补强环和内部导流板组成。导流板用来改善水流

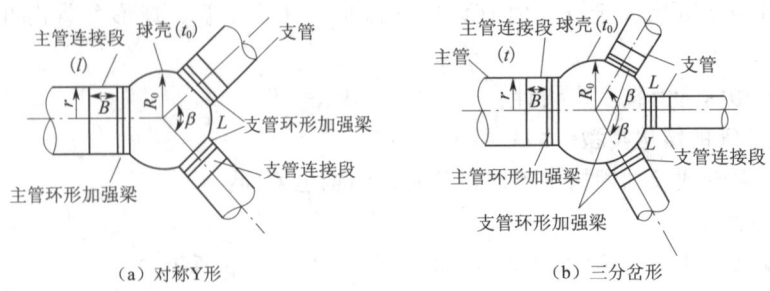

(a) 对称Y形　　　　　　　　(b) 三分岔形

图 3.41　球形岔管

条件，上设平压孔，不承受内水压力。球形岔管的优点是布置灵活，支管可为任意方向，球壳受力均匀，其应力仅为同直径管壁环向应力的一半。缺点是制造工艺复杂，造价高，水头损失较大。适用于高水头电站。

**4. 月牙肋岔管**

月牙肋岔管是在分岔处用插入管内的月牙形肋板加强的岔管，如图 3.42 所示。月牙肋岔管是在三梁岔管基础上发展起来的，其构造特点是用一个完全嵌入管体的月牙肋板代替三梁岔管的 U 形梁。月牙肋岔管使管壁被切割处各点的不平衡力之合力作用在月牙肋的形心上，从而可按轴向受拉构件确定其轮廓尺寸，充分利用材料强度，减小加固构件的尺寸，节约钢材。目前在我国已基本取代了三梁岔管。月牙肋岔管适用于大中型水电站的地下埋管。

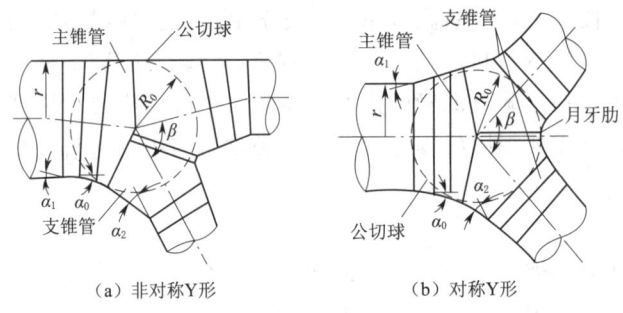

(a) 非对称Y形　　　　　　　　(b) 对称Y形

图 3.42　月牙肋岔管

**5. 无梁岔管**

无梁岔管是在分岔处用多节锥管加强的岔管，如图 3.43 所示。无梁岔管是在球形岔管基础上发展起来的新型岔管，它用锥管作为球壳与主、支管的连接段，替代了球形岔管中的补强环，完全取消了加强构件。岔管中锥管一端与主、支管连接，另一端与球壳片近似沿切线方向衔接，构成一个外形平顺、无明显的不连续结合线的岔管，不仅克服了补强环与管壳刚度不协调的缺点，而且可充分发挥壳体结构的承载能力，结构合理，外形尺寸小，运输、安装均较方便。缺点是体型较复杂，成型工艺难度大，在球壳顶部和底部易产生涡流，分岔处水流较紊乱，为此需在岔管内部设置导流板。无梁岔管是一种有发展前途的管型，能发挥与围岩共同受力的优点，适用于大中型电站的地下埋管。

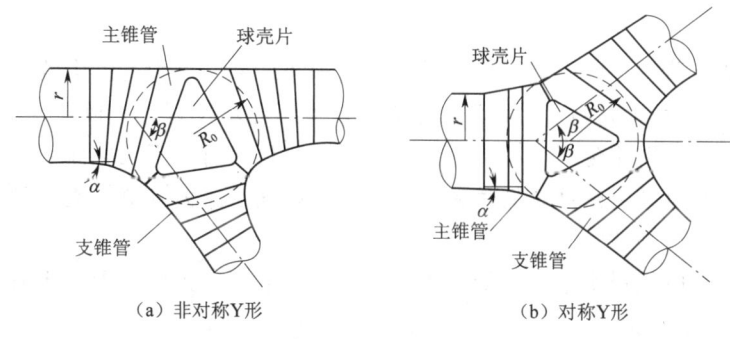

(a) 非对称Y形　　　　(b) 对称Y形

图 3.43　无梁岔管

### 3.2.9　水锤

#### 3.2.9.1　水锤现象

水轮机在正常运行时引用流量的改变一般较缓慢，但在某种特殊的情况下，如发电机母线或高压线路突然发生事故，机组主要设备突然失事等，机组或电站会突然丢弃全部负荷，迫使水轮机突然切断全部引用流量。随着压力管道末端阀门或导水叶的突然关闭（或突然开启），紧邻阀门或导叶的水体流速将突然被迫为零（或突然增大）。由于水流的惯性，后续流动水体对前面以变流速的水体施加额外压力，使其受到强烈压缩（或急剧膨胀），水体密度增加（或减小），对管壁和阀门产生一个额外的压强升高 $\Delta p$（或压强降低），这种伴随着压力管道内水流流速的突然改变而产生压强升高（或降低）的现象称为水锤现象。

水锤发生同时压强的升高以压力波的形式，从阀门端按一定速度往上游端传播。这种压力波称为水锤波。

水锤

#### 3.2.9.2　直接水锤与间接水锤

水锤现象是假定压力水管阀门瞬时启闭（$T_s=0$）时发生的，阀门处的水锤压强 $\Delta p$ 也是瞬时产生的，故上述的水锤现象只考虑了一个水锤波在水管中来回传播。实际上启闭压力水管末端的阀门总有一段历时（水轮机导叶的关闭时间 $T_s$ 为 3～8s）。设关闭阀门的总历时为 $T_s$，可将 $T_s$ 看作有许多连续突然关闭的微小时段组成的，每一微小时段的突然关闭，都将在阀门处产生一个水锤升压值 $\Delta p$，使该处压强不断升高，而每一 $\Delta p$、都以升压逆行波的形式向水库方向传播。若 $T_s \leqslant 2L/a$，则当第一个由水库反射回来的降压顺行波尚未到达阀门处时，阀门即已全部关闭，这样，阀门处的最大水锤压强不会受到降压顺行波的影响，故其大小与阀门瞬时关闭（$T_s=0$）的情况相同。这种水锤称为直接水锤，其数值很大，在水电站工程中应绝对避免。

若 $T_s>2L/a$ 则当阀门尚未完全关闭时，从水库反射回来的第一个降压顺行波已达到阀门处，从而使阀门处的水锤压强在尚未到达最大值时就受到降压顺行波的影响而减小。阀门处的这种水锤称为间接水锤，其值小于直接水锤，是水电站经常发生的水锤现象。

### 3.2.9.3 研究水锤的目的

**1. 目的**

水电站的负荷变化，引起压力管道中产生水锤现象。压力管道中的水锤压强升高值，有时可能很大。为保证工程运行的安全必须研究水锤现象，以便采取工程措施，防止水锤压强过大，避免对工程带来的危害。研究目的有以下几方面：

（1）确定水电站引水系统的最大水锤压强，以确定压力管道、蜗壳和水轮机强度设计的最大内水压强。

（2）确定水电站引水系统的最大水锤压强降低值，作为压力管道线路布置及尾水管真空高度校核依据。

（3）研究水锤与机组稳定运行的关系。水锤压强的最大升高值与最大降低值是机组调节保证的依据。

（4）研究降低水锤压强的措施。

**2. 减小水锤的措施**

当水锤压强超过容许最大值时，一般采用以下措施加以降低。

（1）缩短压力管道长度。缩短压力引水系统的长度 $L$，可以减小水管特性系数 $\sigma$，从而减小水锤值。因此，在布置管道时，应根据地形地质条件，尽可能垂直等高线布置选择短的路线。

（2）加大压力管道断面。加大管道断面既减小流速 $v$，也减小了 $\sigma$ 值，从而减小了水锤值。但加大管道断面，必然增加投资，不一定是经济合理的。一般只有在计算出的水锤值略大于其容许值的情况下，适当加大管道断面才可能是经济合理的。

（3）设置调压室。在长压力引水系统中，可在靠近厂房的适当位置设置调压室。调压室具有较大的自由睡眠反射水锤波，实际上等于缩短了管道的长度，这是一种有效减小水锤压强的工程措施。调压室工作可靠，对于水电站突然丢弃或增加的负荷均起作用。

（4）采用合理的导叶（阀门）启闭规律。适当增加调节时间 $T_s$，在 $T_s$ 一定的情况下，导叶（阀门）可采取分段启闭的方法，目前导叶（阀门）的分段关闭已被普遍用作减小水锤压强的方法。

（5）装置调压阀（空放阀）。调压阀又称空放阀，一般装置于压力水管末端或蜗壳上它是一种过压保护装置。当机组丢弃负荷时，在导叶关闭的同时，调压阀开启，一部分机组引用流量经由调压阀流向下游，从而减小水管中流量的该变量，也即减小水锤值。为了节省水量，在导叶关闭终了后，调压阀则自动缓慢关闭，关闭时间一般为 20～30s。采用调压阀的压力水管，其水锤压强升值一般不超过 20%。与调压室相比，调压阀有节省投资的优点，但调压阀在电站突然增加负荷时不起作用，其可靠性也不如调压室。目前，我国一些中、高水头的小型电站在"以阀代室"的试验中，取得了不少成功经验。

（6）设置水阻器。水阻器是一种利用水阻抗消耗电能的设备，它与发电机母线相连。当然机组突然丢弃负荷时，通过自动装置使水阻器投入，将机组原来输出的电能消耗与水阻抗中，然后在一个较长的时间内将导叶关闭，这样就延长了关闭时间，从而减小了水锤压强。水阻器造价低但运行可靠程度较差,而且当电站突然增加负荷时不起作用,故一般用于小型电站。

### 3.2.10 调压室

#### 3.2.10.1 调压室的功用

调压室是在较长的压力引水道(尾水)与压力管道之间修建的,用于降低压力管道的水锤压力和改善机组运行条件的水电站建筑物。调压室的断面面积比压力引水(尾水)道大,并具有自由水面的平水建筑物。其功用是:

(1) 吸收水锤波能量,限制水锤波进入压力引水道,基本上消除引水道中的水锤压力,还能大大降低压力钢管和水轮机过流部分的水锤压力,避免和减小水锤对它们的危害。

(2) 起平水建筑物作用,平稳水头,改善机组在负荷变化时的运行条件和供电质量。调压室有一定的内容积,离厂房较近,类似于无压引水式电站的前池,机组负荷变化时能迅速补充或存储一定水量,有利于机组的稳定运行。

调压室的功用

#### 3.2.10.2 调压室的基本要求

根据调压室的功用,调压室应满足以下基本要求:

(1) 调压室应尽量靠近厂房,缩短压力水管的长度,以减小水锤值。

(2) 尽量充分地反射压力钢管传来的水锤波,则越能减小压力水管和引水道中的水锤压力。

(3) 调压室的工作必须是稳定的,在负荷变化时,引水道及调压室水体的波动则能迅速衰减,达到新的恒定状态。

(4) 正常运行时,水头损失要小。为此,调压室底部和压力水管连接处应具有较小的过水断面积。

(5) 工程安全、经济、适用,施工方便。

注意,上述各项要求之间会存在一定程度的矛盾,比如上述(2)与(4)就是矛盾的,所以必须根据具体情况统筹考虑各项要求,进行全面的分析比较后确定。

### 3.2.11 调压室的基本类型

根据调压室水力条件和结构形式不同,调压室有以下几种基本类型,如图 3.44 所示。

调压室的基本类型

(1) 简单圆筒式调压室。简单圆筒式调压室的特点是自上而下具有相同的断面,结构形式简单,反射水锤波的效果好,但在正常运行时隧洞与调压室的连接处水头损失大,当流量变化时调压室中水位波动的幅度较大,衰减较慢,所需调压室的容积较大。因此,一般多用于低水头或小流量的水电站。

(2) 阻抗式调压室。将简单圆筒式调压室底部收缩成孔口式或用小于引水道断面的连接管与引水道相连即成阻抗式调压室。由于阻抗孔的消能作用,使得波动振幅小,衰减快,因而体积小于圆筒式,而且正常运行时的水头损失小;但由于阻抗的存在使反射水锤波的效果较差,引水道可能受水锤的影响。故一般阻抗孔面积不小于引水道面积的 15% 但也不宜大于 60%,以免过分降低阻抗孔的作用。阻抗式调压室一般用于引水道较短的中、低水头电站。

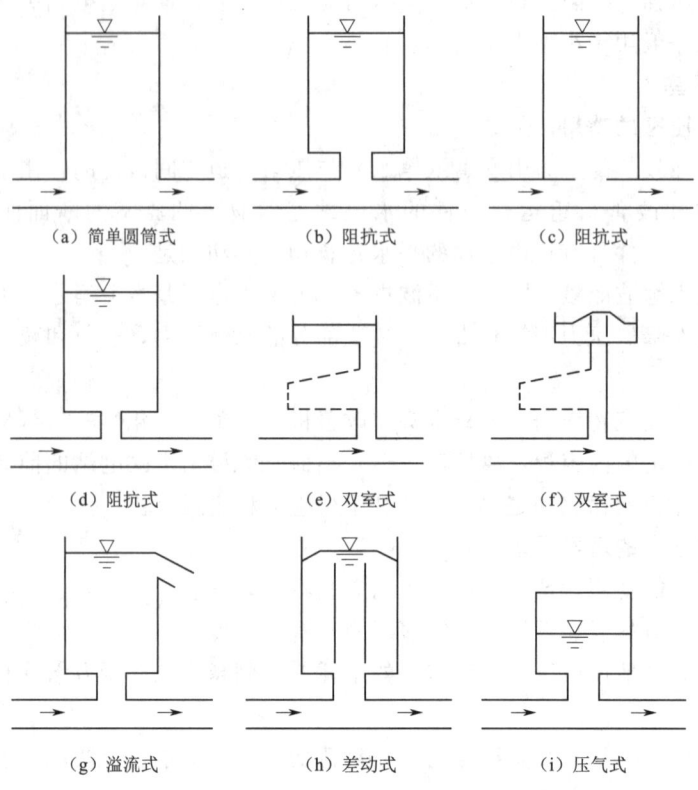

图 3.44 各型调压室示意图

(3) 双室式调压室。由一断面较小的竖井和断面扩大的上下贮水室组成，正常运行的静水位在上、下室之间，弃荷时竖井水位上升，使上室充水，增荷时水位下降由下室补充水位。上、下室限制了水位波动的振幅，且室水位波动快，衰减快，所需容积较小，反射水锤波的效果较好。双室式调压室适用于水头较高、水库工作深度较大的水电站。

(4) 溢流式调压室。溢流式调压室的顶部有溢流堰，丢弃负荷时调压室充水，水位上升，达到溢流堰后开始溢流，限制了水位的进一步升高，有利于机组的稳定运行，溢出的水量，可以设上室加以储存，也可以排至下游。

(5) 差动式调压室。差动式调压室由两个直径不同的同心圆筒组成，外筒称为大室，内筒（通常称升管）直径较小，上有溢流口，其底部以阻力孔口与大室相通，它综合地吸取了阻抗式和溢流式调压室的优点，但结构较复杂。

(6) 气垫式或半气垫式调压室。将调压室顶部完全封闭，自由水面以上的密闭空间充满高压空气，就成为气垫式调压室。上部空间有一断面不大的通气孔与大气相通，称为半气垫式调压室，这种调压室在水位波动过程中，利用空气的压缩或者膨胀促使压力水道减速或者加速，可以减小水位波动振幅。气垫式调压室更便于靠近厂房布置，对反射水锤波有利，常可以减小水锤压力。但水位波动稳定条件差，需要较大的断面或容积，且需配置空压机定期向室内补气，增加了投资和运行费。高水头地下电站，或受地形地质条件限制，厂房附近无建调压室条件，或调压室通气竖井太长时，可考虑采用。

**3.2.11.1 调压室的基本布置方式**

根据不同的要求及条件，调压室在引水系统中的布置大致有以下4种方式。

1. 上游调压室（引水调压室）

调压室布置在厂房上游的有压引水道，此种布置方式应用最广泛，适用于有压引水道较长的情况。

2. 下游调压室（尾水调压室）

当厂房下游有压尾水管较长时，需要设置下游调压室以减小水锤压力，特别是防止丢弃负荷时产生过大的副水锤。尾水调压室应尽可能靠近水轮机。

尾水调压室的水位变化过程，正好与引水调压室相反，因而水力计算时基本公式相同，但要注意符号和方向相反。在电站正常运行时，调压室的稳定水位高于下游水位，其差值等于尾水隧洞中的水头损失。尾水调压室通常伴随地下水电站修建，均在岩石中开挖而成，其结构形式，除了满足运行要求外，常决定于施工条件。

3. 下游双调压室系统

如果厂房的上下游都有较长的有压引水道及尾水管，为了减小水锤压力，改善电站的运行条件，在厂房的上下游均设置调压室而成双调压室系统。当负荷变化，两个调压室的水位都将发生变化，而任一个调压室的水位变化，将引起水轮机流量新的变化，从而影响到另一个调压室的水位变化，因此两个调压室的水位变化是相互制约的，使整个引水系统的水力现象更为复杂。当引水隧道的特性和尾水管接近时，可能发生共振。因此，设计上下游双调压室时，不能只限于推求波动的第一振幅，而应该求出波动的全过程，研究波动的衰减情况。

4. 上游双调压室系统

在有压引水道中设置两个调压室，靠近厂房的调压室对于反射水锤波起主要作用，称为主调压室；靠近上游的称为辅调压室，用以反射越过主调压室的水锤波，进一步改善引水道的工作条件。辅调压室越接近主调压室，所起的作用越大，反之越向上游其作用越小。引水系统波动衰减由两个调压室共同保证，增加一个调压室的断面，可以减少另一个调压室的断面，但两个调压室所需断面之和大于只设置一个调压室时所需的断面，从表面上看增大了造价，因而实际中往往是利用原引水隧洞的施工竖井建成一个调压室，修建另一个调压室的断面和造价就低于只设置一个调压室的情况，此情况采用双调压室方案可能是经济的；有时因电站扩建，原有调压室断面不够又因地质原因不能拓宽的，而增设辅助调压室；有时因结构、地质等原因，设置辅助调压室以减小原有的主调压室尺寸。

上游双调压室系统的波动是非常复杂的相互制约和诱发的作用很大，整个波动并不成简单的正弦曲线。因此，应合理选择两个调压室的位置和断面，使引水系统的波动能较快地衰减。

**3.2.11.2 调压室的设置条件**

调压室的设置能极大地改善有压引水系统及机组的可靠运行条件，但调压室一般尺寸较大，且实际工程中往往以钢筋混凝土为主的调压塔或井挖石方为主的调压井的型式出现，造价不菲，对于低水头、小装机的水电站，调压室造价可能占到土建总投资的很大比例，因此，是否设置调压室应进行技术经济方案比较来决定。

## 章 节 练 习 题

### 一、单选题

1. 水流自径向进入转轮，大体上沿轴向流出，故称为（　　）。
   A. 切击式水轮机　　　　　　　　B. 轴流式水轮机
   C. 双击式水轮机　　　　　　　　D. 混流式水轮机
2. 水流进入和流出这种水轮机的转轮时，都是轴向的，故称（　　）。
   A. 混流式水轮机　B. 轴流式水轮机　C. 切击式水轮机　D. 贯流式水轮机
3. 冲击式水轮机中应用最广泛的一种机型是（　　）。
   A. 双击式水轮机　B. 轴流式水轮机　C. 斜击式水轮机　D. 切击式水轮机
4. 翼型气蚀是发生在（　　）的气蚀。
   A. 水轮机过流部件的间隙部位　　　B. 水轮机转轮叶片上
   C. 尾水管　　　　　　　　　　　　D. 转轮出口
5. 引水式水电站适合修建在（　　）。
   A. 河道坡降较陡，流量较小的山区性河段
   B. 河道坡降较缓，流量较小的平原河段
   C. 河道坡降较陡，流量较大的山区性河段
   D. 河道坡降较缓，流量较大的平原河段

### 二、填空题

1. 反击式水轮机一般有四大基本过流部件，即（　　）部件、（　　）部件、（　　）部件和（　　）部件。
2. 引水部件又称（　　），反击式水轮机引水室的主要作用是以最小的水力损失将水流引向导水机构，尽可能保证水流沿导水机构周围（　　）、（　　）的流入。
3. 工作部件即转轮，它的作用是将（　　）转换为（　　），实现水流能量转换的核心部件。
4. 水斗式水轮机是由（　　）、（　　）、（　　）、（　　）、（　　）及（　　）等组成。
5. 水轮机的基本工作参数，主要有（　　）、（　　）、（　　）、（　　）、（　　）等。
6. 水轮机的效率等于（　　）、（　　）和（　　）三者的乘积，它是评价水轮机能量性能特性的主要依据。

### 三、判断题

1. 座环也是水轮机的过流部件和水轮机安装基准部件。（　　）
2. 贯流式转轮与轴流式转轮整体形状类似，相当于水平放置的轴流式水轮机，

水流直接贯入，过流能力大，适用于低水头大流量的电站。（　　）

3. 导叶均布在转轮的外围，为减少水力损失，其断面设计成翼型，导叶不能随其轴转动。（　　）

4. 水斗式水轮机转轮每个斗叶的外缘均有一个缺口，缺口的作用则使其后的斗叶不进入先前射流作用的区域，并且不妨碍先前的水流。（　　）

5. 水电站的工作水头等于电站上、下游水位差。（　　）

6. 水流进入水轮机的水流功率（即水轮机的输入功率）大于水轮机的输出功率，两者之差便是水轮机工作过程中产生的能量损失。（　　）

7. 调速器的作用是以转速偏差为依据，迅速自动地调节导叶开度，已达到改变出力恢复转速的目的。（　　）

四、简答题

1. 简单写一写水电站进水口的基本要求有哪些？

2. 为什么有压引水式水电站要设置压力前池？

# 4

# 水电站厂房

【知识目标】
- 明晰水电站厂房的功用、组成和类型。
- 熟知水电站厂区的布置内容。
- 明白水电站厂房的布置内容。
- 了解厂房的通风、采光、交通和防潮要求。

【技能目标】
- 能够根据设计图纸分析水电站厂房的类型。
- 能看懂水电站厂房图纸,并认出发电机层、水轮机层、蜗壳层和安装间的设备。

【思政目标】
- 培养创新精神和实践能力,具备独立思考和解决问题的能力。

## 带你游历著名水电站之四
## 向家坝水电站

向家坝水电站是金沙江下游梯级开发中最末的一个梯级,是国家实施西部大开发战略的重大建设项目之一,坝址位于川滇两省交界的金沙江下游河段上,右岸是云南省水富县,左岸为四川省宜宾县。电站下距宜宾市区33km,离水富港2.5km,与宜昌、武汉、上海的直线距离分别为700km、980km、1160km。向家坝水电站的开发任务以发电为主,兼顾防洪、改善通航条件、灌溉,同时具有拦沙和为溪洛渡水电站进行反调节等作用。电站主要供电华中、华东地区,兼顾云南、四川两省用电需要。

向家坝电站装机容量600万kW,正常蓄水位380m时,保证出电200.9万kW,多年平均发电量307.47亿kW·h,装机年利用小时数5125h。向家坝电站加上1260万kW的溪洛渡电站,其总发电量约大于三峡水电站。向家坝水库正常蓄水位380m,死水位370m,水库总库容51.63亿$m^3$,调节库容9.03亿$m^3$,可进行不完全年调节。工程于2004年4月开始筹建,2006年10月主体工程正式开工,于2012年首批机组发电,2015年全部竣工,总工期约9年6个月。按2006年一季度价格水平计算,整个工程静态投资434.24亿元。向家坝水电站的建设条件好、综合效益显著、经济指标优越,是西电东送骨干电源点。

【知识准备】

# 4.1 水电站厂房的功用、组成及基本类型

## 4.1.1 水电站厂房的功用

水电站厂房是水能转化为电能的生产场所，也是运行人员进行生产和活动的场所。其任务是通过一系列工程措施，将水流平顺地引入水轮机，使水能转换成为可供用户使用的电能，并将各种必需的机电设备安置在恰当的位置，创造良好的安装、检修及运行条件，为运行人员提供良好的工作环境。

水电站厂房的基本概念

水电站厂房是水工建筑物、机械及电气设备的综合体，在厂房的设计、施工、安装和运行过程中需要各专业人员全力协作。

## 4.1.2 水电站厂房的组成

水电站厂房的组成可从不同角度划分。

### 4.1.2.1 根据设备布置和运行要求的空间划分

（1）主厂房。水能转化为机械能是由水轮机实现的，机械能转化为电能是由发电机完成的，二者之间由传递功率装置连接，组成水轮发电机组。水轮发电机组和各种辅助设备安装在主厂房内，是水电站厂房的主要组成部分。

（2）副厂房。副厂房包括安置各种运行控制和检修管理设备的房间及运行管理人员工作和生活用房。

（3）主变压器场。主变压器场是装设主变压器的地方。水电站发出的电能经主变压器升压后，再经输电线路送给用户。

（4）高压开关站（户外配电装置）。为了按需要分配功率及保证正常工作和检修，发电机和变压器之间以及变压器与输电线路之间有不同电压的配电装置。发电机侧的配电装置，通常设在厂房内，而其高压侧的配电装置一般布置在户外，称高压开关站。开关站装设高压开关、高压母线和保护设施，高压输电线由此将电能输送给电力用户。

水电站主厂房、副厂房、主变压器场和高压开关站及厂区交通等，组成水电站厂区枢纽建筑物，一般称厂区枢纽。

### 4.1.2.2 根据设备组成的系统划分

水电站厂房内的机械及水工建筑物共分五大系统。

（1）水流系统。水流系统即水轮机及其进出水设备，包括压力管道、水轮机前的进水阀、蜗壳、水轮机、尾水管及尾水闸门等。

（2）电流系统。电流系统即电气一次回路系统，包括发电机、发电机母线、发电机中性点引出线、发电机电压配电装置（户内开关室）、厂用电系统、主变压器、高压配电装置（户外开关站）及各种电缆等。

（3）电气控制设备系统。电气控制设备系统是控制水电站运行的电气设备，包括机旁盘，励磁设备，中控室的各种控制、监测和操作设备，如互感器、表针、继电器、控制电缆、自动装置、通信及调度设备等。

(4) 机械控制设备系统。机械控制设备系统包括水轮机的调速设备以及主阀、减压阀、拦污栅和各种闸门的操作控制设备等。

(5) 辅助设备系统。辅助设备系统包括为了安装、检修、维护、运行所必需的各种机电辅助设备，如厂用电系统、油系统、气系统、水系统、起重设备等。

**4.1.2.3 根据水电站厂房的结构组成划分**

(1) 水平面上可分为主机室和安装间。主机室是运行和管理的主要场所，水轮发电机组及辅助设备布置在主机室。安装间是水电站机电设备卸货、拆箱、组装、检修时使用的场地。

(2) 垂直面上，根据工程习惯将主厂房以发电机层楼板面为界，分为上部结构和下部结构。

1) 上部结构。与工业厂房相似，基本上是板、梁、柱结构系统。

2) 下部结构。为大体积混凝土整体结构，主要布置过流系统，是厂房的基础。

水电站厂房的组成及其配合关系详见图4.1。

### 4.1.3 水电站厂房的类型

水电站厂房的基本类型

水电站厂房形式往往是随不同的地形、地质、水文等自然条件和水电站的开发方式、水能利用条件、下游水位的变化、水利枢纽的总体布置而定。

水电站厂房类型划分方法很多，根据厂房与挡水建筑物的相对位置及其结构特征，可分为三种基本类型。

**4.1.3.1 地面式厂房**

**1. 河床式厂房**

当水头较低、单机容量较大时，将厂房与整个进水建筑物连成一体，厂房本身起挡水作用。

河床式厂房还有一种特殊形式，为了满足泄洪、排沙的需要，将厂房机组装设在加宽的闸墩中称为闸墩式厂房或墩内式厂房。

**2. 坝后式厂房**

厂房位于拦河坝的下游，紧接坝后，在结构上与大坝用永久缝分开，发电用水由坝内高压管道引入厂房。有时为了解决泄水建筑物布置与厂房建筑物布置之间的矛盾，可将厂房布置成以下形式：

(1) 坝后式明厂房。厂房在坝体下游，不起挡水作用，发电用水经坝式进水口沿压力管道进入厂房。坝后式明厂房适用于高、中水头。

(2) 坝垛式厂房。厂房布置在连拱坝、支墩坝或平板坝之间。

(3) 溢流式厂房。当河谷狭窄、泄洪量大，机组台数多，地质条件差、不能采用地下厂房而又要求保证有一定溢流段时，将厂房布置于坝后溢流坎下，厂房顶作为溢洪道，成为坝后溢流式厂房。这种厂房结构要求能抵抗高速水流荷载，溢流面施工要求平滑，使泄洪时不发生震动和气蚀，因此，厂房计算复杂，施工质量要求高。溢流式厂房通常是承受中、高水头的电站厂房。

(4) 挑越式厂房。峡谷中的高水头大流量电站，由于河谷狭窄，将厂房布置在挑流鼻坎后面，泄流时高速水流挑越过厂房，水舌射落到下游河床中。这种形式的厂房

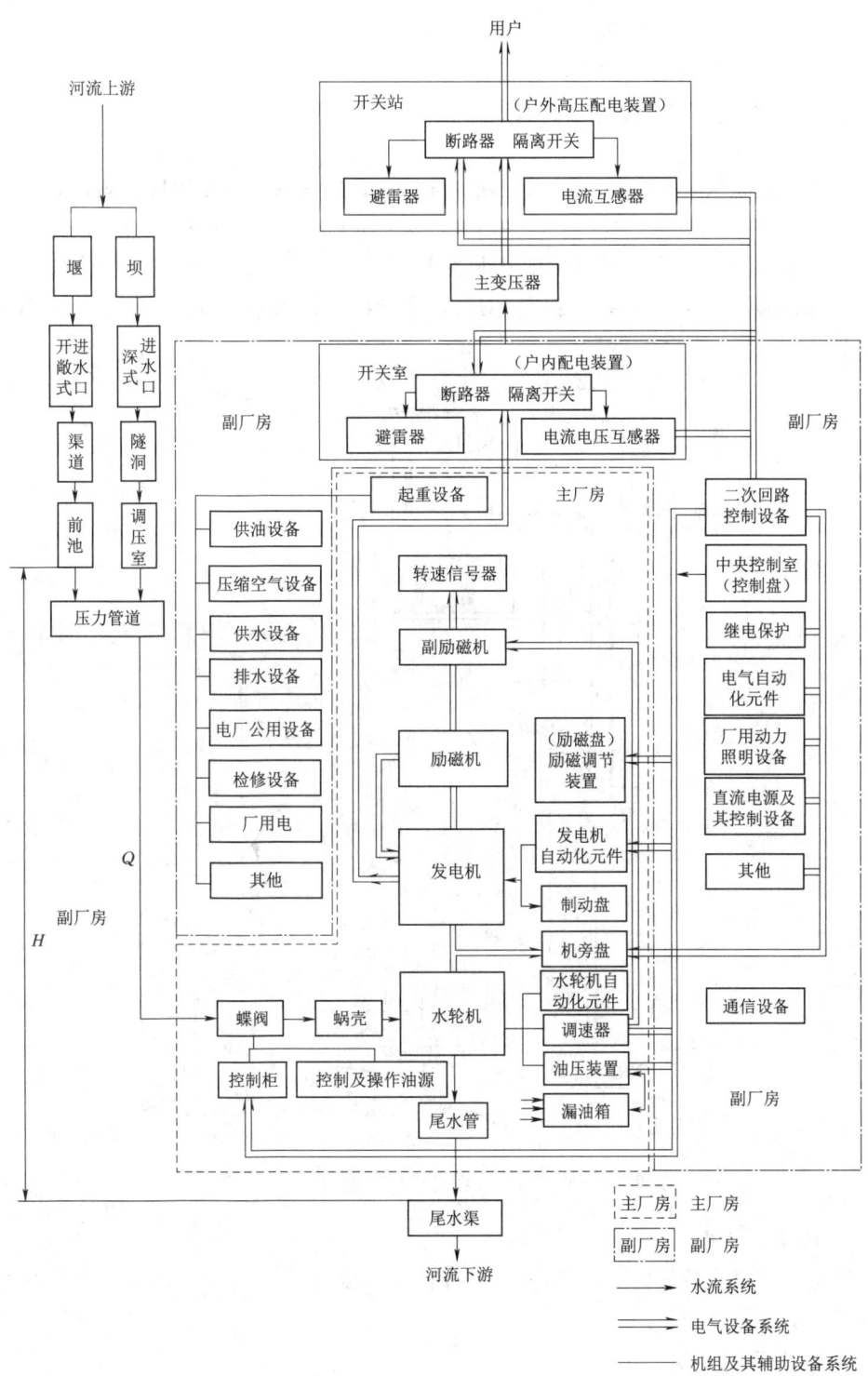

图 4.1 水电站厂房的组成

在泄洪开始时和终结前，会有小股水舌冲击厂房顶，但时间短，荷载不大，不会构成对厂房的威胁，也不致引起厂房的共振和气蚀。

对于溢流式和挑越式厂房，需妥善处理厂房的通风、照明、防潮、出线、交通、排水和下游消能及岸坡保护等问题。

3. 坝内式厂房

当洪水量很大，河谷狭窄时，为减少开挖量，厂房移入溢流坝体空腹内，厂房与大坝全为一体，如图 4.2 所示。这种形式厂房可充分利用坝体强度，节省混凝土工程量。施工时，坝内空腔对混凝土散热和冷却有利，厂房布置不受下游水位变化的限制。但坝体施工质量要求高，施工期对拦洪和导流及大坝分期施工、蓄水等方面不如实体坝。

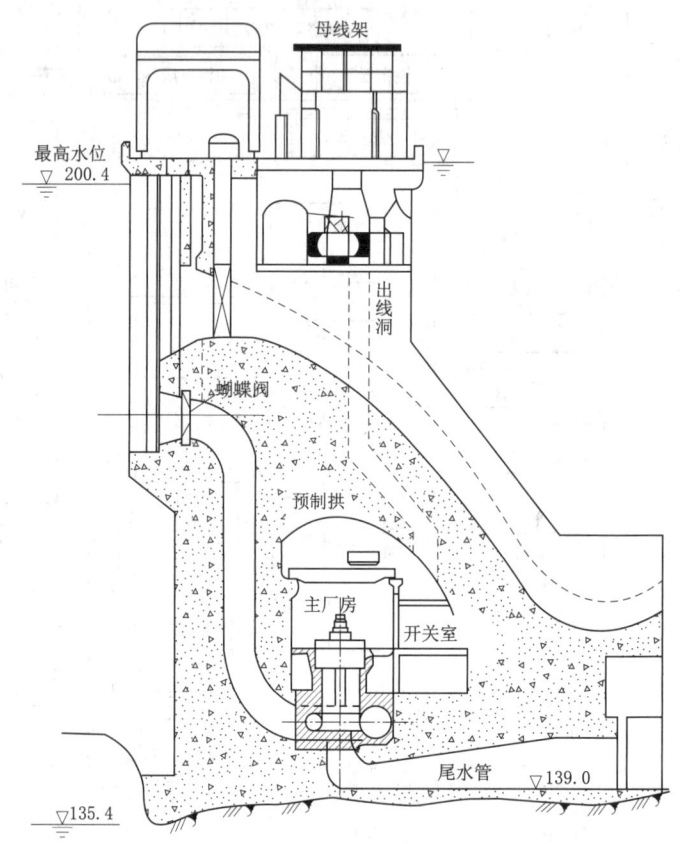

图 4.2 坝内式厂房剖面

4. 河岸式厂房

发电用水来自较长的引水道，厂房远离挡水建筑物，一般位于河岸，其轴线常平行河道，如图 4.3 所示。

#### 4.1.3.2 地下式厂房

由于受地形、地质条件限制，或国防需要，将厂房建在地下山体内，则称为地下厂房，如图 4.4 所示。

图 4.3 河岸式厂房

优点：①当河谷较狭窄、泄洪量较大时，可解决厂房和泄洪建筑物的矛盾，与施工导流及大坝施工无干扰；②枢纽布置较灵活。可根据地质条件将厂房布置于引水建筑物的不同位置，如：靠近进水口形成"首部式"，布置在引水道末端形成"尾部式"，置于引水道中部形成"中部式"；③基本不受气候影响，可全年施工；④运行安全可靠，不受雪崩、山坡塌方影响，人防条件好；⑤下游水位变化大时，对厂房影响小。

缺点：①地勘工作量和洞挖工程量大；②施工较复杂；③照明、采光、通风必须采用人工措施，厂用电量大。

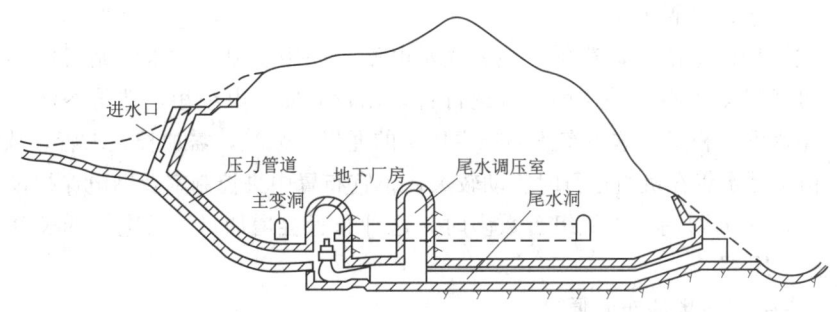

图 4.4 地下厂房剖面图

#### 4.1.3.3 抽水蓄能电站厂房

电站设上游和下游两个水库，利用电网负荷较小时的电力，驱动水泵，将下游水库的水抽至上游水库蓄存，高峰负荷时，将上游水库的水下放，利用水的势能冲动水轮机带动发电机发电。

三机式机组：包括发电机（兼作电动机）、水轮机和水泵。

二机式可逆机组：包括发电机（兼作电动机）和水轮机（兼作水泵）。

#### 4.1.3.4 潮汐电站厂房

潮汐电站厂房是利用海水涨落形成的潮汐能发电的电站，如图 4.5 所示。其原理为：涨潮时，关闭水闸，海水位比库水位高，海水通过水轮机流入水库发电；退潮时，库水位高于海水位，水库水通过水轮机流向海洋发电。

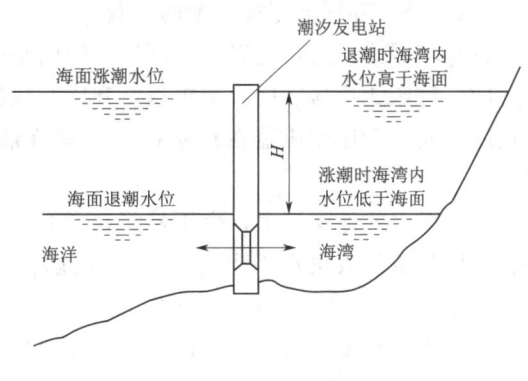

图 4.5 潮汐电站原理图

## 4.2 厂区布置

厂区布置

### 4.2.1 主厂房

主厂房是厂区布置的核心，对厂区布置起决定性作用，如图 3-52。其位置的选择是在水利工程枢纽总体布置中进行，除了注意厂各部分的协调配合外，还应该考虑下列因素：

（1）尽量减小压力水管的长度。因此对于坝后式水电站，主厂房应尽量靠近拦河坝；对于引水式水电站，主厂房应尽量靠近压力前池或调压室。

（2）尾水渠尽量远离溢洪道或泄洪洞出口，防止水位波动对机组运行不利。尾水渠与下游河道衔接要平顺。

（3）主厂房的地基条件要好，对外交通和出行方便，并不受施工导流干扰。

### 4.2.2 副厂房

副厂房可选的位置如下：

（1）主厂房的上游侧，适用于坝后式水电站。如用于引水式水电站可能导致开挖量增加，且通风采光不好。这种布置运行管理比较方便，电缆短，造价经济。

（2）尾水管顶板上。这种布置影响主厂房的通风、采光，需加长尾水管，从而增加工程量。由于尾水管在机组运行时震动较大，不宜布置中央控制室及继电保护设备。

（3）主厂房的两端。当机组台数多时，这种布置会增加母线及电缆的长度。

### 4.2.3 主变压器

#### 4.2.3.1 主变压器场的布置原则

主变压器场一般露天布置，布置原则如下：

（1）尽量靠近厂房，以缩短昂贵的发电机电压母线长度，减小电能损失和故障机会，并满足防火、防暴、防雷、防水雾和通风冷却的要求，安全可靠。

（2）尽量与安装间在同一高程上，便于利用轨道将其推进厂房的安装间进行检修。

（3）变压器的运输和高压侧出线的方便，变压器之间要保留必要的空间。

#### 4.2.3.2 升压变压器可能布置的位置

（1）坝后式厂房，可以利用厂坝之间的空间布置升压变压器。

（2）河床式厂房，尾水管较长，升压变压器可布置在尾水平台上，这时尾水平台的宽度，应使升压变压器在检修移出时符合最小安全净距的要求（详见电气设备规范）。

（3）引水式地面厂房，变压器场可能的位置是厂房的一端进场公路旁、尾水渠旁、厂房上游侧或尾水平台上。引水式地面厂房一般靠山布置，厂房上游侧场地狭窄，若布置变压器场需增加土石开挖，且通风散热条件差；变压器布置在尾水平台上需增大尾水管长度。所以这两种布置一般较少采用。

（4）由于受地形和场地的限制，个别水电站有可能将主变压器布置在厂房顶上。

地下厂房的主变压器可布置在地下洞室内。

### 4.2.4 高压开关站

高压开关站布置各种高压配电和保护设备，如电缆、母线、各种互感器、各种开关继电保护装置、防雷保护装置、输电线路以及杆塔构架等，这些设备的规格、数量、布置方式和需要的场地面积，是根据电气主接线图，主变的位置、地形地质条件及运行要求而确定的。其布置原则为：

（1）要求高压进出线及低压控制电缆安排方便而且短，出线要避免交叉跨越水跃区、挑流区等。

（2）地基及边坡要稳定。

（3）场地布置整齐、清晰、紧凑，便于设备运输、维护、巡视和检修。

（4）土建结构经济合理，符合防火保安要求。

高压开关站一般露天布置。应尽量靠近主变压和中央控制室，且在同一高程上，但由于地形限制，往往有一高程差。通常布置在附近山坡上，也有布置在主厂房顶上的。当地形较陡时，可布置成阶梯式和高架式，以减少挖方。当高压出线不止一个等级时，可分设两个或多个开关站。

### 4.2.5 引水道、尾水道及对外交通线路的布置

引水道一般为正向引进，尽可能保证进、出水水流平顺。当水管直径很小且根数较少时，也可侧向引水。水电站的尾水渠一般为明渠，正向将尾水导入下游河道，少数情况也可测向导入下游河道，水轮机的安装高程较低，为与天然河道相接，尾水渠常为倒坡。尾水管出口水流紊乱，流速分布不均匀，需设衬砌加以保护。布置尾水渠时要考虑泄洪的影响，避免泄洪时在尾水渠中形成较大的壅高和漩涡，避免出现淤积。必要时要加设导墙，将电站尾水与泄洪分开，减少电站尾水波动而影响水电站的出力。

对外交通一般为公路，也有采用铁路和水路的。引水式厂房一般沿河岸布置，进厂公路可沿等高线从厂房一端进入厂房。坝式电站进厂公路一般从下游侧进入。公路、铁路要直接通入主厂房的安装间，临近厂房一段应是水平的，长度不小于20m，并有回车场地。公路的坡度不宜大于10%～12%，转弯半径大于20m。对于布置沿等高线进厂交通有困难的水电站厂房，或尾水位陡涨陡落、洪峰历时较短的厂房，经论证，其进厂交通线也可低于非常运用洪水位，此时厂房应满足防洪要求（采用尾水挡墙或防洪堤），同时另设非常运用洪水位时不受阻断的人行通道。

### 4.2.6 厂区防洪排水

厂区的防洪排水应给予足够重视，应保证厂房在各设计水位条件下不受淹没。当下游洪水位较高时，为防止厂房受洪水倒灌，可采用设尾水挡墙、防洪堤、防洪门、全封闭厂房，抬高进厂公路及安装间高程等措施，或综合采用以下几种措施加以解决。在可能条件下尽量采用尾水挡墙或防洪堤以保证进厂交通及厂房不受洪水威胁；对汛期洪水峰高量大、下游水位陡涨陡落的电站，进厂交通线的高程可以低于最高尾水位，但进厂大门在汛口。全封闭厂房不设进厂大门，交通线在最高尾水位以上，通过竖井、电梯等运送设备和人员进厂，但运行不方便，中小型电站较少采用。

# 4 水电站厂房

主、副厂房周围应采取有效的排水和保护措施，以防可能产生的山洪、暴雨的侵袭。邻近山坡的厂房，应沿山坡等高线设一道或数道铺砌的截水沟。整个厂区可利用路边沟、雨水明暗沟等构成排水系统，以迅速排除地面雨水。位于洪水位以下的厂区，为防止洪水期的倒灌和内涝，应设置机械排水装置。

发电机的类型及布置形式、励磁系统、机墩

## 4.3 主厂房的设备

### 4.3.1 水轮发电机

#### 4.3.1.1 发电机类型及传力发式

竖轴水轮发电机就其传力方式可分为两大类。

1. 悬挂式发电机

推力轴承位于转子上方，支承在上机架上。悬挂式发电机转动部分（包括发电机转子、水轮机转轮、大轴和作用于转轮上的水压力）的重量，通过推力头和推力轴承传给上机架，上机架传给定子外壳，定子外壳再把力传给机墩，整个机组好像在上机架上挂着一样，因此称为悬挂式，如图 4.6 所示。

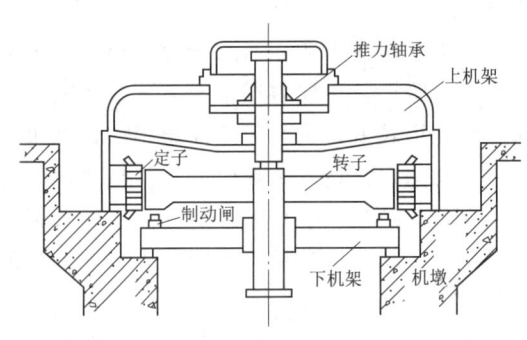

图 4.6 悬挂式发电机示意图

下机架的作用是支撑下导轴承和制动闸，下导轴承是防止摆动的。当机组停机时，需用制动闸将转子顶起，以防烧毁推力头和推力轴承。制动闸反推力、下导轴承自重等通过下机架传给机墩。发电机楼板自重和楼板上设备重量通过通风道外壳传到机墩上。高转速的发电机则多做成悬挂式的，因其转子直径小、高度大、重心高。

2. 伞式发电机

伞式发电机推力轴承位于转子下方，设在下机架上。整个发电机像把伞，推力头像伞柄，转子像伞布，故称伞式发电机。

(1) 普通伞式。普通伞式有上下导轴承，如图 4.7 所示。

机组转动部分的重量通过推力头和推力轴承传给下机架，下机架再把力传给机墩。上机架只支撑上导轴承和励磁机定子。由于利用水轮机和发电机之间的轴安放推力头，上机架的高度可减小，轴长可缩短，因而降低了厂房高度。发电机的重量比悬挂式要小，发电机转子可单独吊出，不需卸掉推力头，安装检修都比较方便。

伞式发电机转子重心在推力轴承之上，重心较高，运转时容易发生摆动，应用范围受到限制。对于大容量、低转速的发电机，由于转子直径大、高度小、重心低，多做成伞式。

(2) 半伞式。半伞式有上导轴承，无下导轴承，如图 4.8 所示。此种形式的发电机通常将上机架埋入发电机层地板以下。

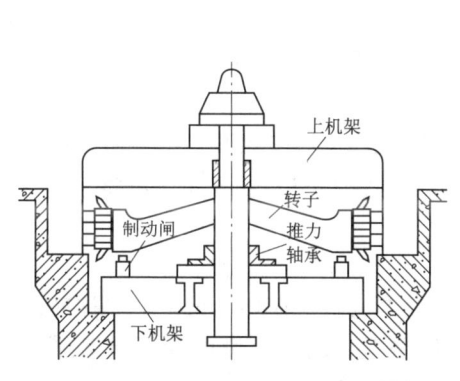
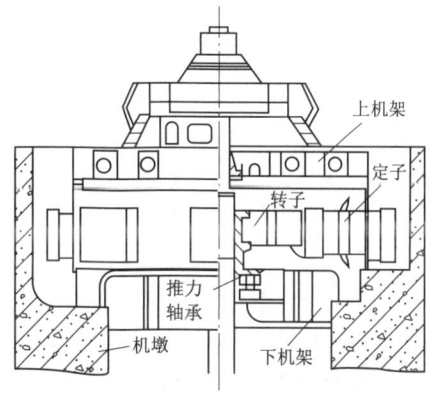

图 4.7　普通伞式发电机示意图　　　图 4.8　半伞式发电机示意图

（3）全伞式。全伞式无上导轴承，有下导轴承，如图 4.9 所示。机组转动部分的重量通过推力轴承的支撑结构传到水轮机顶盖上，通过顶盖传给水轮机墩环。这种发电机的上机架仅仅支撑励磁机定子和上导轴承的重量，结构简单，尺寸小。下机架只支撑下导轴承和制动闸的反作用力，结构尺寸也较小。这种传力方式进一步缩短了发电机的轴长，减小了转子的重量，同时也降低了厂房的高度。

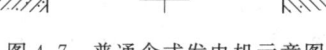

图 4.9　全伞式发电机示意图

#### 4.3.1.2　发电机的励磁系统

励磁系统是向发电机转子供给形成磁场的直流电源。一般每台发电机都设备自独立的励磁系统。励磁系统包括励磁机和励磁盘。

1. 励磁机

励磁机实际上是直流发电机，其励磁方式有采用与水轮发电机同轴的励磁机的直接励磁系统。采用直流发电机，由水银整流器组成的离子励磁系统、半导体整流等非直接励磁系统。大型水轮发电机多采用静电可控硅励磁方式。

2. 励磁盘

励磁盘是装设水轮发电机励磁回路的控制设备和自动调整装置的配电盘，其作用是控制和调整水轮发电机的励磁电流。每台发电机一般有 3～5 块励磁盘。一般布置在发电机层的上游侧或下游侧。

#### 4.3.1.3　发电机的支承结构（机座或机墩）

机墩是发电机的支承结构，其作用是将发电机支承在预定位置上，并为机组的运行、维护、安装和检修创造条件。对于立式机组的机墩承受水轮发电机组的全部动、静荷载，这些荷载通过机墩传到水下混凝土。为保证机组正常运行，要求机墩具有足够的强度和刚度，同时具有良好的抗振性能，一般为钢筋混凝土结构。常见的机墩形式如下。

发电机的机墩

1. 圆筒式机墩

圆筒式机墩的结构形式为厚壁钢筋混凝土圆筒，其壁厚在1m以上。外部形状可是圆形，也可是八角形。内壁为圆形的水轮机井，其直径一般为1.3～1.4倍的转轮直径。

圆筒式机墩的优点是刚度较大，抗压、抗震、抗扭性能较好，结构简单，施工方便。我国大中型电站采用较多。其缺点是水轮机井空间狭小，水轮机的安装、维修、维护不方便。

2. 环形梁立柱式机墩

环形梁立柱式机墩由环形梁和立柱组成，发电机坐落在环形梁上，立柱底部固结在蜗壳上部混凝土上，并将荷载传到下部块体结构。此种机墩的优点是混凝土用量省，水轮机顶盖处宽敞，立柱间净空对设备的布置、机组的出线、安装、维修均比较方便。缺点是机墩刚度小，抗震、抗扭性能较差，一般用中小型机组。

3. 构架式机墩

构架式机墩是由两个纵向钢架和两根横梁组成。发电机支承在框架上部的梁系上，并由框架将荷载经蜗壳外围混凝土传至下部块体结构。其优点是节约材料，施工简单，造价低。构架下面的空间便于布置管路和辅助设备，机组安装、检修都较方便。缺点是刚度更小，仅适用于小型机组。

### 4.3.2 厂房内的其他设备

#### 4.3.2.1 调速系统

调速设备一般由三部分组成，分别是调速柜、作用筒（接力器）、油压装置。这三部分之间用管路联系。

1. 调速柜

单机容量不同，机型不同，调整系统也不一样。调速柜的外形尺寸变化不大，一般为方形，尺寸为800mm×800mm×1900mm。它以机械的传动杆和油管与作用筒相连。因作用筒布置在机座的上游侧，所以调速柜也多布置在发电机的上游侧。

2. 作用筒（接力器）

作用筒是个油压活塞，大中型机组都采用两个，用来推转调节环。调节环带动导水叶来控制水轮机的引用流量，以调节机组的出力。因蜗壳上游断面尺寸较小，作用筒一般布置在上游侧机座内。

3. 油压装置

油压装置是由压力油箱、储油槽和油泵组成，如图4.10所示。油罐内油压为2.5MPa，供推动活塞用。油压靠压缩空气维持。所以油桶内上部为压缩空气。工作后的油回到储油槽，罐内油量不足时，由油泵将油槽中的油打入罐内。油泵一般为两台，一台工作，一台备用。

#### 4.3.2.2 油系统

水电站油系统的任务有两方面，一是供给机组轴承的润滑油和操作用的压力油，称为透平油，其作用是润滑、散热及传递能量；二是供给变压器、油开关等电气设置绝缘油，其作用是绝缘、散热及灭弧。两种油的性质不同，应有两套独立的油系统。

油气水系统及电气二次设备

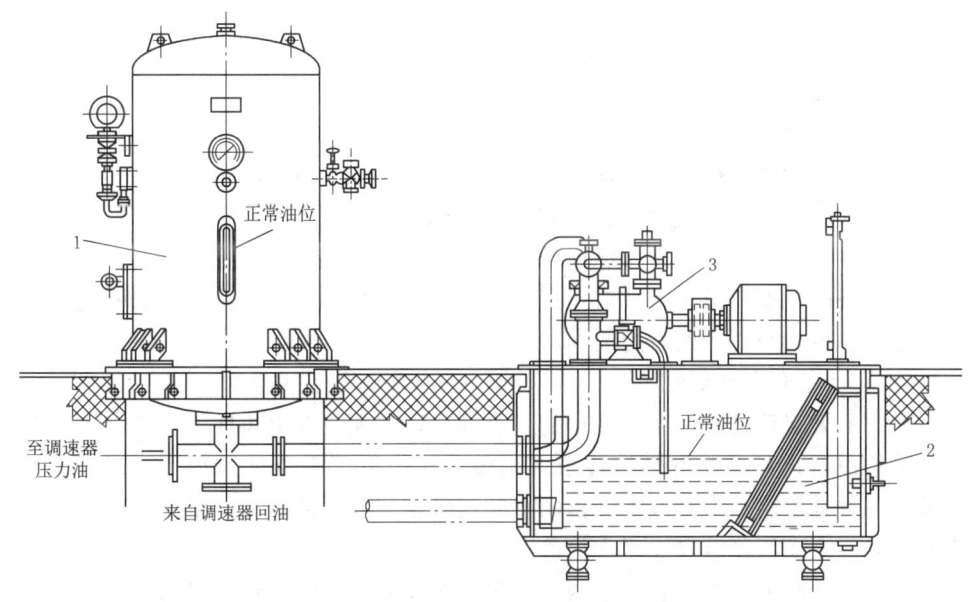

图 4.10 油压装置示意图
1—压力油箱；2—集油槽；3—油泵

#### 4.3.2.3 供水系统和排水系统

1. 供水系统

(1) 供水对象及要求。水电站厂房内的供水包括技术供水、生活供水和消防供水。技术供水主要提供冷却及润滑用水，供水对象如发电机的空气冷却器、机组导轴承和推力轴承的油冷却器、水润滑导轴承、空气压缩机气缸冷却器、变压器的冷却设备等。用量最大的是发电机和变压器的冷却用水，可达技术用水的 80% 左右，要求水质清洁，不含对管道和设备有害的化学成分。

(2) 供水系统布置及供水方式。一般供水系统的取水方式包括从压力管道取水，从上游水库取水，从下游水泵取水和从地下水源取水。供水系统由水源、供水设备、水处理设备、管网和测量控制元件组成。管路应尽可能靠近机组，以缩短管线并减少消减损失。供水泵房应布置在水轮机层或以下的洞室内。为保证水质，用水管把水引向过滤设备，经过滤后再分配用水。

2. 排水系统

(1) 排水系统的作用和排水方式。机组检修时常需要排空蜗壳和尾水管，为此需设检修排水系统。检修时，将检修机组前蝴蝶阀或进水闸门关闭，蜗壳及尾水管中的水自流经尾水管排往下游。当蜗壳和尾水管中的水位等于下游尾水位时，关闭尾水闸门，利用检修水泵将余水排走。检修排水可采用下列几种方式：①集水井。②排水廊道。③分段排水。④移动水泵。

(2) 排水系统的布置要求。水泵集中在水泵房内，集水井设在水泵房的下层。集水井通常布置在安装间下层、厂房一端、尾水管之间或厂房上游侧。集水井的底部调和要足够低，以便自流集水。每个集水井至少设两台水泵，一台工作，一台备用。

#### 4.3.2.4 气系统

压缩空气分为低压压缩空气和高压压缩空气。压气系统的组成有空压机、储气罐、输气管、测量控制元件。

#### 4.3.2.5 水电站厂房的起重设备

为了安装和检修机组及其辅助设备,厂房内要装设专门的起重设备。最常见的起重设备是桥式起重机(桥吊)。桥吊由横跨厂房的吊桥大梁及其上部的小车组成。桥吊大梁可在吊车梁顶上沿主厂房纵向行驶,其上的小车可沿吊桥大梁移动。

起重设备的类型和吊运方式对厂房上部结构和尺寸影响较大,正确选择起重设备和吊运方式,可减小厂房的宽度或高度。

1. 桥吊的起重量和台数

桥吊的最大起重量取决于所吊运的最重部件,一般为发电机转子。悬式发电机的转子需带轴吊运,伞式发电机的转子可带轴吊运,也可不带轴吊运。对于低水头电站,最重部件也可能是带轴或不带轴的水轮机转轮。少数情况下,桥吊的起重量决定于主变压器(主变压器需要在厂内检修时)。

桥式起重机有单小车和双小车两种。单小车设有主钩和副钩,当起重量不大时一般采用一台双钩桥吊;双小车是在桥吊大梁上设有两台可以单独或联合运行的小车,每台小车只有一个起重吊钩,起重量大于 75t 时,可采用双小车吊。与单小车相比,双小车桥吊不仅重量轻,外形尺寸小,而且用平衡梁吊运带轴转子时,大轴可以超出主钩极限位置以上,从而可降低主厂房的高度。当机组较大而且台数多于 6 台时,也可采用两台吊车。两台桥吊可降低厂房高度,运用较灵活。

2. 桥吊跨度与工作范围

桥式起重机的工作范围是指主钩和副钩所能达到的范围,起重机产品目录上给出的吊钩方向的极限位置构成吊车的工作范围。桥吊跨度是指桥吊大梁两端轮子的中心距。选择桥吊跨度时应综合考虑下列因素:

(1)桥吊跨度要与主厂房下部块体结构的尺寸相适应,使主厂房构架直接坐落在下部块体结构的一期混凝土上。

(2)满足发电机层及安装间布置要求,使主厂房内主要机电设备均在主副钩工作范围之内,以便安装和检修。

(3)尽量采用起重机制造厂家所规定的标准跨度。

## 4.4 厂房布置

### 4.4.1 立式机组厂房布置

#### 4.4.1.1 厂房设备布置内容和要求

在枢纽布置、厂房类型、电气主接线和主要的设备选择初步确定后,即可进行厂房设备布置。

1. 主要内容

(1)确定水轮机、发电机、调速设备、主阀起重设备以及其他辅助设备在厂房内

立式机组厂房设备的布置

的合理位置、布置形式和支承方式。

(2) 确定主、副厂房的布置方式以及主副厂房的尺寸。

(3) 确定主厂房内垂直和水平通道的位置和尺寸。

(4) 提供设备布置的图纸和数据以供设备安装和厂房结构设计使用。

2. 基本要求

(1) 必须结合水电站枢纽的地形、地质条件、自然环境和水工建筑物在布置上的特点等、尽量减少土建工程量、使总造价经济合理。

(2) 设备布置紧凑，位置合理，便于安装、运行、检修和操作管理。尽量减少安装工程量。

(3) 能满足劳动保护、遥控、防空等特殊要求，以及防火、防淹、防潮等要求。并能适应水电站分期建设和提前发电的需要。

(4) 应能满足水工结构和建筑的施工方面的要求，力求布置整齐美观。

#### 4.4.1.2 厂房的轮廓结构

1. 主厂房的总体轮廓

主厂房中布置有许多机电设备，由于各种设备安装高程不同而将厂房在高度上分成几层，如图4.11所示。习惯上以发电机层楼板高程为界将厂房分为上部结构和下部结构。上下部结构高度之和（即由尾水管基底至屋顶的高度）就是主厂房的总高度。水轮机轴中心的连线称为主厂房的纵轴线，与之垂直的机组中心线称为横轴线。每台机组在纵轴线上所占的范围为一个机组段，各机组段和安装间长度的总和，就是厂房的总长度，厂房在横轴线上所占的范围，就是主厂房的宽度。

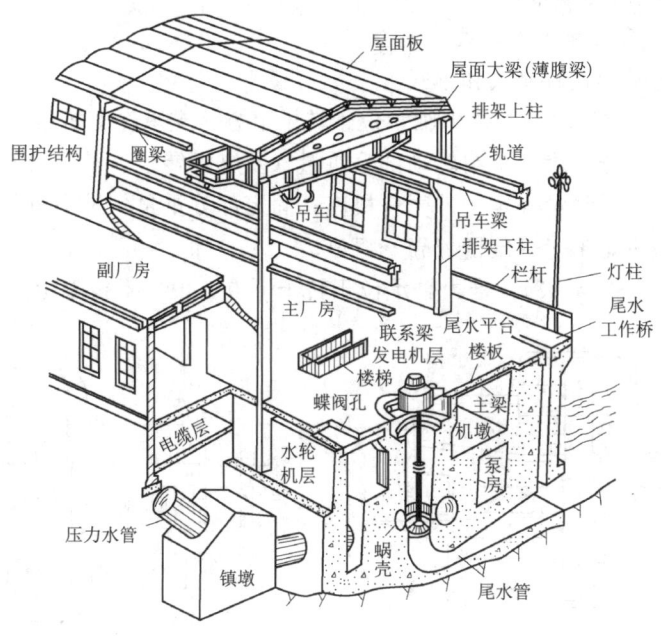

图 4.11 水电站厂房结构轮廓

### 2. 主厂房的上部结构

上部结构包括屋顶结构、围墙、门窗、楼板、吊车梁以及支承屋顶结构和吊车梁的排架柱等，水电站中多为钢筋混凝土结构。主厂房发电机层楼板以上布置有发电机上机架、励磁机、机旁盘、调速器操作柜和油压装置、桥式吊车等机电设备及走道、楼梯、吊物孔等厂内交通设施。安装间一般位于主厂房的一端，进厂大门设于安装间，对外可与进厂公路相连接，有时还铺设有变压器进厂轨道以利变压器进厂检修。

### 3. 主厂房的下部结构

下部结构一般可分为水轮机层和蜗壳尾水管层。如水轮机层高度较大，可在发电机层与水轮机层之间增设发电机出线层，水轮机层以下是混凝土块体结构。

（1）水轮机层。布置有水轮机顶盖；调速器的接力器；发电机机墩；蜗壳进人孔；油、水、气系统和电缆等，左端布置有低压空压机、贮气筒、楼梯等，右端布置有油库、油处理室、楼梯等。上游侧为蝴蝶阀室、走廊和母线道。

（2）蜗壳尾水管层。水轮机层以下一般都是埋设蜗壳和尾水管的混凝土块体结构，但有时为了运行上的需要常在尾水管上游侧的空间布置进人孔和主阀室，如果这部分空间较大，则形成蜗壳水管层。在上游侧布置有蝶阀，油压装置，蝶阀基础、楼梯等。

（3）基础结构。它是整个厂房和地基连接的部分，作用在厂房上的所有荷载都将由基础传给地基。因此厂房必须建造在坚固可靠的地基上，且对于不同的地基采用不同的地下轮廓线。

厂房的下部结构是混凝土块体结构，体积比较庞大，基础开挖和工程量都比较大，并且下部结构中，埋设部件很多，使施工变得复杂，施工过程必须特别注意。

#### 4.4.1.3 发电机层设备布置

1. 发电机的形式和布置方式

常用的发电机形式有悬式和伞式。

悬式发电机（图4.12）：推力轴承位于转子上方，支承在上机架上。

发电机的传力方式为：机组转动部分重量（发电机转子、励磁机转子、水轮机转轮）→推力头→推力轴承→定子外壳→机座；固定部分重量（推力轴承、上机架、发电机定子、励磁机定子）→定子外壳→机座。

伞式发电机（图4.13）：推力轴承位于转子下方，设在下机架上。

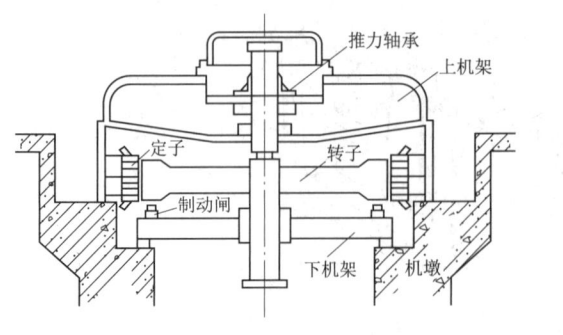

图4.12 悬式发电机

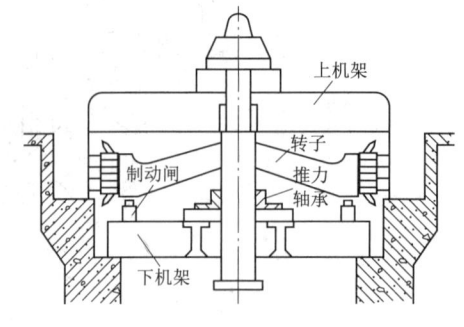

图4.13 伞式发电机

发电机的传力方式为：机组转动部分的重量→推力头和推力轴承→下机架→机座。上机架只支撑上导轴承和励磁机定子。

发电机的布置主要有开敞式、埋没式和半岛式三种。开敞式布置时一般适用于容量较小的机组；埋没式布置方式一般适用于大、中型电站。半岛式布置由于厂房内场地狭小，设备拥挤给安装、检修造成不便，故采用不多。

2. 发电机的冷却与通风

发电机运行时会引起发热，如不进行冷却，会使机组效率降低甚至损坏。目前主要是依靠通风设备用冷空气冷却。发电机的通风方式与发电机的布置方式密切相关，主要有开敞式、川流式、半川流式和密闭式等四种。

小型立轴水轮发电机采用开敞式通风，自厂房及机坑内吸入冷空气，热空气排入主机房中，适用于开敞式布置的发电机。单机容量在 10000kW 以下的埋没式或半岛式布置的发电机，常采用川流式或半川式通风，冷空气自水轮机机坑内或室外进入发电机，从定子出来的热风排出厂外或机房。对于大容量埋没式或半岛式布置的发电机，宜采用密闭式通风，定子周围设置空气冷却器，冷却器冷却后的冷风经专设风道进入转子，热风从定子送入空气冷却器冷却，循环冷却时空气量是固定的。

3. 发电机的支承结构

底部固结在水轮机层大体积混凝土上，上部与发电机层楼板或风罩连接。作用是将发电机支承在预定的位置上，并给机组的安装、运行、维护、检修创造有利的条件。对于采用悬式或伞式发电机的立式机组，机墩将承受发电机和水轮机的全部动、静荷载，有时还要承受发电机层楼板传来的部分荷载并将这些荷载传给厂房的下部块体结构。为了承受这些荷载，机墩必须有足够的强度、刚度和稳定性。常用的机墩，有如下几种形式：

(1) 圆筒式机墩（图 3.14）：它一般为上、下直径相同的等厚的钢筋混凝土圆筒。有时为了施工立模便利，也有将外围做成正八角形。圆筒式机墩的筒壁厚度一般在 1.0m 以上，其上端与发电机层楼板相联接或与发电机通风道的外墙（风罩）相连，下端则固结于蜗壳顶部的混凝土上。圆筒的内部空间称为水轮机井，机组的主轴位于其中。水轮机安装、检修时，转轮和顶盖可由井中吊进和吊出。水轮机井的下部直径，可略小于座环外径，一般为 (1.3~1.4) 倍转轮直径，这样可使机墩荷载的一部分经水轮机座环传至下部块体结构。机墩的一侧需布置接力器，另一侧布置机墩进人孔，其尺寸一般为 2m×1.2m 左右。圆筒式机墩广泛用于各种水头和容量的机组，其优点是：刚度大，抗扭、抗震性能好；结构简单，施工方便。缺点是：占水轮机层空间较大，使辅助设备布置和预埋管路等较为不便；水轮机井空间较小，使水轮机安装、检修也不够方便。

(2) 平行墙式机墩（图 4.15）：机墩由两平行承重钢筋混凝土墙及其间的两横梁所组成。发电机直接支承在平行墙及其间的横梁上。

优点：水轮机顶盖处宽敞，工作方便，检修水轮机时可以在不拆除发电机的情况下将水轮机转轮从两平行墙间吊出。但其刚度和抗扭性不如圆筒式机墩。

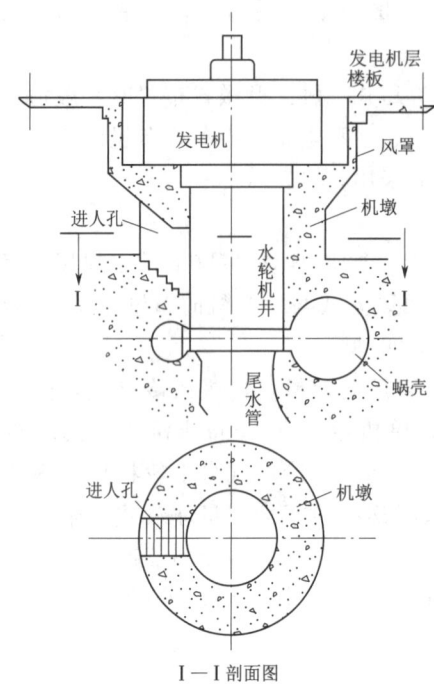

图 4.14 圆筒式机墩

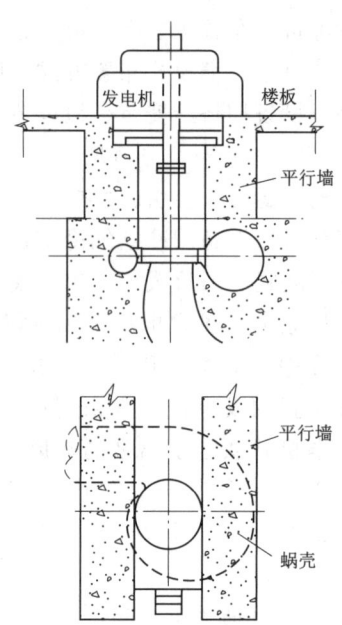

图 4.15 平行墙式机墩

（3）环形梁式机墩（图 4.16）：一般由四或六根立柱以及固接于柱顶的环形梁组成。发电机支承在环形梁上。优点：水轮机层可充分利用立柱间的净空布置设备；机组的出线、安装、检修均较方便；机墩的混凝土用量少。缺点是：结构刚度及抗扭抗震性能较圆筒式差，结构施工也略复杂些，多用于中小型机组。

（4）框架式机墩：机墩由两个平行的钢筋混凝土框架和两根横梁所组成。发电机支承在框架上部的梁系上。优点：可方便地利用框架下的空间布置辅助设备和管路等；机组的安装、检修都较方便；施工简单，节省材料，造价较低。缺点是：刚度、抗扭抗震性较差。一般适用于小型机组。

大型水电站还有大矮机墩、钢机墩等。

4. 发电机的附属设备及其布置

（1）发电机主引出线的布置：主引出线即母线，一般采用方形的汇流铜排或铝排。由于母线价格较贵，故要求在厂房内母线长度应最

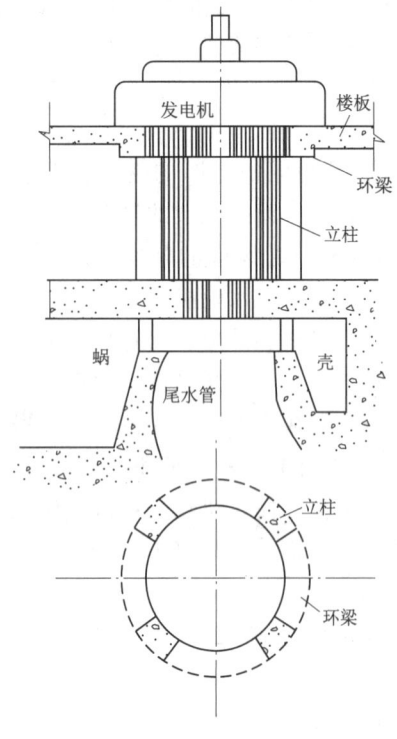

图 4.16 环形梁式机墩

短,并且是明线,没有干扰,出线要畅通,母线道应干燥,且通风散热条件好。故主引出线由发电机定子上的引出端接出后,通过主出线道进入母线道,经低压配电装置,最后接主变压器。引出线一般固定在出线层天花板的母线架上,并用铁丝网围护。在引出线上,常接有电压和电流互感器等。中性点的位置应与发电机主引出线位置错开一定角度。容量大的机组在中性点需设消弧线圈,可将它布置在机墩附近。

(2) 励磁盘的布置:励磁盘是用于控制和调整发电机励磁电流的,每机有 3~5 块,它与励磁机联系较多,故最好布置在空气比较干燥的主机房内,或布置在与发电机层同高的副厂房内。

(3) 机旁盘的布置:机旁盘一般包括机组自动操作盘、继电保护盘,测量盘和动力盘等,每机 3~5 块,用来监视和控制机组运行。采用电气液压调速器时,其电气元件盘常和机旁盘并列布置在一起。机旁盘常布置在发电机层主机的侧旁。对于采用金属蜗壳的中高水头水电站厂房,机旁盘与调速器操作柜常布置在发电机层上游侧。机旁盘与厂房墙之间应有不小于 0.8m 的检修试验通道,盘面至发电机风道盖板边缘或吊物孔边缘之间应有 0.6~0.8m 的通道,以便在机组或主阀检修时,盘前仍可通行。

5. 起重设备及其布置

(1) 桥吊的任务、构造和工作范围。水电站厂房内的起重设备常用的为电动桥式吊车 (桥吊),桥式吊车由大梁 (移动桁架式)、小车、驱动操纵机构和提升机构等部分组成。

桥吊大梁可在吊车梁的轨道上沿厂房纵向行驶,吊车梁则支承于主厂房上下游两侧的钢筋混凝土排架柱上。桥吊大梁上的小车又可沿大梁在厂房内横向移动,这样桥吊上的主、副吊钩就可以到达发电机层的绝大部分范围。桥吊大梁、小车移动的极限位置,构成了吊车的工作范围。厂房内所有需要用桥吊来吊运的设备,都必须布置在它的工作范围内。

(2) 桥吊的起重量。桥吊的起重量,决定于厂房内设备的最重部件。中、高、水头的水电站厂房内最重部件一般是带轴的发电机转子,低水头河床式水电站中有时可能是带轴的水轮机转轮,当主变压器需在厂内检修时,主变压器也可能是控制性最重部件。桥吊主钩起重量应能起吊最重部件。副钩主要用于安装和检修一些小而轻的设备和部件。如起重量为 75/20t,表示主副钩分别起重 75t 和 25t。

(3) 桥吊的跨度和安装高程。桥吊的跨度是指大梁两端轮子的中心距,选择时应尽量采用标准系列产品中的标准跨度。起重量决定后,可按标准系列表选用合适的桥吊。选择桥吊跨度时还要与主厂房下部块体结构的尺寸相适应,使主厂房排架柱直接架立在下部块体结构的一期混凝土上。

桥吊的安装高程是指吊车轨顶高程。桥吊的跨度和安装高程应满足在吊运最大部件时,不影响其他机组和设备的正常运行。吊运部件与周围建筑物和设备之间应留一定安全距离。

#### 4.4.1.4 水轮机层设备布置

1. 水轮机的布置

水轮机选定之后,水轮机的安装高程是厂房的一个控制性标高,应通过计算确定。

2. 进水管和主阀的布置

进水管进入厂房后,应有一水平段,以便布置主阀和与蜗壳连接。此水平管段的中心线高程应与水轮机安装高程相同。

主阀的布置方式一般有两种:

(1) 主阀布置在主厂房内的上游侧,并使之位于桥吊工作范围之内,阀上各层楼板都设有主阀吊物孔,可利用主厂房内的桥式吊车来安装和检修主阀。这种布置比较紧凑,运行管理方便,但往往会增加厂房宽度,并且万一主阀爆裂,水流会淹没主厂房。因此要求主阀必须十分安全可靠。

(2) 主阀布置在厂房外专设的阀室中,对于高水头的地下厂房,或在特殊的情况下才采用。此时主阀的运输、安装、检修需专设起重运输设备和通道,也不便于运行维护。采用这种布置时,主阀室要设置专门的水流出口,且主阀爆裂可将水流排走,以免对主厂房造成危险。

3. 水轮机附属设备调速器的布置

调速器由操作柜、油压装置和接力器(或称作用筒)三个主要部分组成并用油管和传动设备连成一体。操作柜在布置时应尽量靠近接力器,以缩短油管,并便于安排回复装置。同时操作柜应尽可能靠近机旁盘,使值班人员在操作柜旁能通视机旁盘上的各种仪表,以便在开机或停机时以及试验时进行手动操作。而油压装置应尽可能地靠近操作柜并布置在同一高程,以缩短油管。

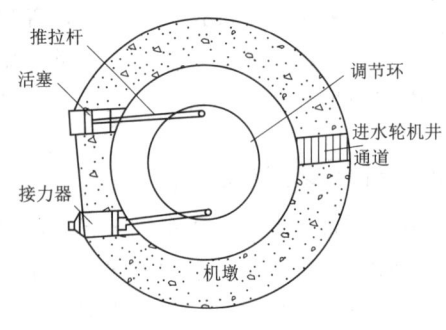

图 4.17 接力器示意图

接力器是直接控制水轮机导叶开度、调节进入水轮机流量,以保持机组转速稳定的机构,一般布置在蜗壳断面较小的上游侧,固定在机墩的孔洞中,如图 4.17 所示。

调速柜和油压装置均应布置在桥式吊车吊钩的工作范围之内,周围还应留 1m 左右的通道,以便安装、检修。通常都是一台机组设有一套调速设备,且应尽量布置在本机组段内,以免主机组分期安装时给施工和安装带来困难。

当厂房上游侧设有蝴蝶阀时,如果油压装置的容量足够,则蝴蝶阀的操作也可以利用它的压力油。否则,应在蝴蝶阀的近旁布置专用的油压操作设备。

#### 4.4.1.5 蜗壳层及尾水管层设备布置

1. 蜗壳的布置

中、高水头水电站厂房内的混流式水轮机一般均采用金属蜗壳。金属蜗壳的内圈焊接在座环的上、下环上,上半部通常用弹性垫层与上面的混凝土隔开。为了在检修水轮机时,能将蜗壳和主阀后面进水管中的水放空,通常在紧靠主阀下游钢管的底部装设通往尾水管或集水井的排水管,并装设控制阀门。同时,在进水钢管的顶部还应安装通气阀,以便于蜗壳和钢管放空或充水时能自动进气和排气。蜗壳进人孔一般可设在主阀下游进水钢管处，也可从水轮机层向下用垂直孔洞联通一水平短洞进入蜗壳。

低水头的水电站厂房，可采用钢筋混凝土蜗壳，放空蜗壳和引水管的排水管，常设在进口处底部并通向尾水管。蜗壳进人孔多设在前半段。

2. 减压阀的布置

高水头水电站在厂房下部块体中，有时要装设减压阀，以减小水锤压力。一般安装在压力水管末端的蜗壳旁边。厂房内装设有减压阀时，机组段长度和厂房的总长度会增加。

3. 尾水管和尾水闸门的布置

一般大、中型水电站中，大多数采用弯曲形尾水管；小型水电站中才采用直锥形尾水管。尾水管在布置时，可使直锥段的顶端与水轮机的基础环相接，尾水管出口潜没于尾水中。为了检修水轮机，还需要设置尾水管进人孔和排水管。进人孔一般设在尾水管的直锥段，当上游有主阀室时，尾水管进人孔可设在该处，由主阀室进入尾水管。如电站没有主阀室（例如坝后式水电站厂房中，上游端一般不设主阀）则进人孔可布置在下游侧，由水轮机层沿竖井下至尾水管进人孔高程后，再水平进入尾水管。

尾水管的排水管进口应设在尾水管的最低点。末端通入集水井，排水管上应设控制阀门。当检修水轮机或机组作调相运行时，用尾水闸门封闭尾水管出口。尾水闸门常用平板闸门和叠梁闸门等。可数台机组共用一套闸门，平时将闸门存入专设的门库中或放置在尾水闸墩上。运用时沿尾水平台吊到指定地点。尾水闸门启闭机的型式，可根据起重量的大小选择门式起重机、桥式吊车、活动绞车或电动葫芦等。

4. 下部块体的最小尺寸

一般情况下主厂房的长度及宽度主要取决于下部块体结构的尺寸，只有在高水头水电站上，才取决于发电机层的尺寸，决定厂房块体结构最小尺寸时，必须考虑厂房的施工（主厂房块体结构的混凝土一般划分为两期进行浇筑），运行及强度，刚度稳定性等多方面的因素。

立面尺寸：当水轮机安装高程和蜗壳，尾水管的尺寸选定后，可根据水轮机安装高程及转轮的尺寸定出尾水管的顶部高程，再减去尾水管的高度就得到尾水管的底部高程。尾水管的底板厚度可先凭经验估计，以后再进行验算。一般情况下基岩上的尾水管底板厚度为 $1\sim 2m$。蜗壳顶部到水轮机层地面高程之间的混凝土厚度一般可采用 $1.2\sim 2.0m$。这样就大致决定了块体结构的高度。

平面尺寸：主要取决于蜗壳的平面尺寸和施工条件。为了蜗壳的拼装、焊接，以及便于蜗壳外侧预埋件的布置及绑扎钢筋、浇筑混凝土等，在蜗壳的四周混凝土的厚度 $\Delta L$ 至少要有 $0.8\sim 1.0m$。这样蜗壳两边各加一个 $\Delta L$ 后即得到机组段的最小长度。蜗壳下游侧在 $\Delta L$ 外边再加上外墙厚度，一般可估取 $1\sim 3m$，在蜗壳上游侧 $\Delta L$ 之外。再加上主阀室的宽度及外墙厚，块体结构的平面尺寸地就大致决定了。这样定出的尺寸就是块体结构的最小尺寸。当然这些尺寸还要通过结构检查校验。

#### 4.4.1.6 安装间布置

安装间是厂房对外的主要进出口，通常设在靠河岸对外交通方便的厂房一端，如

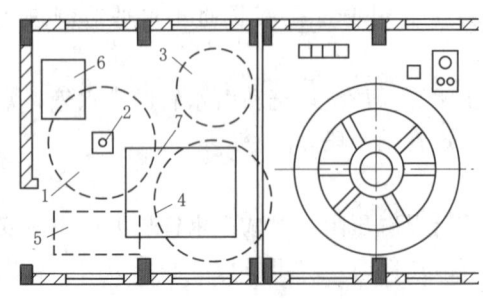

图4.18 安装间布置示意图
1—发电机转子；2—发电机主轴孔；3—水轮机转轮；
4—上机架；5—卡车；6—吊物孔；7—主变坑

图4.18所示。运输车辆都够直接进入，以便利用桥吊装卸设备。安装间又是进行设备安装和检修的场所。它应与主厂房同宽，以便统一装置吊车轨道。安装间面积的大小，决定于安装和检修工作的内容。当机组台数在4～6台以下时，所需面积按装配或解体大修一台机组考虑。较小及较轻的部件可堆置于发电机层地板上，所以安装间面积只按在桥吊主、副钩工作范围内放置下机组四大件来考虑：

(1) 发电机转子带轴。转子要在安装间进行组装和检修，四周要留1～2m的工作场地。转子放在安装间时，必须将轴竖直固定。轴要穿过地板，所以地板上相应位置要预留大于轴法兰盘的轴孔，并在轴孔下面设置钢筋混凝土的转子承台，承台中预设地脚螺栓，以固定转子轴，转子承台的高度要满足转子底部距发电机层楼板有1～1.5m的空间。

(2) 发电机上机架。重量不大，但占地不小。

(3) 水轮机转轮带轴。四周要留出1m的工作场地。

(4) 水轮机顶盖。一般情况下安装间的长度等于1～1.5倍机组段长度。

安装间的基础最好坐落在基岩上，若基岩埋藏较深，则可利用开挖的空间布置空压机室、油处理室、水泵室等。

### 4.4.2 卧式机组厂房布置
#### 4.4.2.1 卧式机组厂房的特点

卧式机组地面厂房一般只有两层。上部结构即主机房，主要布置水轮机、发电机及大部分辅助设备和附属机电设备。下部结构为尾水室，主要布置水轮机的泄水设备。与相同容量的立式机组厂房相比，厂房高度较小，平面尺寸较大。厂房施工与机电设备的安装、检修均方便，造价也较低，一般适用于下游洪水位较低的中小型水电站。

机组的布置方式对确定厂房轮廓尺寸有较大的影响。其布置方式有纵向布置、横向布置和斜向布置三种，如图4.19所示。

1. 纵向布置

机组轴线平行于厂房纵轴的布置方式，称为纵向布置，如图4.19（a）所示。该布置方式具有蜗壳进水通畅、尾水室较短、电气布置对称、发电机风道和配电设备布置互不干扰以及厂房宽敞、便于机组就地检修等优点。缺点是因机组间距大。当水轮机管道分组供水或联合供水时，进水管的分岔管较长几分岔角大，如果机组台数较多采用这种布置方式会增加厂房的长度，使设备布置比较分散，给运行管理带来不便。因此在机组台数较少时采用此种布置较为有利。

2. 横向布置

机组轴线垂直于厂房纵轴的布置方式，称为横向布置，如图4.19（b）所示。其

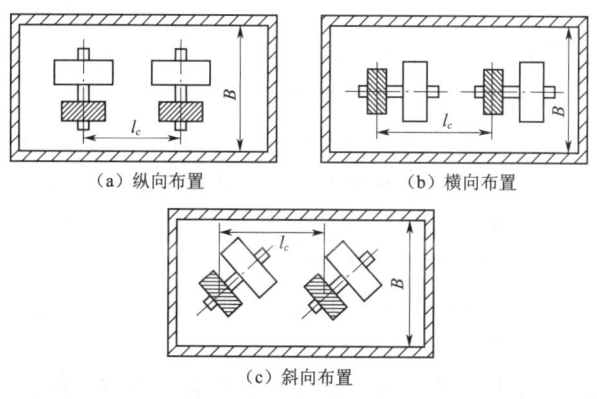

图 4.19 卧轴机组的平面布置方式
$l_c$—机组段长度；$B$—主厂房宽度

优缺点恰与纵向布置的厂房相反。通常配电设备需布置在厂房的一端或专设的副厂房中，运行管理上不如纵向布置的厂房方便，但装机台数较多时，横向布置很可能是经济合理的。

3. 斜向布置

机组轴线与厂房纵轴线斜交（交角常为45°）的布置方式，称为斜向布置，如图4.19（c）所示。其优缺点介于上述两种布置方式之间。若配电设备布置在厂房的一端或副厂房中，运行管理则可能更不方便。

#### 4.4.2.2 卧式机组厂房的布置

1. 电气设备及水、油、气系统的布置

发电机为400V的水电站，一般将全部一次、二几次电气设备都布置在主机房内，不再另设副厂房。机组纵向布置的厂房，电气盘柜多数在下游侧排成一行，也有少数放在上游侧的。机组横向布置的厂房电气设备般只能布置在厂房出线的一端，这虽有利于厂房的采光和通风，但运行上总感不便。

发电机电压为6.3kV或10.5kV的水电站、自动化程度较高，需设中央控制室。主厂房内只布置机旁盘、励磁盘及调速器等二中央控制室及其下层的电缆室的布置。原则与立式机组厂房的相同。

发电机与配电盘室一般用电缆连接。电缆分层铺设在电缆沟中。上层为电力电缆，下层为操作电缆。沟底要有坡度，以利排水，沟顶设钢盖板或钢筋混凝土盖板。

卧式机组厂房的油、气、水系统比较简单。油库、油处理室设在副厂房的防爆房间中，也可以几个水电站共用一套油处理设备。气系统一般只在主机房一端设置1~2台移动式空气压缩机，供机组制动与风动工具用气。供水水源一般取自压力钢管，如压力太大可减压后使用。排水系统较立式机组厂房的排水系统简单，检修时蜗壳中的水可自流排出。运行时的渗漏水可用沟渠排至下游。但如下游洪水高于机房地板时，则需设集水井和排水泵。

2. 主厂房的轮廓尺寸

卧式机组主厂房轮廓尺寸的确定原则和要求与立式机组厂房的基本相同。主厂房长度和宽度是依据厂家提供的机组总装图及其主要尺寸。如机组总长（从尾水管至励磁机）、发电机机座宽度和蜗壳断面最大平面尺寸，水轮机主阀、调速器、机最高位水位、最低位水位旁盘等辅助设备的布置和通道要求，以及安装、检修、运行条件来确定的。发电机大修时，一般把励磁机拆开。然后将发电机转子带轴从定子中抽出二因此，设备外轮廓之间的净距，应保证能套入或抽出发电机转子。图4.19（b）的布置方式根据抽出转子的要求就可定出发电机外端与侧墙的净距，而根据图4.19（a）的布置方式就可定出机组的间距。电气盘面与设备之间的距离，在厂房内无吊车的情况下不宜小于3.5m，在有吊车和有专门装配场的情况下，不宜小于1.5m。厂房宽度也应与吊车的标准跨度相协调。

主厂房高度为下部结构高度与上部结构高度之和。下部结构高度为机器间地面高程至尾水室底板高程之差。上部结构高度的决定和立式机组厂房的一样，取决于最大起吊部件的长度和吊运方式等。卧式机组的最大起吊部件通常是蜗壳。

### 4.4.3 副厂房的布置

副厂房的布置

副厂房是布置各种操作、控制电站运行的电气辅助设备、附属机械及工作生活的房间，紧邻主厂房布置。由于水电站的形式及规模随具体条件影响变化很大，副厂房间的内容、数量及面积互不相同，差异很大。所以，副厂房设置应根据电站的地形、地质条件，在电力系统中的地位和作用、交通、自动化程度、管理机构级别等，进行具体分析确定，既满足安全运行，又节省投资。副厂房按性质可分为三类。

#### 4.4.3.1 直接生产副厂房

1. 中央控制室

中小型厂房中的中控室是布置发电机的操作、控制、继电保护、信号、直流、同步及励磁等盘柜的房间，是整个电站运行、控制、监护的中心。

中控室高于发电机层地面而位于主厂房上游侧。两层之间应设有宽敞的楼梯和方便的专门交通道。中控室与主厂房应有隔音设施，并设瞭望主机房的窗口和平台。

中控室净高为4.0～4.5m，顶部设置天棚，天棚上部高度应满足维护检修照明设备的要求，中控室面积应根据各种表盘的数量及尺寸进行妥善布置后确定，其平面形状宜为矩形。

中控室地面及墙壁应进行建筑处理、满足防潮、隔音、通风、取暖要求。中控室照明应妥善解决，防止光线直射仪表盘面。

2. 载波电话室

利用高压线载波与调度中心联系的专用通讯设施。载波电话室邻近中控室，有良好的隔音、采光、通风条件。载波机正面距墙不小于1.5m，背面距墙不小于1.0m，侧面距墙，无过道不小于0.8m，有过道不小于1.2m。

3. 电缆室

电缆室应位于中控室下，其面积与中控室相等。电缆室的高度约为2～2.5m，能够满足维护、检修、人员工作即可。

4. 开关室

开关室即发电机电压配电装置室。开关室应尽量靠近主机房与主变场，以缩短电缆。长度在7m以内时，可只设一个出口通向其他房间或户外，长度大于7m时，应设两个出口，门朝外开。

5. 蓄电池室、贮酸室、套间、通风机空、充电机室

厂房设有直流系统，蓄电池室为直流电源。蓄电池室主要用户为中央控制室，位置应尽量靠近。地面宜与厂外地坪同高，但不允许位于中控室及开关室的上部。蓄电池室入口处应有贮酸室及套间，门朝外开。贮酸室是贮存硫酸的房间，套间是防止酸气外流的缓部房间。当采用可控硅整流装置作为蓄电池的充电设备时，可控硅整流装置可布置在直流盘室内，不设充电机室。当采用充电机作为蓄电池充电设备时，应在蓄电池室附近同一层专设充电机室，但应尽量远离中控室。

#### 4.4.3.2 检修试验副厂房

1. 电气试验室

中小型厂房一般仅设电气试验室。电气试验室地面宜做水磨石，室内应有通风、采暖、防尘、防潮措施。调试工作台应有良好的自然采光和局部照明。

2. 机械修理间

机械修理间是厂内简单的机械修理场所。

3. 工具间与仓库

工具间与仓库布置在发电机层旁边邻近安装间的位置，作为放置日常工具与零碎用品的场所。

#### 4.4.3.3 间接辅助生产副厂房

指行政管理及生活用房，包括厂长室、总工程师室、行政党团工作办公室、图书资料室、会议室、传达警卫室及卫生和生活用房等，视电站条件差别很大。

## 4.5 厂房的通风、采光、交通和防潮

### 4.5.1 防洪

当下游尾水位高于发电机层高程时，可采用以下措施处理：

（1）当厂房靠在山坡上时，将厂房下游墙做成挡水墙，两端的侧墙延伸到山坡中。这样通风采光条件差，但挡水墙工程量小。

（2）当厂房紧靠在山坡上时，沿厂房下游侧筑专门的防洪墙，把厂房围起来。这样通风采光条件好，但挡水墙工程量大。

### 4.5.2 采光

地面厂房应尽可能采用自然采光，布置主副厂房时要考虑开窗的要求。主厂房自然采光主要靠厂房两侧的大窗，吊车梁以上的窗子主要起通风的作用，大窗开在构架柱之间的墙上，为长形独立窗。窗宽度不要太小，使照明均匀。窗的高度一般不小于房间进深的1/4。窗下槛在发电机层楼板以上一般为1～2m，以保证窗子附近有足够的光线，并便于通风。

夜间及地下式、坝内式、溢流式厂房或地面厂房水下部分的房间，要设计人工照明。人工照明分为工作照明、事故照明（当交流电源中断时自动投入的直流电照明）、

安全照明（设有防触电措施或采用 36V 及以下电压的照明）、检修照明及警卫照明。中央控制室及主机房内的照明不能使仪表盘面上产生反光，以保证运行人员能清晰地观察仪表。

### 4.5.3 通风

地面厂房应尽量采用自然通风。当自然通风达不到要求，或当下游水位过高而不能有效地采用自然通风时，或在产生过多热量的房间（如变压器室、配电装置室等），或在产生有害气体的房间（如蓄电池室、油处理室等），才装设人工通风。

主副厂房的通风量应根据设备的发热量、散湿量和送排风参数等因素决定。要合理安排进出风口的位置以达到最佳的通风效果。水轮机层、水泵室、蝴蝶阀室等厂内潮湿部位采用以排湿为主的通风方式，对于产生有害气体的房间要设置专用的排风系统，以免有害气体渗入其他房间。人工通风系统的进风口要设在排风口上风，低于排风口但高于室外地面 2m 以上，要考虑防虫及防灰沙的措施。主通风机室的位置除满足通风系统气流组织的合理性外，还应远离中央控制室、载波机室等安静场所，以免噪声干扰。

盛夏酷热地区或人工通风仍不能满足厂内温度湿度要求时，可采用局部或全部的空气调节装置。空气调节装置的冷源应尽量采用天然低温水或其他天然冷源。无此条件时，经过技术经济论证可局部或全部地采用机械制冷设备。

### 4.5.4 取暖

冬天厂房内的温度不能过低，以保证机电设备的正常运行。冬季水电站若正常发电，发电机层、出线层、水轮机层、母线道等处靠机电设备发出的热量即可维持必需的温度。热量不足以维持必需温度的房间，可用电辐射取暖或电热取暖。中央控制室可装设空气调节器，以便在冬季取暖、夏季降温。

### 4.5.5 防潮

地面厂房水下部分的房间要注意防潮，坝内及地下厂房的防潮问题更为突出。过分潮湿能造成电气设备的短路、误动作或失灵，可能使机械设备加速锈蚀，运行人员工作条件恶化。防潮的措施不外乎以下四项：

（1）防渗防漏。外墙混凝土要满足抗渗要求，必要时可加设防潮夹层；要减小设备漏水，伸缩及沉陷缝要加设止水；冷却水管、混凝土墙及岩石表面如有结露滴水则要用绝热包扎。

（2）加强排水。已渗漏进厂房或防潮夹层的水要迅速排出，不能让其积存。

（3）加强通风。潮湿部位宜采用以排湿为主的通风方式，减小空气中的湿度。

（4）局部烘烤。以电炉或红外线烘烤，防止设备受潮。

### 4.5.6 对外交通

厂房的对外交通主要是为了将机组、蜗壳等大型构件运入厂房。这些大型构件一般由铁路或公路运输，所以在厂房的一端设置进场大门，运输大型部件的车辆可以直接开进厂房。因此，进场大门一般开在与运输道路相连的一端。大门尺寸很大，可采用旁推门、上卷门或活动钢门。为了保持厂房内部的清洁、干燥与温度，不运输大部件时大门应关闭。地下厂房，一般需要通过交通洞与外界相连。

### 4.5.7　厂内交通

主厂房内各层及副厂房布置机电设备的房间内都要有通道,以便运输设备和进行安装,并供工作人员通行。发电机层及水轮机层常设贯穿全长的水平通道,通道一般宽1~2m。为了吊运各种设备,与通道相应要布置吊物孔,如蝴蝶阀吊孔、水泵吊孔、公用吊孔等。主、副厂房不同高程各层之间可设斜坡道、楼梯、攀梯、转梯或电梯。斜坡道坡度在20°以下,一般以12°为宜。楼梯的坡度为20°~46°,以34°为宜。单人楼梯宽0.9m,双人楼梯宽1.2~1.4m。每台机组最好有专用楼梯,至少每两台机组要设一座楼梯。楼梯设置要能使运行人员巡视方便,并要保证发生事故时能迅速到达现场。只供少数人员偶然使用的楼梯可做成钢攀梯,坡度常在60°~90°之间,宽0.7m。转梯可节省空间,适用于不经常上下的地方。电梯用于厂房高度较大或各层间高差太大时。

安排各种房门部位时要考虑防火的安全出口,安全出口的门净宽不小于0.8m,门向外开。某些可产生负压的房间,如闸门室,门最好向里开,以便出现负压时门可自动开启。

# 章 节 练 习 题

一、单选题

1. 水电站厂房的组成不包括(　　)。
   A. 主、副厂房　　　　　　　　B. 压力管道
   C. 主变压器场　　　　　　　　D. 高压开关站

2. 下列哪一设备没有布置在发电机层(　　)。
   A. 调速装置　　　　　　　　　B. 电调电气柜及机旁盘
   C. 励磁机　　　　　　　　　　D. 蝴蝶阀油压装置

3. 与反击式厂房相比较,当下游正常尾水位很低的情况下,冲击式机组厂房的水轮机层高程可能出现(　　)。
   A. 发电机层与进厂公路同高　　B. 水轮机层与进厂公路同高
   C. 装配厂层与进厂公路同高　　D. 发电机层与装配厂层同高

4. 安装升压变压器的地方称为(　　)。
   A. 开关站　　B. 主变压器场　　C. 变电站　　D. 配电室

二、填空题

1. 水电站(　　)、(　　)、(　　)和(　　)及(　　)等,组成水电站厂区枢纽建筑物。

2. 水电站厂房内的机械及水工建筑物共分五大系统,分别为(　　)、(　　)、(　　)、(　　)、(　　)。

3. 竖轴水轮发电机就其传力方式可分为两大类,分别为(　　)和(　　)。

4. 励磁系统是向发电机转子供给形成磁场的(　　),包括(　　)和(　　)。

5. 调速设备一般由三部分组成,分别是(　　)、(　　)和(　　)。

6. 水电站厂房内的供水包括（　　）、（　　）和（　　）。

7. 安装间是厂房对外的主要（　　），又是进行设备（　　）和（　　）的场所，通常设在靠河岸对外交通方便的厂房一端。

8. 卧式机组地面厂房一般只有（　　）。上部结构即主机房，主要布置（　　）、（　　）及大部分辅助设备和附属机电设备。下部结构为（　　），主要布置（　　）。

9. 副厂房是布置各种（　　）、控制电站运行的（　　）、附属机械及工作生活的房间，紧邻（　　）布置。

### 三、判断题

1. 水电站厂房是指主厂房，不包含副厂房。（　　）
2. 发电机层以上为上部结构，发电机层以下为下部块体结构。（　　）
3. 以水轮机层楼板高程为界，将厂房分为上部结构和下部结构。（　　）
4. 安装高压配电装置的地方称为开关站，通常布置在主厂房附近的露天场地上。（　　）
5. 地面厂房应尽可能采用自然采光，布置主副厂房时要考虑开窗的要求。（　　）
6. 过分潮湿能造成电气设备的短路、误动作或失灵，可能使机械设备加速锈蚀，运行人员工作条件恶化。（　　）
7. 冬天水电站厂房内的温度没有特别要求，机电设备的均可以正常运行

### 四、简答题

1. 水电站厂房的类型是如何划分的？

2. 水电站主厂房需要布置哪些设备？它们的作用是什么？

# 第 2 部分 水 泵 站

5

# 机电提水工程基础知识

【知识目标】
• 了解我国机电提水工程的发展历史，知道机电提水工程在国民经济中的作用和我国机电提水工程的类型。
• 熟知水泵的定义及分类；掌握各类叶片泵的工作原理，了解其构造及各零部件的作用；熟悉水泵型号的意义。
• 明白汽蚀的类型；作用方式、危害以及减轻和防治汽蚀的措施。
• 了解叶片泵的选型原则、选型的方法和步骤，知道选配动力机型号方法。
• 知晓变频调节基本原理、变频调速技术在泵站中的运用情况。

【技能目标】
• 能够根据水泵的构造特点，熟练区分水泵类型。
• 会根据基础资料对水泵型号的进行命名。
• 能够根据基础资料简单进行叶片泵选型。

【思政目标】
• 具备创新思维和创造力、自主学习的意识和能力。

## 著名的南水北调工程

南水北调工程，就是把中国长江流域丰盈的水资源抽调一部分送到华北和中国西北地区，从而改变中国南涝北旱和北方地区水资源严重短缺局面的重大战略性工程，目的是促进中国南北经济、社会与人口、资源、环境的协调发展。南水北调工程有东线、中线和西线三条调水线路，总投资额 5000 亿元。此工程的规模和难度都超过三峡工程。2014 年 12 月 12 日，南水北调中线正式通水；12 月 27 日，南水北调中线一期工程北京段正式通水。

【知识准备】

## 5.1 概 述

机电提水工程由土木、建筑、机械、电气设备等多种技术汇集，以提水为功能的综合水利工程。一般由水工建筑物、机械设备和电气设备三部分组成。主要用于农田灌溉、排水、供水、输水和抽水蓄能等方面。

### 5.1.1 我国机电提水工程的发展概况

传统的提水工具在我国出现很早，品种也很多。西汉以前，使用最普遍的提水工具为桔槔，后因桔槔不便于提深水，乃有辘轳的问世。汉灵帝（公元 168—189 年）时，人们发明了翻车（俗称龙骨水车）。到宋代，翻车发展到了用畜力和水力传动。到了元代（1300 年左右），又改翻车为筒车，提水高度达 70m。至明朝末年，构造比较复杂的斗子水车（即八卦水车）出现。

19 世纪末，柴油机的发明，改变了传统的提水方式，由人畜、自然能提水发展为机械提水。1920 年，我国开始仿制小型柴油机与水泵。1924 年，上海、江苏开始生产离心式水泵，浙江一带相继兴建起水泵站，进行农田灌溉。直到中华人民共和国成立，全国农田水利排灌动力仅为 9.42 万 kW，机电排灌面积为 25.2 万 $km^2$，占当时全国灌溉面积的 1%。

中华人民共和国成立后，在中国共产党的领导下，机电提水工程建设得到了迅速发展，无论是高原地区、沿海滨湖地区或平原丘陵和山区，星罗棋布地分布着各种类型的水泵站，机电提水装机容量稳步发展。据统计，截至 1997 年年底，全国固定机电排灌站达 50 多万座，配套机电井已发展到 330 余万眼，机电排灌动力 7020 万 kW，机电排灌面积 3400 万 $km^2$。此外，建成了大量的用于城镇供排水的给水泵站、雨水泵站和污水泵站。这些水泵站在抗旱灌溉，抗洪排涝，提高农业生产规模，确保农业增产，保障城镇居民生活，提高人民生活水平，保证工业企业用水，促进国民经济发展等各个方面发挥了重要作用，取得了显著的社会经济效益。

从我国机电提水工程建设及其发展的过程来看，其显著特点是数量大、范围广、类型多、发展速度快。在工程规模上，以中、小型泵站为主，少量为大型，大、中、小型相结合。在祖国大地上，建成了具有中国特色的机电提水工程体系。机电提水工程技术方面取得了很大的进步，产品的系列化、标准化和通用化程度大幅度提高，形成了轴流泵、混流泵、离心泵、潜水泵和水轮泵等农用泵及用于其他方面的多种类型泵系列。一些低扬程泵站，一站同时具有灌溉、排水、发电等几种功能，一机多用。对于大型泵站，过去那种单一的肘管进水、虹吸出水的进出水流道，也发展成为双向进出水或钟形进水、直管出水的形式，还设计出了贯流式泵站。我国机电提水工程，在数量上和规模上均占据世界首位。

### 5.1.2 机电提水工程在国民经济中的作用

我国水资源的人均占有量仅相当于世界人均水量的 1/4，由于地形和气候的影响,降雨量的季节变化和地区变化很大,有一半国土水源不足。如我国西北高原地区、南方丘陵地区和华北井灌地区,或是干旱少雨,或是有水不能自流灌溉,必须采用机电提水;而国土的另一部分,如华北的平原河网地区,以及华东、华中的圩垸低洼地区,地势低洼易涝,又需要采用机电排水。所以,我国农业方面的灌溉、排涝任务是非常艰巨的。再者,城镇居民生活、公共事业及工矿企业用水等需要兴建供水泵站,城镇雨水、污水排放需要兴建雨水泵站和污水泵站。为解决缺水地区人畜饮水的困难,也需要兴建机电提水工程。根据《中国水资源公报》,2000年我国北方大部分和南方部分地区由于降雨量减少,旱灾严重,旱灾先后波及20多个省(自治区、直辖市),北方一些大中城市出现了中华人民共和国成立以来最为严峻的缺水局面。通过流域水资源统一管理和优化配置、合理调度,取得了抗旱胜利。而跨流域调水又离不开机电提水工程。已建成的引滦入津工程,将滦河水跨过海河,穿越燕山,经3级提水送入天津,共建大型泵站4座,安装大型轴流泵27台,总装机容量2万kW。已建成的南水北调工程中,东线一期工程输水干线长1467km,全线共设立13个梯级泵站,共22处枢纽、34座泵站,总扬程65m,总装机台数160台,总装机台数160台,总装机容量$3.662\times10^5$kW,总装机流量4447.6$m^3/s$。

从我国国民经济的发展来看,在保证农业高产稳产、夺取历次抗洪抗旱胜利的过程中,机电提水工程发挥了极其重要的作用。如1978年17个省(直辖市)发生旱灾,各地开动了总功率约1500万kW(2100多万马力)的柴油机和1000万kW的电动机,共引提1700多亿$m^3$的水量进行灌溉,相当于黄河3年的总水量,挽回粮食200多亿kg、棉花500万担,充分显示了机电提水工程的威力。2000年全国农田灌溉用水量达3100亿$m^3$,城镇生活用水30亿$m^3$,工业用水1000多亿$m^3$。2001年江苏发生秋旱,为确保秋播用水,江苏省防汛抗旱指挥部采取应对措施,江都、淮安、淮阴等抽水站紧急开启,向淮北地区抽调长江水。江苏江水北调工程沿线累计抽水量达127亿$m^3$,其中江都抽水站直接抽送江水相当于近两个洪泽湖的正常蓄水量。

由上述可知,机电提水工程对于保证农业稳产高产,促进我国农业的发展,保证城镇和农村的生活用水,提高人民的生活水平和改善生活条件,促进国民经济的发展和社会的稳定都有着重要的作用。

### 5.1.3 我国机电提水工程的类型

我国地域辽阔,各地自然条件差异较大,故建站的任务各不相同,大致可划分为以下几种类型:

(1)高扬程提灌泵站。这类泵站主要分布于地处黄土高原的陕西、甘肃、宁夏、山西等省(自治区),这些地区由于原高沟深,雨量稀少,农田灌溉和人畜饮水贫乏,必须发展高扬程泵站,其工程的主要特点是扬程高、梯级多、工程艰巨。典型工程如陕西东雷抽黄工程,其一期工程于1987年建成,分9级提水,包括28座泵站,133台机组,累计净扬程311m,总装机容量11.86万kW,提水流量40$m^3/s$,灌溉面积6.5万$km^2$。其中二级站装有单泵扬程高达225m的"黄河2号"双级单吸离心泵,单机流量2.2$m^3/s$,单机功率0.8万kW。二期工程于2000年6月也基本建成,分8级提水,包括37座泵站,170台机组,总装机容量11.34万kW,提水流量41.4$m^3/s$,

灌溉面积 8.43 万 $km^2$，同时还解决 30 万人的生活用水。其中北干二级站装有目前亚洲单机容量最大的 1200-LW-60 型立式离心泵，该站总装机容量 4.26 万 kW。再如甘肃省景泰川提水工程，总体规划提水 $40m^3/s$，共分 11 级，总扬程 445m，总装机容量 6.42 万 kW。

(2) 井灌泵站。这类泵站主要分布于以华北平原为主的北方地区，如我国华北、西北、华中等干旱地区，这里河流、湖泊稀少，降雨量少，地表水严重不足。所以，积极开发利用地下水资源，开展机井建设，便成了农业灌溉的重要途径。

(3) 低扬程排灌泵站。这类泵站主要分布于长江三角洲、珠江三角洲、江汉平原及洞庭湖区。这些平原河网地区地势平坦而低洼，雨量丰沛，水源充足，土壤肥沃，是我国的主要产粮区。但往往会因暴雨而积涝成灾。汛期水源水位高于田面，圩内渍水不能自排；天旱时，水源水位又低于田面，不能自流引水灌溉。为保证农业生产就需要兴建大量排灌泵站。其特点是扬程低、流量大，一般选用轴流泵或混流泵。典型工程如位于江苏省的江都排灌站，它是我国目前提水量最大的排灌站，共有 4 座大型泵站，共安装 33 台轴流泵，总提水流量 $473m^3/s$，总装机容量 4.98 万 kW。该站除灌溉农田 93.3 万 $km^2$ 外，兼有排涝、蓄能、水运、调水等功能。

(4) 跨流域调水泵站。我国水资源的时空分布差异很大，部分区域和地方的资源型缺水十分严重，而跨流域调水是解决这一问题的根本途径，它将多水区的富余水量跨流域调入缺水区，以满足社会经济发展对水资源的需求。典型工程如引滦入津、引黄济青及南水北调工程。

(5) 水轮泵站。我国中南、西南水力资源丰富地区，可根据地区水力资源的特点，兴建水轮泵站。在我国已建的 2 万多座水轮泵站中，贵州新民水轮泵站的总提水净扬程高达 300m。从我国机电提水工程建设及其发展过程来看，其显著的特点是：数量大，范围广，类型多，发展速度快。在工程规模上，以中、小型水泵站为主，大、中、小型相结合。在祖国大地上，建成了具有中国特色的机电提水工程体系。机电提水工程方面取得了很大的进步，产品的系列化、标准化和通用化程度大幅度提高，形成了轴流泵、混流泵、离心泵、潜水泵和水轮泵等农用泵及用于其他方面的多种类型泵系列。一些低扬程泵站，一站同时具有灌溉、排水、发电等几种功能，一机多用。对于大型泵站，过去那些单一的肘管进水、虹吸出水的进出水流道，也发展成为双向进水或钟形进水、直管出水的形式，还设计了贯流式泵站。我国机电提水工程，在数量上和规模上均占据世界首位。

近年来，随着计算机技术的不断发展，我国泵站工程中采用计算机进行保护与监控越来越普及，监控系统的开发与研究也进入了一个全新的阶段。如东深供水改造工程计算机监控系统综合应用自动控制技术、计算机和 IP 技术及通信技术，构筑出大型跨流域梯级调水工程的分层分布式和开放式的监控系统，在系统中首次采用多星形 100/1000M 冗余因特网技术和 600M 多环综合通信网络技术，构成了复杂、多网、多链路的系统网络。同时，该计算机监控系统对不同的现场总线技术进行集成，实现了众多设备现场数据采集的全面数字化。在工业电视系统中，首次实现了对视频信号进行跨网络、无矩阵的切换与控制。该计算机监控系统的成功开发为我国泵站实现现代化提供了十分宝贵的经验。

20世纪80年代后期是大型泵站建设的巩固提高和稳步发展阶段，泵站建设管理由以外延为主转向以内涵为主。此时，泵站更新改造也逐渐为人们所重视。《机电排灌站经营管理暂行办法》、《泵站技术规范》（SD 204—86）、《泵站技术改造通则》、《泵站现场测试规程》（SD 140—85）、《泵站设计规范》（GB/T 50265—97）、《泵站技术改造规程》（SL 254—2000）、《泵站技术管理规程》（SL 255—2000）、《泵站安全鉴定规程》（SL 216—2004）、《泵站安装及验收规范》（SL 317—2004）等规程规范相继出台。这些规程规范的实施，对保证泵站工程质量，节省工程投资，实现泵站节能节水，提高泵站工程效益起着重要作用，为提高机电提水工程的科学技术水平和管理水平提供了科学依据。

### 5.1.4 当前要解决的问题

从我国机电提水工程的总体情况来看，主要存在的问题是泵站的装置效率低；能源消耗偏大；自动化程度普遍不高；管理水平低。据有关资料统计，全国有一半以上的泵站装置效率在50%以下，有的甚至低达20%，有的提水灌区、渠道渗漏严重，水的利用率低，有30%～50%的水量漏失。针对这些情况，当前应从以下几个方面做好工作：

（1）搞好规划、设计。泵站规划、设计的合理与否，直接影响着泵站效益的发挥。新建泵站必须科学、合理地进行规划，提高设计水平，为充分发挥效益提供可靠的保证。

（2）加强经营管理，提高管理水平。规划、设计是前提，管理是关键。一个泵站规划、设计得再好，如果管理不善，仍不能充分发挥其效益。因此，加强经营管理，提高泵站管理人员的管理水平，对于充分发挥泵站的效益是至关重要的。

（3）重视科学研究，提高装置效率。在泵的结构设计、动力机配套、泵站设计理论等方面重视科学研究工作，提高泵站的装置效率，从而达到降低能耗，提高泵站工程效益之目的。

（4）进行泵站改造，更新设备，提高自动化程度。随着科学技术的发展，我国早年兴建的一些泵站普遍存在的问题是设备老化，性能较差，自动化程度低，能耗偏大，工程效益难以发挥。因此，进行泵站改造，更新设备，提高自动化程度，对于降低能耗，充分发挥泵站的工程效益是非常必要的。

## 5.2 水泵的类型与性能认知

### 5.2.1 水泵的定义

泵是一种转换能量的机械。它通过工作体的运动，把外加的能量传给被抽送的液体，使其能量（位能、压能、动能）增加。工作体因泵的种类不同而异，既可以是固体，也可以是液体或气体。用于输送水的泵，称为水泵。

泵的用途很广，在工业、农业、建筑、电力、石油、化工、冶金、造船、轻纺、矿山开采和国防等国民经济各部门中占有重要的地位。用于农业灌溉及排水的泵被称为农用水泵。

农用水泵品种繁多，结构各异，按工作原理可分为以下几种。

#### 5.2.1.1 叶片式泵

叶片式泵按工作原理的不同，可分为离心泵、轴流泵和混流泵三种。

（1）离心泵按基本结构、型式特征分为单级单吸式离心泵、单级双吸式离心泵、多级式离心泵以及自吸式离心泵。

（2）轴流泵按主轴方向可分为立式泵、卧式泵和斜式泵，按叶片调节的可能性可分为固定式、半调节式和全调节式。

（3）混流泵按结构形式分为蜗壳式混流泵和导叶式混流泵。

叶片泵按照使用范围和结构特点的不同，还有长轴井泵、潜水电泵、水轮泵等。长轴井泵具有长传动轴，泵体潜入井中抽水；根据扬程的不同，又分为浅井泵、深井泵和超深井长轴泵。潜水电泵的泵体与电动机连成一体潜入水中抽水；根据使用场合不同，又分为作业面潜水电泵、深井潜水电泵。水轮泵用水轮机作为动力带动水泵工作，它直接利用可再生的水力资源就地提水。按使用水头和结构特点分为低、中、高水头轴流式水轮泵和低、中、高水头混流式水轮泵。

#### 5.2.1.2 容积式泵

容积式泵是依靠工作室容积的周期性变化输送液体的。容积式泵又分为往复泵和回转泵两种。往复泵是利用柱塞在泵缸内作往复运动来改变工作室的容积而输送液体的。例如拉杆式活塞泵是靠拉杆带动活塞作往复运动进行提水的。回转泵是利用转子作回转运动来输送液体的。单螺杆泵是利用单螺杆旋转时，与泵体啮合空间（工作室）的周期性变化来输送液体的。

#### 5.2.1.3 其他类型泵

叶片式泵和容积式泵以外的特殊泵型称为其他类型泵。在灌排泵站中有射流泵、水锤泵、气升泵（又称空气扬水机）、螺旋泵、内燃泵等。其中，除螺旋泵是利用螺旋推进原理来提高液体的位能外，其他各种泵都是利用工作流体传递能量来输送液体的。

叶片泵覆盖了从低扬程到高扬程、从小流量到大流量的广阔区间，使用范围宽广。在排灌用泵中使用最多的是叶片式泵。因此，本教材将着重讲解叶片式泵。

### 5.2.2 叶片泵的工作原理与构造

#### 5.2.2.1 离心泵

1. 离心泵的工作原理

图 5.1 为单级单吸离心泵基本构造示意图，它由叶轮、泵轴、泵体等零件组成。叶轮的中心对着进水口，进、出水管路分别与水泵进、出口连接。离心泵在启动前应充水排气。当电动机通过泵轴带动叶轮高速旋转时，叶轮中的水由于受到惯性离心力的作用，由叶轮中心甩向叶轮外缘，并汇集到泵体内，获得势能和动能的水在泵体内被导向出水口，沿出水管输送至出水池。与此同时，叶轮进口处产生真空，而作用于进水池水面的压强为大气压强，进水池中的水便在此压强差的作用下，通过进水管吸入叶轮。叶轮不停地旋转，水就源源不断地被甩出和吸入，这就是离心泵的工作原理。

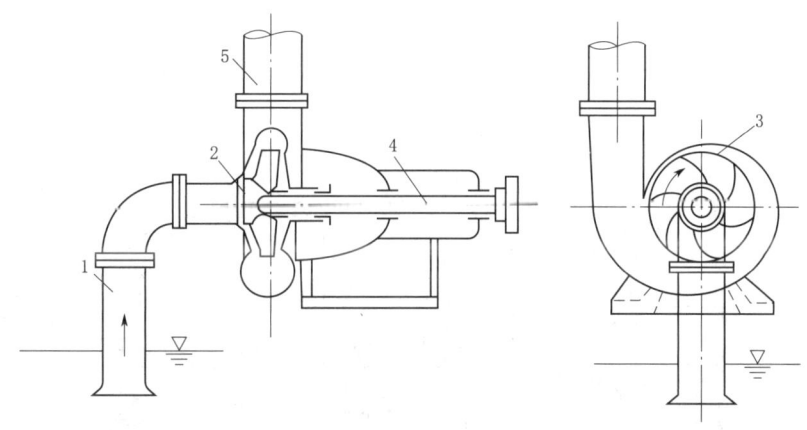

图 5.1 单级单吸离心泵基本构造示意图
1—进水管；2—叶轮；3—泵体；4—泵轴；5—出水管

2. 离心泵的构造

不同类型的离心泵其构造各不相同。离心泵按泵轴上叶轮个数的多少可分为单级泵和多级泵；按吸入方式可分为单吸泵和双吸泵，叶轮仅一侧有吸入口的称单吸泵，叶轮两侧都有吸入口的称双吸泵；按泵轴安装方向可分为卧式泵、立式泵和斜式泵；按是否需要充水排气可分为普通离心泵和自吸离心泵。下面简略介绍单级单吸离心泵、单级双吸离心泵、分段式多级离心泵及自吸离心泵的构造。

(1) 单级单吸离心泵。单级单吸离心泵常为卧式，它的结构如图 5.2 所示，由叶轮、泵体、减漏环、泵轴、轴承以及轴封等主要部分组成，各部分的作用及制造要求如下：

1) 叶轮。叶轮是把能量传递给液体的具有叶片的旋转体。它的几何形状、尺寸、所用材料和加工工艺等对泵的性能有着决定性的影响，所以它是泵的核心。

农用离心泵一般采用封闭式叶轮，它由前盖板、叶片、后盖板和轮毂组成，如图 5.3 (a) 所示。前、后盖板之间装有 4~12 个向后弯曲的圆柱或扭曲形叶片。叶片的主要作用是传递能量。叶片和盖板的内壁构成了弯曲的槽道，称为叶槽。叶轮前盖板中有一个进水口，当叶轮旋转时，水从进水口吸入，在惯性离心力的作用下，水流经叶槽从叶轮的四周甩出，所以水在叶轮中的流动方向是轴向进水、径向出水。前、后盖板不全的叶轮称为开式叶轮，其中只有后盖板的叶轮称为半开式叶轮，如图 5.3 (b)、(c) 所示；前、后盖板都没有或只有很短后盖板的叶轮称为全开式叶轮，如图 5.3 (d) 所示。

叶轮形式、形状和尺寸是根据水力设计并通过模型试验决定的，同时应能满足强度的要求。农用泵叶轮的材料多为铸铁，也可采用铸铜，大型水泵叶轮的材料一般用铸钢。叶轮铸件质量应符合要求，铸件不得有影响机械性能的铸造缺陷，叶槽要光洁平整，清砂除刺，否则会影响泵的性能和叶轮使用寿命。加工好的叶轮要做静平衡试验，消除不平衡重量，避免运行时水泵发生振动。泵在运行时，叶轮前、后盖板外侧与泵体的间隙中充满了从叶轮中排出的有一定压力的液体，由于叶轮后盖板受排出液

# 5 机电提水工程基础知识

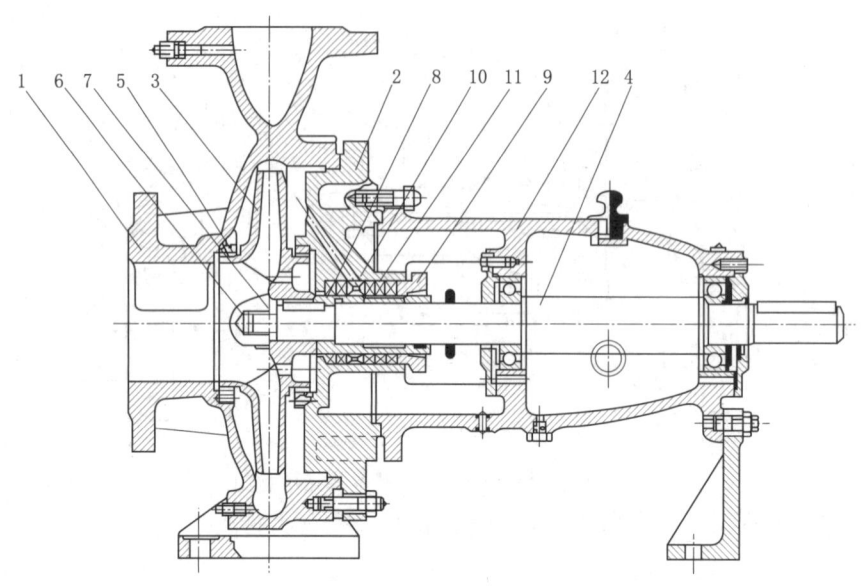

图5.2 单级单吸离心泵结构图

1—泵体；2—泵盖；3—叶轮；4—轴；5—密封环；6—叶轮螺母；7—止动垫圈；
8—轴套；9—填料压盖；10—填料环；11—填料；12—悬架轴承部件

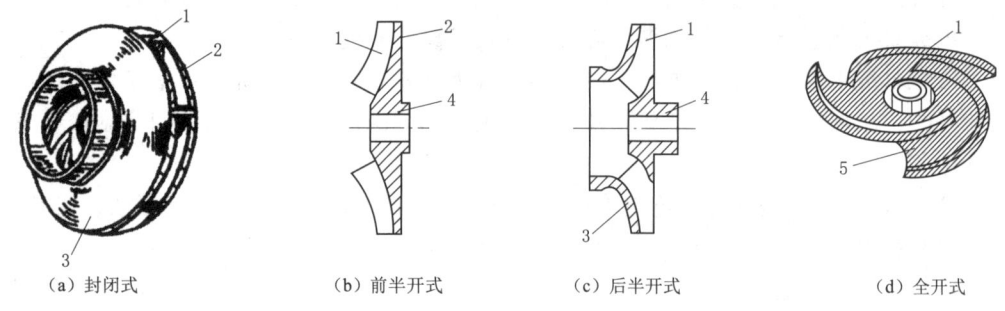

(a) 封闭式　　(b) 前半开式　　(c) 后半开式　　(d) 全开式

图5.3 离心泵叶轮

1—叶片；2—后盖板；3—前盖板；4—轮毂；5—加强筋

体作用的面积大于前盖板，因此产生了一个指向入口方向的轴向力，此力会使叶轮和泵轴发生向吸入方向的窜动，叶轮与泵体发生摩擦，造成零件损坏。因此，必须设法平衡或消除作用在叶轮的轴向力。对于单吸式离心泵，常在叶轮后盖板靠近轮毂处开一个平衡孔，并在后盖板上加装密封环。泵工作时，后盖板密封圈内的液体与吸入口相通，其压力与吸入口压力相近，使叶轮两侧的压力大致平衡，少部分未被平衡的轴向力由轴承承受。但是，开了平衡孔后，水泵的效率有所降低，这种方法只适用于小型单级单吸离心泵。此外，还可在叶轮后盖板处用平衡管或采用加做平衡筋板的方法，使叶轮两侧压力达到平衡。

2) 泵体。泵体（壳体）是形成包容和输送液体外壳的总称，主要由泵盖和蜗形体组成。泵盖为水泵的吸入室，是一段渐缩的锥形管，锥度一般为7°～18°，其作用是将吸水管路中的水以最小的损失均匀地引向叶轮。叶轮外圆侧直接形成的具有蜗形的壳体称蜗形体,它是泵的压出室,如图5.4所示。

蜗形体由蜗室和扩散管组成,扩散管的扩散角一般为8°~12°。其作用是汇集从叶轮中高速流出的液体,并输送到排出口;将液体的一部分动能转化为压能,消除液体的旋转运动。泵体材料一般为铸铁。泵体及进、出口法兰上设有泄水孔、排气孔(灌水孔)和测压孔,用以停机后放水、启动时抽真空或灌水并安装真空表、压力表。

3)减漏环。离心泵叶轮进口外缘与泵盖内缘之间留有一定的间隙。此间隙过大,从叶轮流出的高压水就会通过此间隙漏回到进水侧,以致减少泵的出水量,降低泵的效率。但过小时,叶轮转动时就会和泵盖发生摩擦,引起机械磨损。所以,为了尽可能减少漏损和磨损,同时使磨损便于修复或更换,一般在泵盖上或泵盖和叶轮上分别镶装一精制铸铁

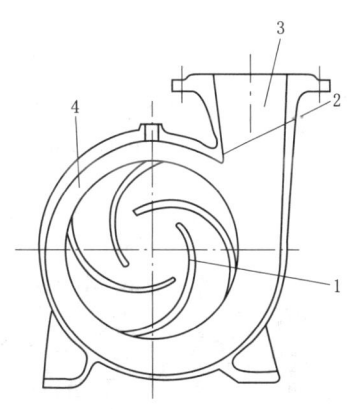

图5.4 蜗形体
1—叶片;2—隔舌;
3—扩散管;4—蜗室

圆环,由于其既可减少漏损,又能承受磨损,便于更换且位于水泵进口,故称减漏环,又称密封环、承磨环或口环。

4)泵轴。泵轴的作用是将动力传给叶轮。泵轴一端用键和叶轮螺母固定叶轮,轴上的螺纹旋向,在轴旋转时,使螺母处于拧紧状态。轴的另一端装联轴器或皮带轮。为保护轴免遭磨损,在对应于填料密封的轴段装轴套,轴套磨损后可以更换。泵轴为受弯、受扭构件,为保证泵工作可靠,必须具有足够的强度和刚度,其挠度不得超过允许值。泵轴常用优质碳素钢制成,轴表面不允许有发纹、压伤及其他缺陷。为防止水进入轴承,轴上有挡水圈或防水盘等挡水设施。

5)轴承。轴承用以支承泵转子部分的重量以及承受径向和轴向荷载。轴承分为滚动轴承和滑动轴承两大类。单级单吸离心泵通常采用单列向心球轴承。

6)轴封。泵轴穿过泵体处,必然有间隙存在,为了防止高压水通过此间隙大量流出和空气从该处进入泵内,必须设置轴封装置。填料密封是最常用的一种轴封形式,它由底衬环、填料、水封环、水封管和填料压盖等零件组成,填料密封依靠填料与轴套的紧密接触以及填料中的润滑剂被挤出后在接触面上形成的油膜实现密封。底衬环和填料压盖套在轴上填料的两端,起阻挡和压紧填料的作用。填料压紧的程度,用压盖上螺母来调节。如果压得过紧,填料与轴套摩擦损失迅速增加,缩短填料和轴套的使用寿命,严重时会发热、冒烟,甚至将填料与轴套烧焦;如果压得松,泄漏增加,泵的效率降低。因此,填料应压得松紧合适,一般以液体漏出时成滴为宜。填料中部的水封环,是一个中间凹陷、外周凸起的圆环,环上开有若干个小孔,水封环对准水封管。水泵运行时,泵内压力较高的水,通过水封管进入水封环,引入填料进行水封,同时还起冷却、润滑作用。

单级单吸离心泵的特点是扬程较高,流量较小,结构简单,维修容易,体积小,

重量轻，移动方便。泵的出水口方向可按安装使用要求作 90°、180°及 270°的调整。单级单吸离心泵目前主要有 IB、IS、B、BA 等四个系列。IB、IS 与 B、BA 系列泵的构造基本相同，是 B、BA 系列泵的更新产品。它是按照 ISO 2858 国际标准设计，性能指标和标准化、系列化、通用化水平都比老产品有较大提高的泵型，其适用范围：转速为 2900r/min 或 1450r/min，泵进口直径为 50～200mm，流量为 6.3～400m³/h，扬程为 5～125m，用于丘陵山区和一些小型抽水灌区。

（2）单级双吸离心泵。单级双吸离心泵的主要零件与单级单吸离心泵基本相似，所不同的是双吸泵的叶轮是对称的，好像是由两个相同的单吸式叶轮背靠背地连接在一起，水从两面进入叶轮。叶轮用键、轴套和两侧的轴套螺母固定，其轴向位置可通过轴套螺母进行调整，双吸泵的泵盖与泵体共同构成半螺旋形吸入室和蜗形压出室。泵的吸入口和出水口均铸在泵体上，呈水平方向，与泵轴垂直。水从吸入口流入后，沿着半螺旋形吸入室从两面流入叶轮，故该泵称为双吸泵；泵盖与泵体的接缝是水平中开的，故又称水平中开式泵，如图 5.5 所示。

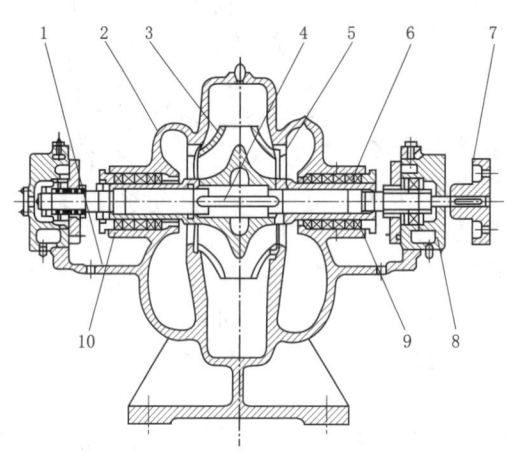

图 5.5　单级双吸离心泵结构图
1—泵体；2—泵盖；3—叶轮；4—轴；
5—双吸密封环；6—轴套；7—联轴器；
8—轴承体；9—填料压盖；10—填料

双吸泵在泵体与叶轮进口外缘配合处装有两只减漏环，称双吸减漏环。在减漏环上制有突起的半圆环，嵌在泵体凹槽内，起定位作用。双吸泵在泵轴穿出泵体的两端共装有两套填料密封装置，水泵运行时，少量高压水通过泵盖中开面上的凹槽及水封环流入填料室中，起水封作用。双吸泵从进水口方向看，在轴的右端安装联轴器，根据需要也可在轴左端安装联轴器，泵轴两端用轴承支承。轴承型式一般用单列向心球轴承，当轴径与转速的乘积 $D_n > 300000 \mathrm{mm \cdot r/min}$ 时采用滑动轴承。

单级双吸离心泵的特点是流量较大，扬程较高；泵体是水平中开的，检修时不需拆卸电动机及管路，只要揭开泵盖即可进行检查和维修；由于叶轮对称布置，叶轮的轴向力基本达到平衡，故运转较平稳；由于泵体比较笨重，占地面积大，故适宜于固定使用。单级双吸离心泵目前有 S、Sh 两个系列。S 系列泵是 Sh 系列泵的更新产品，泵的性能指标比 Sh 系列泵更先进，其适用范围：泵进口直径为 150～1400mm，转速为 360～2900r/min，流量为 162～18000m³/h，扬程为 12～125m。广泛用于丘陵山区较大面积的农田灌溉。

（3）分段式多级离心泵。分段式多级离心泵将若干个单吸叶轮串联起来工作，每一个叶轮称为一级。泵体分成进水段、中段和出水段，各段用大的穿杠螺栓紧固在一起，如图 5.6 所示。水泵运行时，水流从第一级叶轮排出后，经导叶进入第二级叶轮，再从第二级叶轮排出后经导叶进入第三级叶轮，依次类推。叶轮级数越多，水流得到的能量越大,扬程就越高。泵的两端设有填料密封装置,水流通过回水管进入填料室,起水封作用。由于泵内各叶轮均为单侧进水,故其轴向力很大,一般采用在末级叶轮后面装设平衡盘来加以平衡。平衡盘用键固定在轴上,随轴一起旋转。

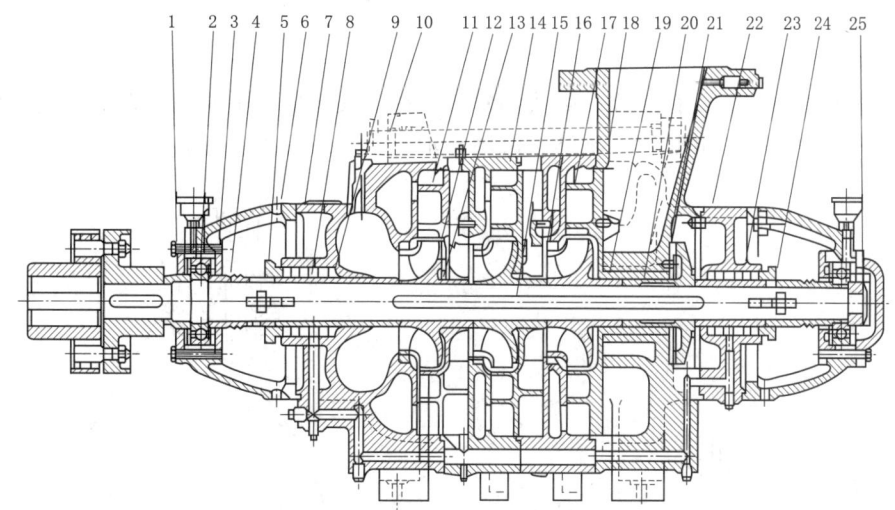

图 5.6 分段式多级离心泵结构图

1—轴套螺母甲;2—轴承;3—轴承盖;4—轴套甲 A;5—填料压盖;6—轴承体;7—进水段;8—填料环;
9—轴套甲;10—螺栓;11—导叶;12—叶轮;13—导叶套;14—中段;15—轴;16—密封环;
17—出水段导叶;18—出水段;19—平衡套;20—平衡盘;21—平衡环;22—尾盖;
23—轴套乙;24—轴承衬套;25—轴承螺母乙

分段式多级离心泵的特点是流量小、扬程高。扬程可根据使用需要,通过选用叶轮的级数来达到。但结构较复杂,使用维护不太方便。分段式多级离心泵品种较多,常见的为 D 型、DA 型,扬程范围为 17.5~600m,流量为 6.25~450$m^3$/h,适用于城乡人畜供水和小面积农田灌溉工程。

(4) 自吸离心泵。自吸离心泵在第一次使用之前,只需向泵壳中灌少量的水,启动后就能自行上水。它启动容易,使用方便,在我国喷灌工程中应用较多。自吸离心泵的主要零部件与单级单吸离心泵基本相同。其之所以能自吸是由于它的泵体部分的构造和普通离心泵不同,主要区别是泵的进水口高于泵轴;在泵的出水口以前设有较大的汽水分离室且一般都具有双层泵壳。这样,在启动之前,泵壳中始终存在一部分水,当叶轮转动时,储存的水在离心力的作用下被甩到叶轮外缘,叶轮入口处形成真空,进水管中的空气从泵进口被吸入叶轮,在叶轮外缘形成气水混合体,沿蜗壳流道上升,当气水混合体流到气水分离室时,由于断面增大,气水混合体流速减小,空气由分离室出口溢出,水在自重作用下沿蜗壳流道下部回流,并进入泵壳流道与泵内空气进行再次混合,这样反复多次,吸水管中空气逐渐被排除,从而达到自吸的目的。

#### 5.2.2.2 轴流泵

1. 轴流泵的工作原理

图 5.7 为立式轴流泵基本构造简图,它由叶轮、泵轴、喇叭管、导叶和出水弯管

等组成。立式轴流泵叶轮安装在进水池最低水面以下,当电动机通过泵轴带动叶片旋转时,淹没于水面以下的叶片对水产生推力(又称升力)并使液体在泵体内旋转,在此升力和导叶体的共同作用下,水流经导叶而沿轴向流出,然后通过出水弯管、出水管输送至出水池。

2. 轴流泵的构造

轴流泵的结构形式有立式、卧式和斜式三种,农田排灌中使用较多的是立式轴流泵,如5.8所示。它由叶轮、泵体、泵轴和轴承、轴封等主要部分组成。

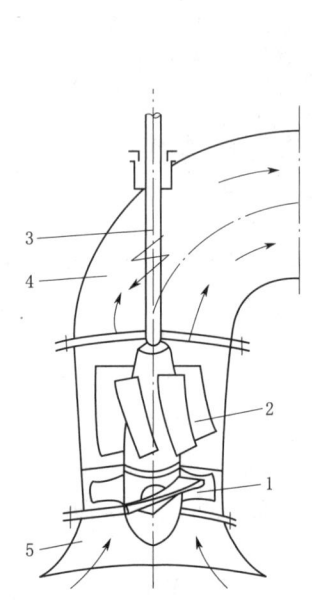

图5.7 立式轴流泵基本构造简图
1—叶轮;2—导叶;3—泵轴;
4—出水弯管;5—喇叭管

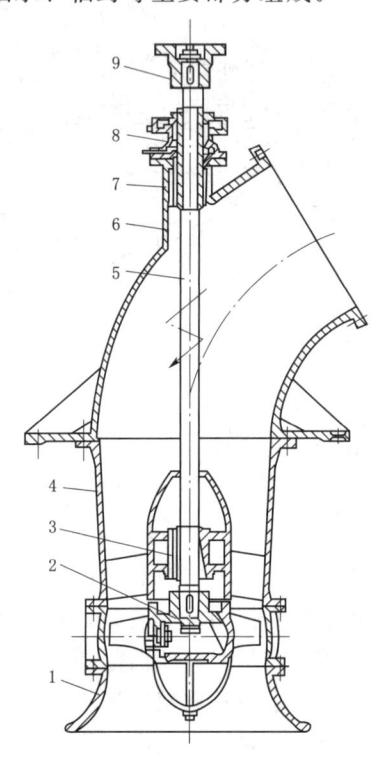

图5.8 立式轴流泵结构图
1—喇叭管;2—叶轮;3、7—橡胶导轴承;4—导叶体;
5—泵轴;6—出水弯管;8—轴封;9—联轴器

(1)叶轮。叶轮是轴流泵的主要部件,通常由叶片、轮毂体、动叶头等几部分组成,用铸铁或铸钢制成。叶片一般为2~6片,呈轴向扭曲形。叶片的截面形状及其主要几何参数,直接影响到泵的性能。轮毂体用来安装叶片及叶片调节机构,根据叶片在轮毂体上能否转动,轴流泵的形式可分为固定式、半调节式和全调节式三种。固定式轴流泵的叶片和轮毂体铸成一体,轮毂体为圆柱形或圆锥形,一般泵的出口直径为250~300mm的小型轴流泵为固定式。

半调节式轴流泵的叶片安装在轮毂体上,用定位销和叶片螺母压紧。在叶片根部上刻有指示线,而在轮毂体上则有几个相对应的安装角度的位置线,如图5.9中的-4°、-2°、0°、+2°、+4°等。半调节式轴流泵需要进行调节时,通常先停机,然后卸下叶轮,将叶片螺母松开,转动叶片,改变叶片定位销的位置,使叶片的基准线对准轮毂体上的某一要求角度线，再把螺丝拧紧，装好叶轮，从而达到调节的目的。一般泵的出口直径在700～1000mm以下的中小型轴流泵多采用半调节式。全调节式轴流泵的叶片，通过机械的、机械液压或者是电动机械的一套调节机构来改变叶片的安装角，它可以在只停机而不拆卸叶轮或不停机的情况下进行调节。一般泵的出口直径在700～1000mm以上的大中型轴流泵为全调节式。动叶头又称导水锥，起导流作用，它借助于六角螺帽、螺栓、横闩安装在轮毂体上。

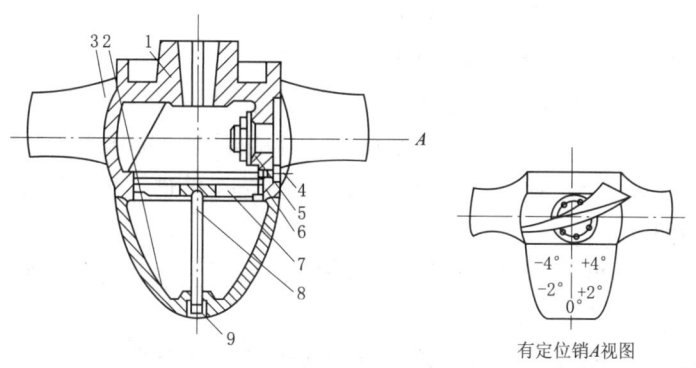

图5.9 半调节叶片轴流泵的叶轮
1—轮毂；2—导水锥；3—叶片；4—定位销；5—垫圈；
6—紧叶片螺帽；7—横闩；8—螺柱；9—六角螺帽

（2）泵体。泵体为轴流泵的固定部件，包括进水喇叭、动叶外圈、导叶体和出水弯管。进水喇叭为中小型轴流泵的吸入室，其作用与离心泵吸入室的作用一样，它将水以最小的损失均匀地引向叶轮。进水喇叭直径为叶轮直径的1～5倍，其材料为铸铁。动叶外圈为叶轮外壳。调节叶片时，为保持叶片外缘与动叶外圈有一固定间隙，动叶外圈呈圆球形。为便于安装、拆卸，动叶外圈是分半铸造的，中间用法兰和螺栓连接。

导叶体为轴流泵的压出室，由导叶、导叶毂、扩散管组合而成，用铸铁制造，导叶体的作用是把从叶轮中流出的液体汇集起来输送到出水弯管，并消除液体的旋转运动，在圆锥形导叶体中可以转换动能为压能。导叶体的扩散角$\theta$一般不大于7°～9°，导叶进口边一般和叶轮叶片出口边平行，以免造成冲击损失。导叶出口边通常取90°或稍大于90°。导叶的叶片数一般为5～10片。

导叶的出口接出水弯管，为使液体在弯管中的损失最小，弯管通常为等断面的，弯管转弯角度通常为60°，泵的底脚与出水弯管铸造在一起。水泵固定部件的全部重量，以及停泵时回水的冲击力量全部由弯管上的底脚传递到水泵梁上。

（3）轴和轴承。泵轴是传递扭矩的，用45号优质碳素钢制成。轴的下端与轮毂连接，上端用刚性联轴器与传动轴连接。在大中型轴流泵中，为了布置叶片调节机构，泵轴做成空心的。轴流泵的轴承按其功能有导轴承和推力轴承两种。导轴承用来承受泵轴的径向力，起径向定位作用。

在立式轴流泵中，推力轴承主要用来承受水流作用在叶片上的轴向水压力和机组转动部件的重力,并将这些力传到基础上去。

(4) 轴封。轴流泵的填料密封装置装在出水弯管的轴孔处,其构造与离心泵的填料密封相似,一般由填料函、填料和填料压盖等零件组成。

轴流泵的特点是低扬程、大流量。立式轴流泵结构简单,外形尺寸小,占地面积小,泵房较小。立式轴流泵叶轮安装在进水池最低水位以下,启动方便。轴流泵叶轮的叶片可以调节,使用工况发生变化时,只要改变叶片角度,就可改变泵的性能。中、小型轴流泵的适用范围:泵出口直径为150~1400mm,流量为100~5000L/s,扬程为2~21m,适用于圩区和平原地区的灌溉与排涝。

为适应大面积农田排灌和跨流域调水的需要,我国兴建了一系列大型排灌泵站,安装叶轮直径为1.6~4.5m的特大型轴流泵,流量范围为5.0~60m³/s,扬程范围为1.3~9m。随着南水北调等工程的兴建,特大型轴流泵将进一步得到发展。

#### 5.2.2.3 混流泵

混流泵中液体的出流方向介于离心泵与轴流泵之间,所以叶轮旋转时,液体受惯性离心力和轴向推力共同作用。

混流泵按结构形式可分为蜗壳式和导叶式两种。蜗壳式混流泵有卧式和立式两种。中、小型泵多为卧式,立式用于大型泵。卧式蜗壳式混流泵的结构与单级单吸离心泵相似,只是叶轮形状不同,如图5.10所示。混流泵叶片出口边是倾斜的,叶片数较少,流道宽阔,如图5.11所示。

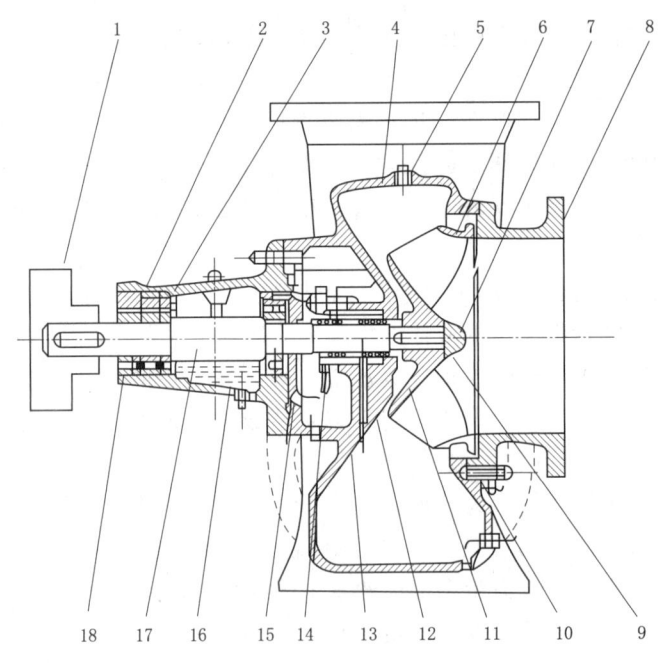

图 5.10 混流泵结构图

1—联轴器;2—挡套;3—轴承;4—泵体;5—四方螺塞;6—叶轮;7—叶轮螺母;8—泵盖;
9—叶轮螺母垫;10—纸垫;11—轴套;12—填料环;13—填料;14—填料压盖;
15—前盖;16—轴承体;17—泵轴;18—后盖

不同工作原理的水泵运行时，液体在叶轮中的流动方向不同。在离心泵内液体是径向流出叶轮，在轴流泵内液体近于轴向流出叶轮，而在混流泵内液体是斜向流出叶轮。混流泵的流量一般较离心泵大，其蜗形体也较大，为了支撑稳固，泵的基础地脚座一般均设在泵体下面，轴承体靠泵体支承。

（a）低比速叶轮　　（b）高比速叶轮

图 5.11　混流泵叶轮

导叶式混流泵有立式和卧式两种，其结构与轴流泵很相似。按叶片角度调节方式也可分为固定式、半调节式与全调节式。与蜗壳式混流泵比较，它的径向尺寸较小，但水力性能稍差。卧式导叶式混流泵的泵体为水平中开式，安装、维修都较方便。

混流泵的特点是流量比离心泵大，但较轴流泵小；扬程比离心泵低，但较轴流泵高；泵的效率高，且高效区较宽广；流量变化时，轴功率变化较小，动力机可经常处于满载运行；抗气蚀性能较好，运行平稳，工作范围广，在需要小流量的场合可连续运转；中、小型卧式混流泵，结构简单，重量轻，使用维修方便。它兼有离心泵和轴流泵两方面的优点，是一种较为理想的泵型，广泛用于平原地区、圩区，以及丘陵山区的灌溉与排涝。

我国目前生产的中、小型蜗壳式混流泵的适用范围：泵进口直径为 50～700mm，扬程为 3～12.5m，流量为 12.5～3650m³/h。中、小型导叶式混流泵的适用范围：泵出口直径为 65～900mm，扬程为 3～25.2m，流量为 12.5～6156m³/h。

#### 5.2.2.4　叶片泵的型号

叶片泵的品种与规格繁多，为便于技术上的应用和商业上的销售，对不同品种、规格的水泵，按其基本结构、形式特征、主要尺寸和工作参数的不同，分别制定各种型号。国产水泵型号大部分按汉语拼音等编制，型号通常分首、中、尾三部分。首部为数字，表示泵的主要尺寸（一般为泵的吸入口直径，以 mm 或 in 为单位）；中部为汉语拼音字母，表示泵的特征或形式；尾部的数字表示该泵的性能参数，旧产品中该数字表示泵的比转速除以 10 的整数值，新产品中代表该泵的单级扬程。有时尾部数字后面还带有英文字母 A、B、C 等，它表示泵中装有外径切割过的叶轮。多级泵尾部由两个数字相乘表示，其中乘号前代表单级扬程，乘号后为级数。了解水泵型号的含义，可以帮助我们看懂标于泵体上的铭牌，以及便于选择和使用水泵。常用叶片泵的型号及其说明见表 5.1。常见离心泵的型号字母含义见表 5.2。

表 5.1　　　　　　　　　　叶片泵的型号及其说明

| 泵类 | 产品名称 | 型号举例 | 型号说明 | 说明 |
|---|---|---|---|---|
| 离心泵 | IB、IS 型单级单吸式离心泵 | 原型号 3BA-6A | 3—泵吸入口径为 3in；BA—单级单吸悬臂式离心泵；6—比转速为 60；A—叶轮外径已缩小 | IB、IS 表示符合国际标准的单级单吸式离心泵；"改进型号" 指更新换代产品 |
| | | 6B18 | 6—泵吸入口径为 6in；B—单级单吸悬臂式离心泵；18—额定扬程 18m | |
| | | 改进型号 IB50-32-125 | 50—泵的进口直径为 50mm；32—泵的出口直径为 32mm；125—叶轮名义直径为 125mm | |

续表

| 泵类 | 产品名称 | 型号举例 | | 型号说明 | 说明 |
|---|---|---|---|---|---|
| 离心泵 | 单级双吸式离心泵 | 原型号 | 12Sh-9 | 12—泵吸入口径为12in；Sh—单级双吸卧式离心泵；9—比转速为90 | IB、IS表示符合国际标准的单级单吸式离心泵；"改进型号"指更新换代产品 |
| | | | 16SA-9 | 16—泵吸入口径为16in；SA—单级双吸卧式离心泵；9—比转速为90 | |
| | | 改进型号 | 250S-39 | 250—泵进口直径为250mm；S—单级双吸卧式离心泵；39—额定扬程为39m | |
| | 分段式多级离心泵 | 原型号 | D25-30×10 | D—分段式多级离心泵；25—流量为25m³/h；30—单级叶轮额定扬程30m；10—泵的级数为10级 | |
| | | | 4DA-8×5 | 4—泵吸入口径为4in；DA—分段式多级离心泵；8—比转速为80；5—泵的级数为5级 | |
| | | 改进型号 | 150D-30×10 | 150—泵进口直径为150mm；D—分段式多级离心泵；30—单级叶轮额定扬程为30m；10—泵的级数为10级 | |
| | 自吸式离心泵 | | 65ZX30-15 | ZX—自吸式离心泵；65—口径为65mm；30—流量为30m³/h；15—扬程为15m | |
| 混流泵 | 蜗壳式混流泵 | 原型号 | 16HB-50 | 16—泵吸入口径、出水口径为16in；HB—蜗壳式混流泵；50—比转速为500 | |
| | | 改进型号 | 400HW-5 | 400—泵进口直径为400mm；HW—蜗壳式混流泵；5—额定扬程为5m | |
| | 导叶式混流泵 | | 250HD-16 | 250—泵出水口直径为250mm，HD—导叶混流泵；16—额定扬程为16m | |
| 轴流泵 | 中小型轴流泵 | 原型号 | 14ZLD-70 14ZLB-70 14ZXB-70 | 14—泵出水口直径为14in；ZLD—立式固定叶片轴流泵；ZLB—立式半调节叶片轴流泵；ZXB—斜式半调节叶片轴流泵；70—比转速为700 | |
| | | 改进型号 | 350ZLB-4 350ZWB-4 | 350—泵的出口直径为350mm；ZLB—立式半调节叶片轴流泵；ZWB—卧式半调节叶片轴流泵；4—设计扬程为4m | |
| | | | 700ZLQ-6 | 700—泵的出口直径为700mm；ZLQ—立式全调节叶片轴流泵；6—设计扬程为6m | |
| | 特大型轴流泵 | | 1.6CJ-8 | 1.6—叶轮直径为1.6m；CJ—长江牌；8—额定扬程为8m | |
| | | | ZL30-7 | ZL—立式轴流泵；30—额定流量为30m³/s；7—额定扬程为7m | |
| | 贯流泵 | | 23ZGQ-42 | 23—叶轮直径为23m；ZGQ—贯流全调节叶片轴流泵；42—设计扬程为42m | |

表 5.2　　　　　　　　常见离心泵的型号字母含义

| 字母 | 意义 | 字母 | 意义 |
|---|---|---|---|
| B | 单级单吸悬臂式离心泵 | QXD | 单相干式下泵式潜水泵 |
| D | 节段式多级泵 | QS | 充水上泵式潜水泵 |
| DG | 节段式多级锅炉给水泵 | QY | 充油上泵式潜水泵 |
| DL | 立轴多级泵 | R | 热水泵 |
| DS | 首级用双吸叶轮的节段式多级泵 | S | 单级双吸式离心泵 |
| F | 耐腐蚀泵 | SH | 单级双吸水平中开式离心泵 |
| JC | 长轴深井泵 | WB | 微型离心泵 |
| KD | 中开式多级泵 | WG | 高扬程黄轴污水泵 |
| KDS | 首级用双吸叶轮的中开式多级泵 | Y | 管道式液压泵 |
| QJ | 井用潜水泵 | YG | 液压泵 |
| ISG | 单级单吸式立式管道离心泵 | ZB | 自吸式离心泵 |

### 5.2.3　排灌工程中常用的其他类型泵

排灌工程中比较常用的其他类型泵还有长轴井泵、潜水电泵、水轮泵、管道泵、往复泵以及污水泵、杂质泵、旋转活塞泵等泵型。现分别介绍其构造特点及性能特点。

#### 5.2.3.1　长轴井泵

长轴井泵是我国井灌区使用较多的一种泵型。长轴井泵（图 5.12）的动力机安装在井口地面上，用一根长传动轴带动淹没在井水面以下的水泵叶轮旋转来抽水。

长轴井泵的类型较多，按泵的扬程大小可分为浅井泵和深井泵。

（1）浅井泵。泵的扬程在 60m 以下，适用于井口较大的机井或大口井，这种泵的叶轮级数不多，通常为 1～5 级，主要提取浅层水。

（2）深井泵。泵的扬程在 60～300m，它多用于井径较小的机井中。为适应深井提水的需要，这类泵的叶轮级数较多。扬程超过 300m 的泵称为超深井泵。

#### 5.2.3.2　潜水电泵

在我国的井灌区使用较多的另一种泵型是潜水电泵。潜水电泵（图 5.13）是将电动机和水泵制作成一个整体，潜入水源水面以下工作。潜水电泵的类型划分如下。

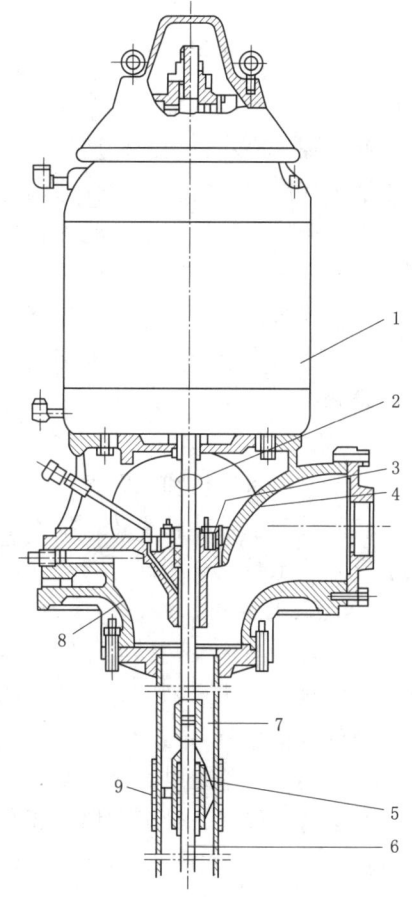

图 5.12　长轴井泵
1—电动机；2—传动轴；3—填料涵；4—出水弯管；5—轴承支架；6—输水管；7—联轴器；8—机座；9—联管器

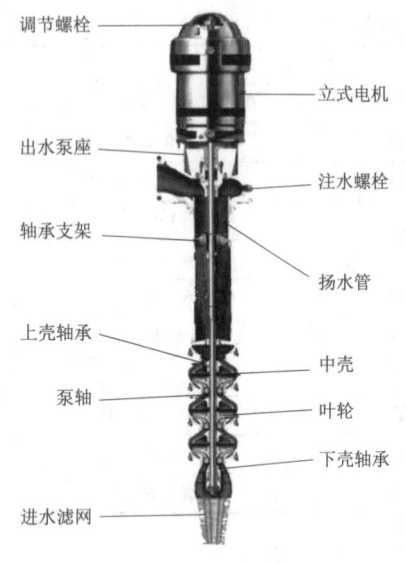

图 5.13 潜水电泵

1. 按使用场合分类

（1）作业面潜水电泵。用于从浅井、沟、塘、河、湖中提水，移动方便。水泵部分大多为立式单级泵。

（2）深井潜水电泵。用于从深井中提水，提水高度大。水泵部分一般为立式多级泵。

2. 按电动机防水方式分类

（1）干式潜水电泵。在电动机轴伸端采用机械密封或气垫密封装置，进行严密轴封，以阻止水浸入电动机内腔，保持机内干燥。但由于受密封结构的限制，浸入水下深度不能太大。

（2）半干式潜水电泵。把电动机定子与转子用屏蔽罩分开，使定子密封起来，与水隔离，而转子在水中运行。由于屏蔽罩的存在，气隙增大，影响了电动机的性能，目前已很少采用。

（3）充油式潜水电泵。在电动机内腔充满绝缘油，以阻止水和潮气侵害电动机绕组，并起绝缘、冷却、润滑作用。电动机的绝缘油可以是有压的，也可以是无压的。为防止油的外泄和水的浸入，轴伸端仍需采用密封装置。当密封失效后，会使水源污染，故不适合提取生活用水。此外，电动机转子在油中旋转，阻力较大，电动机效率较低。

（4）湿式潜水电泵。电动机定子绕组采用防水绝缘导线。电动机内充满纯净的水，转子浸在水中运转，散热性能较好。这种泵对材质的要求较高，对部件的防锈蚀问题要求较严。

### 5.2.3.3 水轮泵

水轮泵是由水轮机和水泵按一定方式组成的提水机械，在某一确定水头作用下，水轮机转轮带动水泵叶轮旋转，把水由低处提到高处。水轮泵的水泵部分的工作原理与一般叶片式水泵完全相同。

1. 水轮泵的特点

（1）水轮机与水泵同轴或非同轴连成一体，潜没在水源水面以下工作，无需传动设备、充水设备，无吸程要求。与其他水泵比较，具有结构简单、节省材料、投资少、见效快等优点。

（2）不用油、不耗电、无污染，能够充分利用自然水能，提水成本低。

（3）运行性能好、管理方便，还可以为农副产品加工及发电等综合利用提供动力。凡取得 1m 以上水头和流量大于 $0.1 m^3/s$ 的地方，如溪流急滩、山塘水库、山涧涌泉、拦河堵坝、渠系跌水及河口潮汐等地，都可利用简单的工程安装使用水轮泵。其缺点是不能充分利用河流水量资源进行灌溉。一般出水量仅为过水量的 1/10～1/5。

2. 水轮泵的构造

水轮机和水泵匹配组成了水轮泵，如图 5.14 所示。上部是离心泵部分，由叶轮、泵壳、滚动推力轴承、过滤罩等零部件组成。下部是水轮机部分，由导水座、转轮、主轴和导轴承等零部件组成。叶轮与转轮同轴连接。转轮一般为轴流式叶片，小型水轮泵的转轮一般多为定桨式构造。

#### 5.2.3.4 管道泵

管道泵用于管道输水时增加水压的场合。它直接与管道连接，电动机位于泵体上方，泵的吸水口和出水口直径相同，并位于同一水平面上，其下部有方形底座，可直接安装在混凝土基础上。小型管道泵如需直接安装于管道中，则泵两侧管道应有支承。管道泵结构如图5.15所示。

管道泵高效节能，振动小，噪声低，结构比较简单，安装方便，占地面积小，它可用于输送水、石油、化工液体等。配带露天防爆型电动机的管道泵适用于户外运行。

图 5.14 水轮泵解剖图
1—滚动推力轴承；2—叶轮；
3—泵壳；4—导轮壳；5—导水座；6—转轮；7—泵轴；
8—导轴承；9—密封环；
10—过滤罩

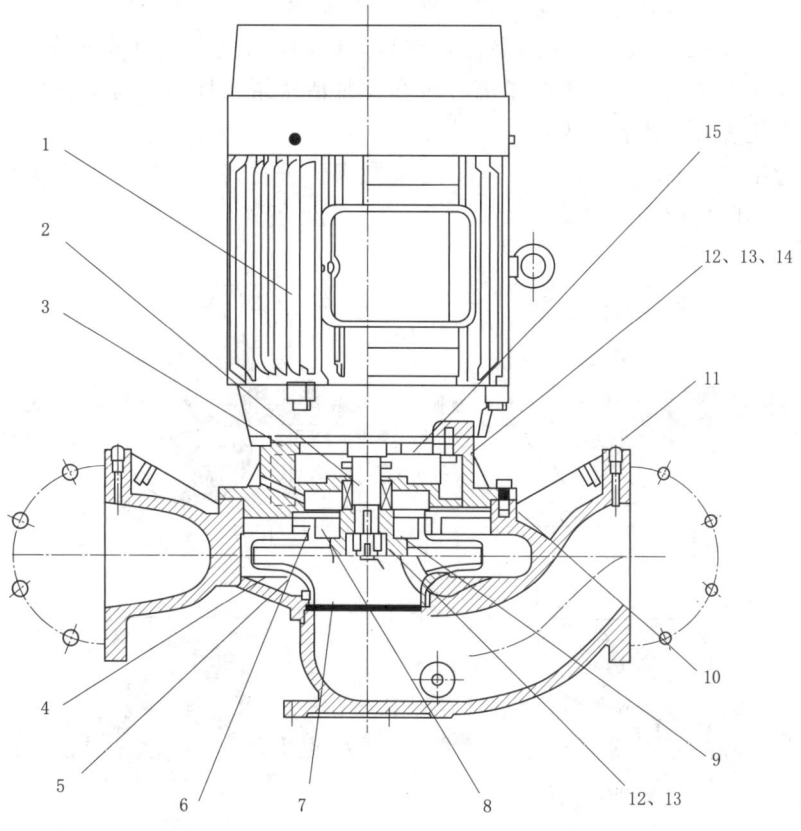

图 5.15 管道泵结构图
1—电机；2—机械密封；3—中承座；4—叶轮；5—泵体；6—螺钉；7—密封环；8—内盖；9—键；
10—O型圈；11—丝堵；12—止动垫圈；13—叶轮螺母；14—螺柱；15—挡水圈

#### 5.2.3.5 污水泵、杂质泵

污水泵实际上是杂质泵的一种，按结构形式不同分为卧式和立式两种。常用的 PW 型污水泵为卧式单级悬臂式离心泵；PWL 型污水泵是立式单级单吸离心泵。由于输送带有纤维或其他悬浮杂质的污水，因此在结构上与一般清水泵的不同之处在于其叶轮的叶片数少、流道宽。另外，为了避免堵塞，在泵体的外壳上开设有检查、清扫孔，便于在停机后及时清除泵壳内部的杂质。

在矿山、冶金、化工、电力等部门中，经常需要输送带有杂质液体的水泵如泥浆泵、灰渣泵、混凝土泵等，这类泵统称为杂质泵。其主要特点是，叶轮、泵体及泵盖等过流部分要求采用耐磨材料。此外，泵壳上通常有清扫孔，以适应经常检查清洗的要求。对于杂质泵也有采取局部加厚承磨部分的断面来延长使用寿命的。

#### 5.2.3.6 旋转活塞泵

1. 旋转活塞水泵性能特点

旋转活塞水泵是一种新型结构的水泵，工作运行状态十分合理，采用变容积压缩原理工作，直接旋转方式驱动，相对于离心式水泵有一系列突出的性能优势，旋转活塞泵结构的复杂程度与离心泵一样，由外壳和带叶片的转子组成，转子与外壳形成连续的旋转变容积区形成连续的扩张和压缩，实现抽水和扬水的功能。

如图 5.16 所示，旋转活塞水泵流量连续无脉动，工作原理十分简单，理论分析与设计和往复活塞泵一样，集中了离心泵和往复活塞泵两种最优秀水泵的双重优势，其突出的性能优势具体表现为：

（1）效率高，效率为 70%~95%，节能效果十分显著，尤其是中小功率的水泵，效率稳定，不随扬程变化波动。

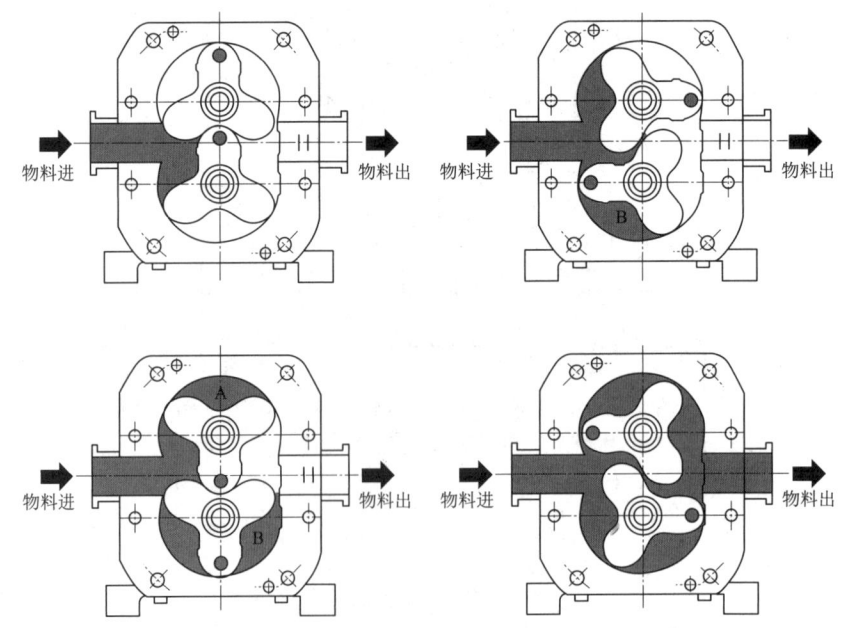

图 5.16 旋转活塞水泵工作流程

(2) 体积小，同流量旋转活塞水泵体积远小于离心泵，流量较大时体积仅为离心泵的几分之一，因而重量轻，安装使用方便。

(3) 运行状态合理，工作原理简单，使水泵的设计变得很方便，很容易设计出适用于各种特殊目的的高性能水泵。

(4) 设计参数与泵体几何参数关系简单，对泵体内的水流无严格要求，可根据使用要求设计泵体外形，适用于深井泵，潜水泵和其他外形特殊的水泵。

(5) 结构简单，制作加工容易，价格低廉。

(6) 压力大，变容积压缩泵很容易产生较高的压力，在高压条件下还能保持高效率，单级旋转活塞泵可轻松实现几十到几百米的扬程，特别适用于需要高压力的地方。

(7) 具有自吸功能，给使用带来很大方便。

(8) 旋转活塞水泵为恒流量泵，流量与扬程无关，流量与转速成正比，压力与扭矩成正比，转速不变时流量恒定，属计量泵。

(9) 转速变化范围很大，转速从每分钟几十转到几千转都可正常工作。

(10) 应用场合广泛，流量从每小时零点几立方米到每小时几万立方米，都可应用旋转活塞水泵的结构。

(11) 可方便地与各种动力源配接，电力、内燃机、风力、水力、人力等。

(12) 双向可逆，旋转活塞水泵可做成对称结构形式，改变旋转方向，进出水口可互易。

(13) 旋转活塞水泵反过来使用，可作为水力驱动机，控制调整水压水量，可以输出功率。

(14) 旋转活塞水泵外形设计灵活，进出水口可设计在一条轴线上，直接接在输水管道中，即可作为管道增压泵。

依上所述，旋转活塞水泵的综合性能优势远远高于离心泵和其他水泵，是水泵领域一项重大的创新与突破，其中的一项或几项性能优势组合都具有很大的应用价值，所有的性能优势综合起来，可以在很多领域提高现有水泵技术性能指标，实现更新换代的目的。诸多在离心泵结构上很难解决的问题，应用旋转活塞泵结构就很容易解决，并由此派生出许多新的应用领域。

**2. 旋转活塞水泵在工农业方面的用途**

旋转活塞水泵最突出的性能优势是高效节能，一台泵在运行期间节能的价值，远超过泵本身的价值。在下述应用领域能显示出其优越性能。

(1) 高扬程泵。离心水泵在效率较高时单级泵扬程往往用在50m左右，追求单级泵扬程容易使效率下降，在一些需要高扬程的地方，采用多级水泵供水，向200m以上山顶提水需建多级泵站，建泵站厂房费用很高，如果使用旋转活塞水泵，只用一级就可以实现200m的扬程，在高扬程状态下还能保持高效率，也就是说可以大大降低泵站的造价，同时运行费用又低，旋转活塞泵作为高扬程水泵，应用优势是十分明显的。

(2) 消防用水泵。旋转活塞水泵是恒流量泵，又是高压泵，因而特别适用于消防水泵，旋转活塞水泵流量不随压力变化，消防队员可以通过改变消防水枪出水口面积而改变喷水压力，从而控制喷水高度及喷水的形式和效果。同时旋转活塞水泵的体积小、效能高、转速变化范围大易与消防车动力源配接等优势，也是消防水泵发展的趋势和消防行业所企盼的。

（3）深井泵。用多级离心泵形式制成的深井泵效率较低，原因之一是深井泵为适应深井条件外径较小，转速高，而旋转活塞水泵外径大小与泵的性能关系不大，可以把泵制造成外径较小的细长形式，相同流量旋转活塞水泵体积小于离心水泵，旋转活塞水泵压力又大，用单级或两级即可实现很大的压力，同时保持较高的效率，还能运行在较低的转速条件下，这些都保证了旋转活塞结构的深井水泵的性能优势。

（4）潜水泵。旋转活塞水泵有自吸功能，在很多使用条件下不一定要制作成潜水泵。但制作成潜水泵同样具有十分明显的性能优势，如同深井泵，旋转活塞水泵体积小，外形又可做得细长，压力大、效率高的优势是离心泵不可比的，配套潜水电机之后，外形更紧凑，使用效果更好。

（5）楼宇供水加压泵。城市楼层越来越高，高层不能直接利用自来水供水，需要加压，加压的方式较多，用旋转活塞水泵加压，可以实现定流量楼层水箱加压，变频调速控制加压水量，便于控制压力与流量。

（6）锅炉供水泵。旋转活塞泵是定流量泵，用于锅炉热水泵可方便地控制热水供水量，从而改善了供热效果。

旋转活塞水泵的综合性能优越，设计制造简单方便，可以将其设计成各种适用目的的高性能水泵，各种专用泵可单独制作，以发挥其独特性能优势，而不必用通用泵代替，这样可以根据用户使用需要来制作水泵。水泵的使用更加得心应手，应用的领域更加广泛。

3. 旋转活塞泵的其他特殊功能

旋转活塞水泵在结构上有独特的品质，据此可以形成一系列特殊使用目的的泵，如：

（1）双向泵旋转活塞水泵改变轴旋转方向，进出水口可逆向使用。

（2）管道泵旋转活塞水泵可作为管道增压泵直接接在管道中间，配合辅助设备，受管道内压力控制，压力较高时，不需要增压，水直接流过，管道内压力较小时，旋转活塞管道水泵自动开启增压。

（3）输油泵、输气泵、旋转活塞泵作为变容积压力泵压力高、流量大，很适合做输油泵和输气泵，同时不存在抗锈、润滑问题。在油气输送这一巨大领域旋转活塞泵也可一显身手。

除了上述几种其他类型水泵以外，农业水利工程中可以使用的其他类型水泵还有射流泵、螺旋泵、水锤泵、气升泵（又称空气扬水机）等，这里不再一一介绍。

## 5.2.4 流量

流量是指水泵在单位时间内从水泵的出口输送出来的水的体积或质量。用符号 $Q$ 表示，单位为 $m^3/s$、$m^3/h$ 或 $L/s$；有时也采用质量流量，单位为 $t/h$。各个单位互

相换算关系为 $1m^3/s=1000L/s=3600m^3/h=3600t/h$。

水泵铭牌上的流量是水泵最高效率点所对应的流量，为设计流量，通称额定流量。泵在该流量下运行效率最高。若偏离这个流量运行，其效率就会降低。为了节约能源，降低提水成本，应力争使水泵在设计流量情况下运行。

#### 5.2.5 扬程

水泵的扬程是指被输送的单位重量的水通过水泵的进口到出口的能量增加值。用符号 $H$ 来表示，单位用 $mH_2O$，习惯上用 m 表示。

$$N \cdot m/N = m(mH_2O), \quad 1mH_2O = 0.00980665MPa \approx 0.01MPa$$

扬程表征水泵自身的性能，只与水泵的进、出口水体的能量有关，而与抽水装置无直接关系。牌上的扬程是指水泵最高效率点所对应的扬程，为设计扬程，通称额定扬程，有时也称水头。泵扬程大于实际扬程。

#### 5.2.6 功率

功率是指水泵在单位时间内所做的功，单位为 kW。

##### 5.2.6.1 有效功率

有效功率是指水泵传递给输出水流的功率，又称水泵的输出功率，用 $P_e$ 表示。

$$P_e = \frac{\rho g Q H}{1000}$$

式中　$\rho$——水的密度，$kg/m^3$，$\rho=1000kg/m^3$；

　　　$\rho g = 9800 N/m^3$

　　　$Q$——水泵的流量，$m^3/s$；

　　　$H$——水泵的扬程，m。

##### 5.2.6.2 轴功率

轴功率是指动力机传递给泵轴的功率，又称输入功率，用 $P$ 表示。水泵铭牌上的轴功率是指对应于通过设计流量时的轴功率，又称额定功率。

##### 5.2.6.3 配套功率

配套功率是指为水泵配套的动力机械功率，用 $P_配$ 表示。一般在水泵铭牌或样本上都标有配套功率的数值。

#### 5.2.7 效率

水泵的效率是指水泵的有效功率与轴功率之比，它标志着水泵对能量的有效利用程度，是水泵质量的重要考核指标，用 $\eta$ 表示。水泵铭牌上的效率是对应于通过设计流量时的效率，该效率为泵的最高效率。泵的效率愈高，表示水泵工作时的能量损失愈小。其表达式为

$$\eta = \frac{P_e}{P} \times 100\%$$

或

$$P = \frac{P_e}{\eta} \times 100\% = \frac{\rho g Q H}{1000 \eta}$$

水泵轴功率不可能全部传递给被输出的液体，其中必有一部分能量损失。水泵内

的能量损失可分三部分,即机械损失、容积损失和水力损失。水泵的有效功率加上三项损失功率等于水泵的轴功率,水泵的功率平衡。

#### 5.2.7.1 机械损失和机械效率

叶轮在泵体内的液体中旋转时,叶轮前后盖板外表面与液体产生摩擦损失(即轮盘损失),泵轴转动时轴和轴封、轴承产生摩擦损失,克服这些摩擦消耗了一部分能量,即机械损失。在机械损失中,轮盘损失所占比例较大,尤其是中低比转速的离心泵,轮盘损失约占轴功率的10%。其值除与叶轮直径和转速有关外,还与叶轮盖板外表面及泵壳内壁的粗糙度有关。

机械损失功率用 $P_m$ 表示。从泵的输入功率中扣除机械损失后,叶轮传给液流的功率称水功率,用 $P_w$ 表示。

#### 5.2.7.2 容积损失和容积效率

水流流经叶轮之后,有一小部分高压水经过泵体内间隙(如密封环)和轴向力平衡泄漏到叶轮的进口,另有一小部分从轴封处泄漏到泵外,因而消耗了一部分能量即容积损失。容积损失功率用 $P_V$ 表示。漏损流量 $q$ 的大小与泵的结构形式、比转速及泵的流量大小有关。在吸入口径相同的情况下,比转速大的泵漏损流量小。

对给定的泵,要降低漏损流量 $q$,关键在于控制密封环与叶轮间的运转间隙量。漏损流量 $q$ 越大,泵的出水量 $Q$ 越小。通过泵出口的流量 $Q$ 与通过泵进口的流量 $Q+q$ 之比称为容积效率 $\eta_v$。

$$\eta_v = \frac{Q}{Q+q} \times 100\%$$

#### 5.2.7.3 水力损失和水力效率

水流流经水泵的吸入室、叶轮、压出室时产生摩擦损失、局部损失和冲击损失。摩擦损失是水流与过流部件边壁间的摩擦阻力引起的损失。局部损失是水流在泵内由于水流运动速度大小与方向发生变化时引起的损失。冲击损失是泵在非设计工况下运行时水流在叶片入口处、出口处及压出室内引起的损失。水力损失的大小取决于过流部件的形状尺寸、壁面粗糙度和水泵的工作情况。水力损失越大,泵扬程越小。若未考虑泵内损失时的扬程为理论扬程 $H$,则泵扬程H与理论扬程 $H_T$ 之比,称为水力效率 $\eta_h$。

$$\eta = \eta_v \eta_h \eta_m$$

由上式可见,水泵的效率即总效率是三个效率(容积效率、水力效率与机械效率)的乘积。要提高水泵的效率,就要减少泵内各种损失,特别是水力损失。提高水泵的效率,除从水力模型、选用材质、加工工艺、基础部件(轴封件和密封件)等方面加以改善和提高外,使用单位还要注意正确选泵型、保证安装质量、合理调节运行工况和加强维护管理,这样才能使水泵经常在高效率状态下工作,达到保证灌排、节约能源、降低成本和提高经济效益的目的。

### 5.2.8 允许吸上真空高度或允许汽蚀余量

允许吸上真空高度 $H_{sa}$ 或允许汽蚀余量(NPSH),是表征叶片泵吸水性能的参数,用来确定泵的安装高程,单位是 m。水流从泵进口流入叶轮至压力最低点 $k$ 产生不可避免的压力下降,当压力下降到 $k$ 点工作水温下的饱和汽化压力时,泵内发生汽蚀。为了使泵不发生汽蚀,泵进口处必须具有的超过汽化压力水头的最小能量称为允许汽蚀余量。

### 5.2.9 转速

转速是指泵轴每分钟旋转的次数,用 $n$ 表示,单位是 r/min。铭牌上的转速是这台泵的设计转速。一般口径小的泵转速高,口径大的泵转速低。

转速是影响水泵性能的一个重要参数,当转速变化时,水泵的其他五个性能参数都相应地发生变化。为了方便用户使用,水泵厂家在每台水泵的泵壳上都装有一块铭牌,铭牌上简明列出了该水泵在设计转速下运行,即效率达到最高时的流量、扬程、轴功率、效率、转速及允许吸上真空高度或允许汽蚀余量等性能参数值,称为额定参数。如 100S-90A 单级双吸离心清水泵的铭牌如下:

| 单级双吸式离心清水泵 | |
| --- | --- |
| 型号:100S-90A | 转速:2900r/min |
| 扬程:90m | 效率:64% |
| 流量:0.02m³/s | 轴功率:21.6kW |
| 必须汽蚀余量:2.5m | 配套功率:30kW |
| 重量:120kg | 生产日期×年×月×日 |
| | ××××水泵厂 |

## 5.3 水泵的汽蚀

### 5.3.1 汽蚀的概念

水泵在工作时,由于某些原因使水泵的内部局部压力降低到水的饱和蒸气压力时,水就会产生汽化现象,形成气泡混合在水流中。在流动过程中离析出来的大量气泡随着水流进入水泵的高压区,这时大量的气泡受到周围高压水的压挤而迅速溃灭,气泡又重新凝结成水,把这种现象称为水泵的汽蚀现象。

在产生汽蚀的过程中,因为水流中包含的大量气泡在溃灭过程中破坏水流正常流动的规律,使流道内过流的断面改变,流向也不正常,因而叶轮与水流之间能量交换的稳定性遭到了明显破坏。能量损失增加,引起水泵的流量减少,扬程迅速下降,效率明显降低,严重时可发生断流状态。

### 5.3.2 汽蚀的类型

水泵发生汽蚀时,根据汽蚀产生部位不同,汽蚀可分为叶面汽蚀、间隙汽蚀、涡带汽蚀三个种类型。

#### 5.3.2.1 叶面汽蚀

水泵在设计工况下运行时,由于水泵安装过高等原因,而在叶片进出口背面出现的低压区。当水泵流量大于设计流量时,叶片前缘正面发生脱流和漩涡,产生负压,甚至发生汽蚀。当水泵流量小于设计流量时,叶片背面产生漩涡区,从而加重了叶片背面低压区的汽蚀程度。在上述两种工况所产生的汽蚀现象中,其气泡的形成和破灭基本上发生在叶片的正、反面,称为叶片汽蚀。叶片汽蚀是水泵常见的汽蚀现象。

#### 5.3.2.2 间隙汽蚀

当水流流经离心泵的回流槽等缝隙时,水流通过突然变窄的间隙,速度增加而压强下降,也会产生汽蚀。轴流泵的叶片外缘与泵壳之间很小的间隙内,在叶片正、背两侧很大的压强差作用下,引起极大的回流速度,造成局部压降,引起间隙汽蚀。在泵壳对应叶片外缘部位形成一圈蜂窝麻面汽蚀带。在离心泵的减漏环与叶轮外缘间隙处,亦会引起间隙汽蚀。

#### 5.3.2.3 涡带汽蚀

涡带汽蚀是由于进水建筑物、进水构筑物设计不当,造成了水泵进口处水流的紊乱和漩涡,产生了涡带,把大量的气体周期性地带入水泵内。即使在水泵叶片本身不产生叶面汽蚀的情况下,由于涡带的产生也会在叶片低压区产生周期性的强度很大的叶面汽蚀。当漩涡的旋转方向与水泵的旋转方向相同时,使相对运动削弱,流量减小、扬程降低、效率下降、功率增加(轴流泵)或减少(离心泵),引起超载(轴流泵)或欠载(离心泵);当漩涡的旋转方向与水泵的旋转方向相反时,使相对运动加强,流量增加、扬程增高、效率下降、离心泵的功率增加或轴流泵的功率减少,引起超载(离心泵)或欠载(轴流泵)。

### 5.3.3 汽蚀的作用方式

#### 5.3.3.1 机械剥蚀

在产生汽蚀过程中,由于水流中含有大量气泡,破坏了水流的正常流动规律,改变了水泵内的过流面积和流动方向,因而叶轮与水流之间能量交换的稳定性遭到破坏,能量损失增加,从而引起水泵的流量和效率的迅速下降,甚至达到断流状态。这种工作性能的变化,对于不同比转数的水泵有着不同的影响。如图 5.17 所示,低比转速的离心泵叶槽狭长,宽度较小,很容易被气泡阻塞,在出现汽蚀后,$Q$-$H$、$Q$-$\eta$ 曲线迅速降落,如图 5.17 (a) 所示。对中、高比转速的离心泵和混流泵,由于叶轮槽道较宽,不易被气泡阻塞,所以 $Q$-$H$、$Q$-$\eta$ 曲线先是逐渐下降,只有汽蚀严重时才开始脱落,如图 5.17 (b) 所示。对高比转速的轴流泵,由于叶片之间流道相当宽阔,故汽蚀区不易扩展到整个叶槽,因此可见图 5.17 (c) 曲线下降缓慢。

当离析出的汽泡被水流带到高压区后,由于气泡周围的水流压强增高,故气泡四周的水流质点高速地向气泡中心冲击,水流质点互相撞击,产生强烈的冲击。根据观察资料表明,其产生冲击(频率 3000~4000Hz)集中作用在微小的金属表面上,瞬时局部压强急剧增加(300~400MPa)。由于叶轮或泵壳的壁面在高压和高频的作用下,引起塑性变形和局部硬化,产生金属疲劳现象,性质变脆,很快会发生裂纹与剥落,以致金属表面呈麻点、坑穴、蜂窝状的孔洞。汽蚀的进一步作用,可使裂纹相互贯穿,直到叶轮或泵壳蚀坏和断裂。这就是汽蚀的机械剥蚀作用。

#### 5.3.3.2 化学腐蚀

气泡由于体积缩小而温度升高,同时,由于水锤冲击引起水流和壁面的变形也引起温度增高。曾有试验证明,气泡凝结时的瞬时局部高温可达 300~400℃。

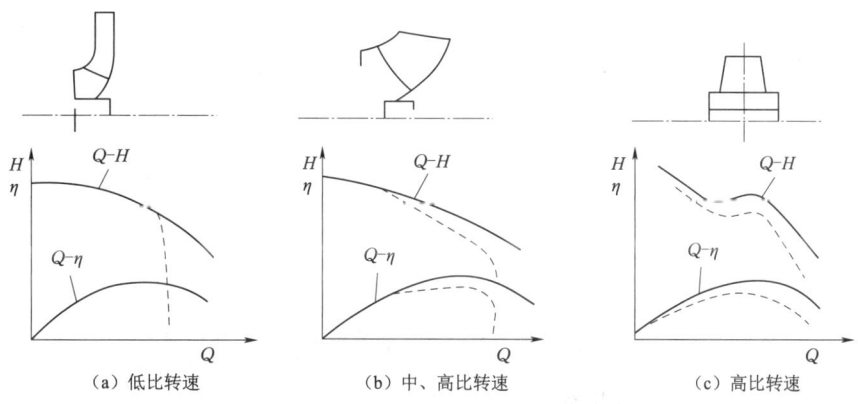

图 5.17　叶片泵受汽蚀影响性能曲线下降的形式图

在产生气泡中,还夹杂有一些活泼气体(如氧气)及其离子(如氧离子)等,借助气泡凝结时所释放出的热量,对金属起化学腐蚀作用,从而生成氧化亚铁、氧化铁以及它们的混合物四氧化三铁等,大大降低了金属的强度,加剧了机械剥蚀的作用效果。

### 5.3.3.3　电化反应

在高温、高压之下,水流会产生一些带电现象。过流部件因汽蚀产生温度差异,冷热过流部件之间形成热电偶,而产生电位差,从而对金属表面发生电解作用(即电化学作用),金属的光滑层因电解而逐渐变得粗糙。表面光洁被破坏后,机械剥蚀作用才有效地开始。这样在机械剥蚀、化学腐蚀和电化反应等共同作用下,就更加加快了金属损坏速度。

另外,当水中泥沙含量较高时,由于泥沙的磨蚀,破坏了水泵过流部件的表层,当其中某些部位发生汽蚀时,有加快金属蚀坏的作用。在汽蚀破坏和凝结时,随着产生的压强瞬时周期性的升高和水流质点彼此间的撞击以及对泵壳、叶轮的打击,将使水泵产生强烈的噪声和振动现象。其振动可引起机组基础或机座的振动。当汽蚀振动的频率与水泵自振频率相互接近时,可能引起共振,从而使其振幅大大增加。

### 5.3.4　汽蚀对水泵性能的影响

这种汽蚀现象对不同种类的水泵有不同的影响特点。

1. 对低比转速的离心泵

低比转速的离心泵,由于其叶槽流道狭长,宽度较小,气泡迅速占据槽道面积,甚至占据全部槽道,使水流的连续性遭到破坏,引起水流的阻断,水泵的 $Q-H$ 曲线急剧下降,造成水泵的效率随之降低,如图 5.18（a）所示。

2. 对中、高比转速的水泵

对于中、高比转速的离心泵和混流泵,由于叶槽较宽,气泡占据叶槽断面的某一部分,因此出现 $Q-H$ 曲线较平坦的下降,效率的下降也较为缓慢,如图 5.18（b）所示。

3. 对高比转速的轴流泵

由于轴流泵的叶片流道宽阔,汽蚀区不易侵入整个叶槽,因此 $Q-H$ 曲线几乎均

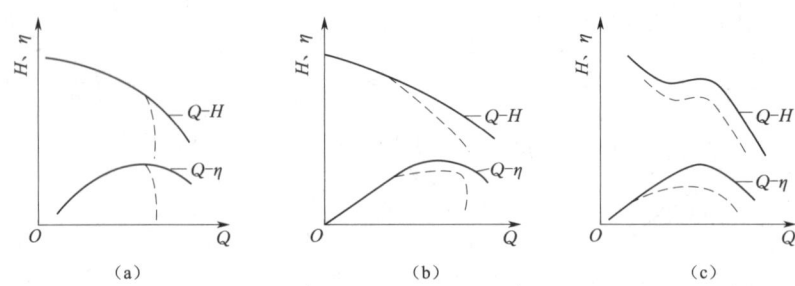

图 5.18 不同比转速泵受汽蚀影响性能曲线下降形式

匀下降，而且缓慢，无明显断裂现象。

### 5.3.5 汽蚀的危害

1. 水泵的工作性能恶化

当气泡受高压水流挤压，冲向气泡中心时，由于很强的冲击碰撞，产生剧烈的水锤。根据试验资料分析：发生水锤的频率很高，每分钟可达几万次，瞬时局部压力可达几十兆帕，甚至达几百兆帕，使水泵的工作性能恶化。

2. 水泵局部发生破坏

由于水锤的打击作用，使部件的表面形成塑性的变形和硬化，产生金属疲劳现象。材料性质变脆，产生剥蚀和裂纹。经常作用而形成麻点，进而形成裂隙，直到水泵的叶轮或泵壳被蚀坏，甚至形成断裂现象。由于水流在槽道中高速运动，材料表面有微凸和微凹的颗粒与麻点，在水中相对运动，则形成"微活塞运动"，这样在高压区也产生负压和高压，不断地交替变化，造成水泵叶片正面全面汽蚀破坏。有的泵站经常发生这种现象，不得不经常换掉水泵的叶轮。有资料表明，在汽蚀过程中还有"电蚀"现象。水中含泥沙较多时，还伴随着磨蚀的可能。

3. 发生振动和噪声

水流质点互相碰撞和挤压，会产生剧烈的振动，造成机组零部件的破坏，甚至波及建筑物的安全。发生汽蚀时，有时产生啸叫的噪声，危及泵站中运行操作人员的健康。

4. 严重时水泵不能抽水

水泵的安装高程过高，严重时甚至吸不上水来，使泵站不能正常工作。汽蚀破坏的叶片如图 5.19 所示。

### 5.3.6 减轻和防治汽蚀的措施

水泵的汽蚀主要由水泵本身的汽蚀性能和装置的使用条件决定。但减轻汽蚀的根本措施是在提高水泵本身的抗汽蚀性能，所以在水泵的设计和制造方面应尽可能提高水泵的吸水性能。对水泵使用者而言，则应在水泵装置和运行方面多加以考虑。

(a) 双吸泵叶片　　(b) 轴流泵叶片

图 5.19 汽蚀破坏的叶片

1. 合理确定水泵安装高程

在设计泵站时,要使装置汽蚀余量大于水泵的允许汽蚀余量,或者水泵进口处的吸上真空度小于水泵的允许吸上真空度。同时,应充分考虑抽水装置可能遇到的各种工作情况,以便正确地确定安装高程。

2. 设计良好的进水池

进水池内的水流要平稳均匀,不产生漩涡和偏流,否则水泵的汽蚀性能变坏。此外,要及时清除进水池的污物和淤泥,使水流畅通,流态均匀,还要保证进水喇叭口有足够的淹没深度。

3. 选配合理的进水管路

进水管路应尽可能短,减少不必要的管路附件,适当加大管径,以减少进水管路的水头损失。

为使水泵进口的水流速度和压力分布均匀,对于卧式离心泵,水泵进口前进水管路水平直段长度不能过短,通常为4～5倍进水管路直径。大中型泵站的进水流道的形式、结构和尺寸要设计合理,保证有良好的水力条件,防止有害的偏流和漩涡发生。

4. 尽量使水泵在设计工况附近运行

在水泵运行中,可根据泵站的具体情况,采用适宜的调节措施调节水泵的运行工况,防止水泵运行工况偏离设计工况较远。对于离心泵可适当减少流量使工作点向左移动;对于轴流泵使工作点移到$(NPSH)_r$值较小的区域。

5. 提高汽蚀区的压强

在水泵进水管内,注入少量水或空气,可以缓和气泡破灭时的冲击,并减小汽蚀区的真空度。但注入量必须控制,否则反而会使水泵工作性能变坏。

将出水管的高压水引入泵的进口,可以提高叶轮进口的压强,从而提高泵的抗汽蚀性能。但减小了水泵的出水量,降低了水泵的效率。

6. 控制水源的含沙量

从多沙河流取水的泵站,由于水中含沙量较大,会加剧过流部件的磨损并使水泵汽蚀性能恶化。因此,对多含沙的水流必须采取一定的防沙措施来净化水源。

7. 提高叶轮和过流部件表面的光洁度

叶轮表面的光洁度影响泵的汽蚀性能,光洁度越高,抗汽蚀性能越好。如果叶轮表面粗糙,使用单位可精细加工,提高其光洁度。

8. 及时进行涂敷与修复

如果水泵过流部件已出现剥蚀,可采用金属或非金属材料在剥蚀部位及时涂敷修复。涂敷修复后的叶轮,抗剥蚀和抗磨损的能力将大大提高,不仅延长了叶轮的使用寿命,还提高了水泵的效率。

9. 降低工作水温

夏季气温较高,可掺井水混合或在引水渠、进水建筑物处加遮热晒措施,以减轻汽蚀现象的危害程度。

10. 调节水泵的工况点

在水泵运行过程中，利用调节水泵工况点的方法可以减轻汽蚀，对于离心泵适当减少流量，使工况点向左移动，对于轴流泵可调节叶片安装角，使工况点移到值较小的区域。

汽蚀性能参数与转速的平方成正比，降低水泵转速，可以减轻汽蚀的危害。

## 5.4 水泵的选型及配套

水泵是水泵站的主要设备，也是水泵站其他设备和建筑物选型配套的主要技术依据。因此，水泵的型号和数量的确定，直接影响着水泵站的规模和投资。因此，合理选择水泵的型号和数量，对水泵站的设计是非常重要的一项工作。

### 5.4.1 水泵的选型

水泵既是水泵站的主要设备，又是水泵站其他设备及配套建筑物设计的依据，它将直接影响到水泵站的投资和运行。合理地选择水泵的型号，是泵站设计中的重要一环。

#### 5.4.1.1 叶片泵的选型原则

(1) 满足泵站设计流量、设计扬程的要求。

(2) 水泵在整个运行期内，有最高的平均效率，运行费用低。

(3) 按照选定的机组建站，设备投资和土建投资最省。

(4) 水泵的水力性能、抗汽蚀性能好，便于运行和管理。

(5) 优先选用国家推荐的系列产品和经过鉴定性能优良的新产品。

#### 5.4.1.2 叶片泵选型的方法和步骤

1. 水泵类型选择

根据设计扬程，考虑各种水泵的特点及适用范围，粗略确定水泵的类型，为水泵选型界定选型区域，初定水泵类型的一般思路如下：

(1) 离心泵、轴流泵和混流泵各有其适用的扬程范围。一般扬程在 20m 以上时用离心泵（大于 100m 用多级离心泵或其他类型的水泵），离心泵中因单级双吸泵（Sh 或 S）结构对称、运行性能好，常优先选用；扬程在 5~20m 宜用混流泵；扬程在 10m 以下宜用轴流泵，而轴流泵和混流泵的流量在很大范围内是重叠的，因混流泵的高效率区宽，流量变化时，轴功率变化小，动力机满载或接近满载运行，比较经济，适应流量范围广，在同样的参数下混流泵的转速比轴流泵高，泵的体积小，水泵站的投资少，故在选型时，应优先选用混流泵。

(2) 水泵的结构类型有卧式、立式、斜式三种。卧式水泵安装精度要求比立式水泵低，便于检修，造价低，但一般启动前要求充水排气，占地面积大，要求泵房有较大的平面尺寸，适用于水位变幅较小的场合。立式水泵叶轮淹没于水下，启动方便，电机居于上方，有利于防洪和通风，要求泵房的平面尺寸较小，但维修较麻烦，安装精度要求高，适用于水位变幅较大的场合。斜式水泵安装方便，可安装在岸边斜坡上，叶轮浸没于水下，启动方便，常用于中小型泵站。

(3) 为便于维修管理，同一泵站的水泵型号应尽可能选用同一类型。

**2. 泵型初选**

根据设计扬程，在初定的水泵类型的"水泵综合型谱图"或"泵类产品样本"中的"水泵性能表"中查出符合设计扬程而流量不等的各种不同型号的水泵。方法为：在水泵综合型谱图的纵坐标上找出设计扬程点，过该点作横轴的平行线，凡是与该线相交的泵型均为符合扬程需要的泵型（凡是性能表中扬程范围包含了设计扬程的泵型都可以），再根据每种泵型的流量和设计流量初定水泵台数（设计流量除以单泵流量），选择其中台数适中的泵型作为初选泵型，原则上凡是符合上述要求的都可作为备选对象，实际工作中为简化计算工作量，常列出 3~5 个性能好、台数适中的泵型作为精确选型的对象。

**3. 水泵台数及单泵流量的确定**

根据性能表或性能曲线（流量和扬程关系），采用内插法求得设计扬程对应的流量（单泵流量），水泵台数为泵站设计流量除以水泵单泵流量。

水泵台数选择主要考虑以下几个方面的因素：

（1）建站投资。无论是机电设备还是土建工程，在设备容量一定的条件下，机组的台数越少，则其投资越少。

（2）运行管理。机组台数越少，运行管理越方便；机构人员越少，则运行管理费用越低。

（3）泵站的适应性。机组台数越多，适应性越强，个别机组出现故障对整个泵站的运行影响越小。

（4）泵站的性质。一般排水泵站设计流量的变化幅度较大，台数宜多；灌溉泵站设计流量变化幅度较小（比较稳定），台数宜少；灌排结合泵站，既要满足灌溉要求，又要满足排水要求，台数宜多。泵房离出水池较远的泵站，采用并联出水管路时，台数宜考虑并联要求。对于高扬程多级泵站，各级泵站联合运行时，水泵的流量应协调一致，每一级泵站均不应有弃水或供水不足现象，故一级站的机组台数应多，末级泵站机组台数宜少。另为适应流量变化需要，可根据需要配 1~3 台小型调节机组。

一般主泵台数宜为 3~9 台，另为保证泵站稳定运行还应考虑备用机组，备用机组数根据提水的重要性及年利用小时数和满足机组正常检修的要求确定。对于灌溉泵站装机 3~9 台时，其中应有 1 台备用机组，多于 9 台时应有 2 台备用机组；年利用小时数很低的泵站，可不设备用机组；处于含沙量大或含腐蚀性介质等工作环境的泵站，备用机组经过论证后可增加数量。

**4. 工作点校核**

（1）管路设计。对于每一个初选的泵型，根据设计扬程和上一步确定的单泵流量进行管路设计，确定管路的管材、管径、管长、管路附件，计算各种水泵的进、出水管路水头损失系数，验算实际管路损失是否超过了初估的管路损失，确定其管路系统特性曲线。

（2）工作点确定。根据初选的泵型，从水泵手册上查出水泵的性能曲线，在统一坐标系下绘制水泵性能曲线和管路系统特性曲线，求出水泵在设计、最高、最低扬程时的工作点，把不同水泵工作点的流量 $Q$、扬程 $H$、轴功率 $P$、效率 $\eta$ 和允许吸上

真空高度 $H_{sa}$ 或允许汽蚀余量 $(NPSH)_r$，参数值列于同一表中，并进行水泵工作点校核。水泵工作点校核包括以下内容：

1) 校核初选的水泵在设计工况下运行时工作点是否落在水泵高效率区范围内。
2) 校核水泵在设计扬程下运行时是否满足设计要求。
3) 校核水泵在最高扬程和最低扬程下运行时水泵是否发生超载或汽蚀。
4) 校核低扬程轴流泵或水泵的扬程变化较大的情况下运行时工作点是否落在或接近马鞍形不稳定工作区内。
5) 校核水泵在最低水位下运行时吸上真空高度或汽蚀余量是否超过混流泵允许的吸上真空高度或汽蚀余量。

水泵工作点的校核要经过选型、布置、确定工作点、校核、调整或重新选型等步骤，校核所选水泵在设计扬程下水泵流量是否满足要求，平均扬程下是否在高效率区运行，如不满足要求，可采取调节措施或另选泵型，使其尽可能在合理的范围内运行。

5. 泵型确定

根据选型原则，对几种方案进行全面的经济技术比较，一般在满足流量、扬程需要的条件下，选取效率高的、轴功率较小的、抗汽蚀性能好的、台数适中的泵型为最优泵型。

### 5.4.2 动力机的配套

水泵型号确定后，还要合理地选配动力机型号。目前，农田排灌抽水装置中常用驱动水泵的动力机为电动机和柴油机。电动机操作简便，管理方便，运行稳定，成本较低，环境污染小，易于实现自动化，但其输变电线路及其他附属设备投资大，应用时受电源的限制。柴油机使用不受电源限制，且可变速运行，应用范围广，但是其操作、管理不便，运行不太稳定，成本较高，易发生故障，选配时应根据建站条件综合考虑确定。

#### 5.4.2.1 电动机与水泵的配套

1. 电动机类型

驱动水泵的电动机均是三相交流电动机，一般中小型水泵站采用异步电动机，大型水泵站采用同步电动机。

(1) 若单机容量小于100kW，常采用 Y 系列和封闭式鼠笼型异步电动机，Y 系列鼠笼型异步电动机较 J、JD 系列具有效率高、启动转矩大、噪声小、防护性能好等优点。额定电压为 220/380V。

(2) 若单机容量为 100~300kW，采用 JS、JC 或 JR 系列异步电动机，"S" 表示双鼠笼型，"C" 表示深槽鼠笼型，"R" 表示绕线型。JS 和 JC 都具有较好的性能，适用于启动负载较大和电压容量较小的场合，额定电压为 220/380V、3000V 或 6000V。

(3) 若单机容量大于 300kW，采用 JSQ、JRQ 系列异步电动机或 Tz 型同步电动机，"Q" 表示加强绝缘，"T" 表示同步，"z" 表示座式轴承。同步电机成本较高，但具有较高的功率因数和效率，适用于大型泵，额定电压为 3000V 或 6000V。

2. 电动机的配套

（1）配套功率的确定。配套功率是指与水泵配套的动力机所应有的输出功率，用 $P_{配}$ 表示。与水泵配套的电动机，一般由水泵厂成套供应或按下式计算：

$$P_{配} = k \frac{\rho g Q H}{1000 \eta \eta_P} \tag{5.1}$$

或

$$P_{配} = k \frac{P_{\max}}{\eta_P} \tag{5.2}$$

式中  $P_{配}$——配套功率，kW；

$k$——动力机储备系数，电动机和柴油机的储备系数按实际情况参考表5.3选用；

$\rho$——水的密度，kg/m³；

$Q$——水泵运行范围内，可能出现的最大轴功率时的流量，m³/s；

$H$——水泵运行范围内，可能出现的最大轴功率时的扬程，m；

$\eta$——水泵运行范围内，可能出现的最大轴功率时的效率，%；

$P_{\max}$——水泵运行范围内可能出现的最大轴功率，kW；

$\eta_P$——传动效率，%。

动力机储备系数 $k$ 为水泵可能出现的最大轴功率和动力机额定功率的比值。应考虑一些非恒定因素对功率的影响，即：①水泵和电动机性能测试中，允许有5%的误差；②机组及管路陈旧后，磨损和漏损增加，泵的性能下降，而管路特性曲线变陡，工作点左移，对于轴流泵其功率可能增大；③电动机与水泵额定转速的微小差值；④机组在运行中可能出现的外界干扰，如抽取多沙水、电压降低等会增加负荷。这些非恒定因素的大小不宜精确确定，但其影响是随着机组功率的减小而增大的。

动力机储备系数 $k$ 不宜定得太大，否则电动机负荷不足，造成能量浪费；也不宜定得太小，不然会造成动力机超载，可参照表5.3查取。

表5.3　　　　　　　　　　动 力 机 储 备 系 数

| 水泵轴功率/kW | <5 | 5～10 | 10～50 | 50～100 | >100 |
|---|---|---|---|---|---|
| 电动机 | 2～1.3 | 1.3～1.15 | 1.15～1.10 | 1.10～1.05 | 1.05 |
| 柴油机 | 1.7～1.3 | 1.15～1.10 | | 1.08～1.05 | 1.05 |

（2）电动机转速的选用。电动机与主水泵之间传递动力，采用直接传动时，则要求电动机的转速与水泵的转速大小匹配，转向相同。

电动机的型号、规格应经过技术经济比较选定。目前，水泵厂家生产出的水泵一般都提供了与之配套的电动机型号，可以直接采用。

【例5.1】　某泵站设计选用36ZLB-100型轴流泵，水泵的额定转速 $n=580$ r/min，叶片安装角为 $-6°$ 时，水泵运行中最大轴功率 $P=167.3$ kW，采用直接传动，试选配电动机。

**解**：1. 计算配套功率

已知水泵轴功率为 167.3kW，查表 5.3 得动力机储备系数 $k=1.05$，直接传动效率 $\eta_P=100\%$，则

$$P_{配}=k\frac{P_{\max}}{\eta_P}=1.05\times\frac{167.3}{1}=175.7(\text{kW})$$

2. 选配电动机

水泵站电源电压为 380V，水泵为立式，采用联轴器传动，水泵转速 $n=580\text{r/min}$，$P=167.3\text{kW}$，无其他要求。根据上述条件，由电动机样本选用 JSL-138-10 型立式双鼠笼型异步电动机，其主要技术数据见表 5.3。

#### 5.4.2.2 柴油机与水泵的配套

1. 柴油机的型号

柴油机的型号由三部分组成。

(1) 首部：是缸数符号，用数字表示气缸数。

(2) 中部：是冲程符号和缸径符号，冲程符号用字母表示，用 E 表示二冲程，无 E 表示四冲程。缸径符号用气缸直径的毫米整数表示。

(3) 尾部：是机器特征符号和变型符号。特征符号用字母表示，如 Q 表示汽车用；T 表示拖拉机用；C 表示船用；J 表示铁路牵引用；Z 表示增压；F 表示风冷，无 F 表示水冷。变型符号用数字表示，与前面符号用短横线隔开。

例如：3110，表示三缸，四冲程，缸径为 110mm，水冷通用型柴油机。

2. 柴油机的有效功率、标定功率和标定转速

柴油机的有效功率为正在运行的柴油机单位时间内输出的有用功，单位为 kW。

标定功率为柴油机铭牌上标明的功率。国家标准规定的标定功率有以下四种：15min 功率，柴油机允许持续运行 15min 的最大功率；1h 功率，柴油机允许持续运行 1h 的最大功率；12h 功率，柴油机允许持续运行 12h 的最大功率；持续功率，柴油机可长期持续运行的最大功率。

对于柴油机，在规定柴油机功率的同时，还相应地规定了标定转速——柴油机曲轴每分钟相应旋转的圈数。同种柴油机转速越高，功率就越大，转速达不到标定转速值，则其输出功率就达不到标定功率。

3. 柴油机的选型

(1) 配套功率的确定。根据式（5.1）或式（5.2）及表 5.3，计算柴油机所需的配套功率，并参考水泵每天运行时间，选用合适的标定功率。

(2) 转速的选用。与水泵配套的柴油机，除功率满足配套要求外，转速亦合适，柴油机的转速应选用与所采用的标定功率对应的标定转速。柴油机的转速可以通过合适的传动设备来控制以满足要求。

### 5.4.3 传动设备选择

动力机与水泵之间的能量传递主要是通过传动设备来完成的。传动设备不仅影响到传动效率，还影响到整个泵站的效率，应合理地选用传动设备。传动方式基本上分为直接传动与间接传动两种。

### 5.4.3.1 直接传动

直接传动又称为联轴器传动，是通过联轴器把水泵和动力机的轴联起来来传递能量的。此传动方式结构紧凑，简单方便，安全可靠，传动平稳，且传动效率接近100%。目前机电排灌中，电动水泵机组大多数采用直接传动方式。采用此种传动方式，动力机与水泵需满足下列条件：

(1) 动力机的轴与水泵的轴在同一直线上。
(2) 动力机的额定转速与水泵的额定转速大小相等或接近相等（差值<2%）。
(3) 动力机与水泵转向相同。

联轴器分为刚性联轴器和弹性联轴器两种。

1. 刚性联轴器

它是由两个分装在动力机轴和水泵轴端带凸缘的半联轴器与螺栓组成的。轴与半联轴器之间用键连接或键连接并拼紧螺帽，两个半联轴器用螺栓连接。此种结构简单，传递扭矩大，可传递轴向力，但不能承受机组轴向窜动和偏移，安装要求严格。

2. 弹性联轴器

弹性联轴器是在刚性联轴器基础上发展起来的，又分为弹性圆柱销型和爪型两种。

(1) 弹性圆柱销型联轴器。弹性联轴器是在联轴器中增加了具有缓冲和减震能力的弹性圈而得来的。弹性圆柱销型联轴器由半联轴器、柱销、弹性圈、挡圈等组成。此种联轴器，能缓冲抗震，安装时两轴不要求严格对中，但不能传递轴向力，弹性圈、柱销易坏，需勤更换。

(2) 爪型弹性联轴器。此种联轴器是用橡胶制成的镶嵌在两个爪型半联轴器之间的星形弹性垫块组成并得名的。结构简单，安装方便，但传递扭矩小，多用于小型卧式机组。

常用联轴器多已标准化或规格化，设计时可查阅《机械零件设计手册》，根据动力机的功率、转速以及轴径等要求进行选择。

### 5.4.3.2 间接传动

当动力机与水泵的转速不满足直接传动的条件时，需采用间接传动。间接传动又分为齿轮传动和皮带传动。

1. 齿轮传动

当水泵和动力机的转速不等或两者轴线不在同一直线上时，可通过一对分装在动力机轴与泵轴上的主、从动齿轮之间的相互啮合来传递动力。此种方式传动效率高，结构紧凑，可靠耐久，传递功率大，传动比准确，但要求制造工艺和安装精度高，价格高。根据水泵和动力机位置或转速不同，可以采用不同的齿轮：两轴线平行时，采用圆柱形齿轮，如图 5.20（a）所示；当两轴线相交时，采用伞形齿轮，如图 5.20（b）所示。

2. 皮带传动

当水泵和动力机两者的转速不同，彼此轴线间有着一段距离或不在同一平面上时，亦可采用皮带传动，它通过固定在动力机轴和泵端的带轮和紧套在轮上的环形皮带间的摩擦力来传递动力。此传动方式带有弹性，可缓和冲击与振动，但因皮带易

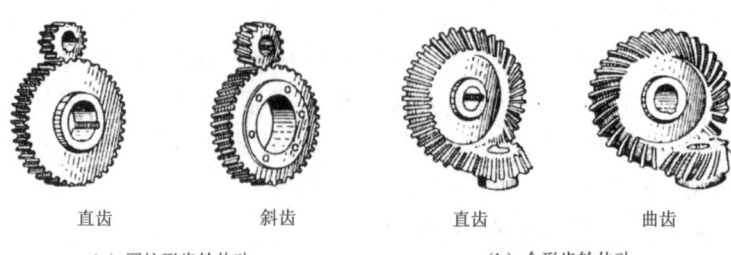

(a) 圆柱形齿轮传动　　　　　(b) 伞形齿轮传动

图 5.20　齿轮传动

打滑，安全性差，占地面积大，寿命短，传动效率较低。

皮带根据其形状不同分为平皮带和三角带。

(1) 平皮带传动。平皮带传动应用范围广，传动方式可以多种变换，传动比大。此传动方式又可分为开口式、交叉式和半交叉式三种方式，如图 5.21 所示。

开口式皮带传动适用于泵轴和动力机轴互相平行且转向相同的场合；半交叉式皮带传动适用于泵轴和动力机轴互相垂直的场合；交叉式皮带传动适用于泵轴和动力机轴互相平行，转向相反的场合。

(2) 三角带传动。三角带具有梯形断面，紧嵌在皮带轮上的梯形槽内，由于其两侧与轮槽紧密接触，摩擦力比平皮带大，传动比亦较大，如图 5.22 所示。

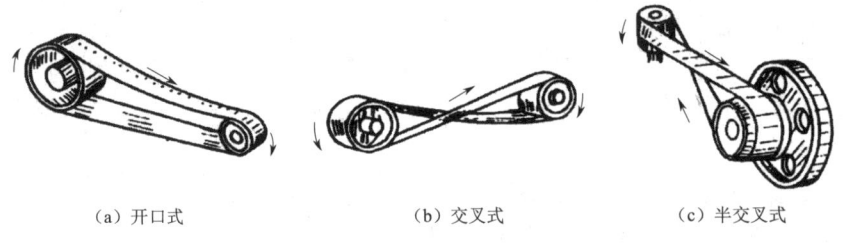

(a) 开口式　　　　　(b) 交叉式　　　　　(c) 半交叉式

图 5.21　平皮带传动

随着社会发展，出现了一种综合齿轮和皮带传动优点的一种新型传动方式，既不易打滑，又具有弹性，能起到缓冲、吸振作用。此种传动方式称为同步齿形带传动，如图 5.23 所示，工作时依靠轮齿的啮合来传递动力。直接传动和间接传动两种传动方式的比较见表 5.4。

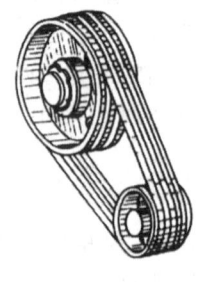　　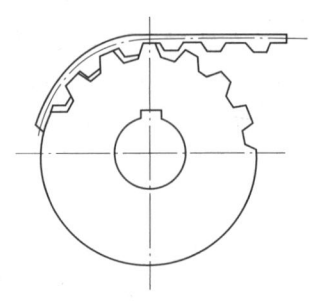

图 5.22　三角带传动　　　　图 5.23　同步齿形带传动示意图

表 5.4　　　　　　　　　　传 动 方 式 比 较

| 传动方式 | | 传动效率 | 传递功率/kW | 传动比 | 占地面积 | 平稳性 |
|---|---|---|---|---|---|---|
| 间接传动 | 平皮带 | 0.90~0.98 | 22~29 | 1:5以内，最好1:3 | 较大 | 有振动 |
| | 三角带 | 0.90~0.96 | 29~74 | 1:7以内，可达1:10 | 较小 | 振动小 |
| | 齿轮传动 | 0.90~0.99 | 不受限制 | 1:8以内 | 小 | 平稳安全 |
| 直接传动 | 联轴器 | 0.99~0.995 | 不受限制 | 1:1且机泵转向要一致 | 小 | 平稳安全 |

## 5.5　进水管路及其附件的配套

进水管路及其附件是抽水装置中的主要组成部分，正确设计、合理布置和安装与泵站安全运行、节省投资、改善水流条件、减少电耗有着密切关系。应根据水泵型号及进水池、泵房结构、建站地点的地形地质条件合理配套设计。

### 5.5.1　进水管路配套

进水管路把水源或进水池的水向水泵输送。进水管路应具有高密封性及足够的强度和刚度，并要求水头损失小，故配套设计时应合理。

#### 5.5.1.1　管材

进水管路从管材来看，常用胶管、钢管、铸铁管。胶管寿命短、价格高，仅用于临时性抽水装置。钢管分无缝钢管、水煤气管和对焊钢管，一般进水管路采用水煤气管和对焊钢管，无缝钢管很少采用。水煤气管用于口径在 150mm 以下的场合，对焊钢管用于口径 200mm 以上的场合。

#### 5.5.1.2　管径确定

为提高水泵的安装高程，减小水头损失，进水管路直径不宜太小，但从节省投资的角度考虑，进水管直径不宜定得太大，一般采用比水泵吸入口径大一级。进水管路直径按经济流速来控制，即

$$D_{进}=\sqrt{\frac{4Q}{\pi v}} \tag{5.3}$$

式中　$Q$——单泵流量，$m^3/s$；

　　　$v$——管中经济流速，m/s，从 1.5~2.0m/s 中选取。

注意：厂家生产水管直径已系列化，500mm 以下，50mm 一个等级；500mm 以上，100mm 一个等级。实际进水管尺寸确定时应选用系列化的标准管径。

### 5.5.2　管路附件配套

管路系统中除有管路外还有管路附件，管路附件与泵型、管长、管路铺设方式有关，应根据安全、可靠、经济的原则选配。

#### 5.5.2.1　管件

管件是从进水管口到出水管口将管子连接起来的连接件，包括喇叭管和平削管、弯管、异径管等。

1. 喇叭管和平削管

为减小进水管路的水头损失，其经济流速控制在 1.0~1.5m/s 之间，垂直吸入

进口为圆形或椭圆形喇叭管；倾斜吸入进口为平削管或特制喇叭管，如图5.24所示。

2. 弯管

常称弯头，常用的有90°、60°、45°、30°、15°等几种，可预制也可现场制作。预制弯头可从有关手册中选择，现场制作多用若干个带斜截面的直管段焊接而成，如图5.25所示，图中$D_H$表示管径、$R$表示弯管段水管轴线的圆弧半径的。进水管路上布置弯管时，为使叶轮进口有好的进水流态，应保证弯管与水泵进口之间有不小于4倍管径的水平距离。

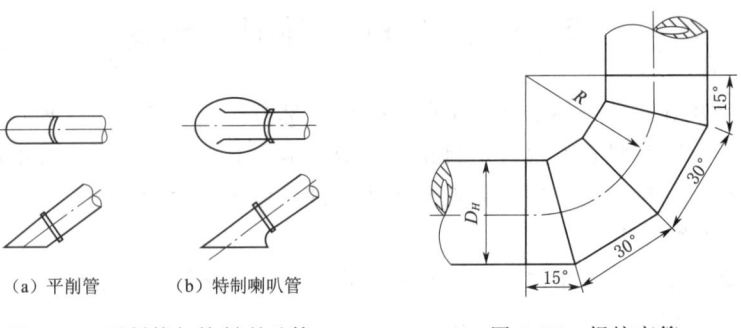

图5.24 平削管与特制喇叭管　　图5.25 焊接弯管

3. 异径管

水泵的进出口直径经常小于进出水管径，则需设渐变接管。进水管道上为避免管中有气囊，水泵进口与管道连接时，使用上面水平的偏心渐缩管，如图5.26所示，水泵出口用同心渐放管，其长度$L=(5\sim7)(D-d)$，可预制也可现场制作。

#### 5.5.2.2 阀件

通过改变管道过水横断面来控制管道内水体流动的装置为阀件。

1. 底阀

为单向阀，人工充水时为防止漏水而用，机械充水时不设底阀。由于

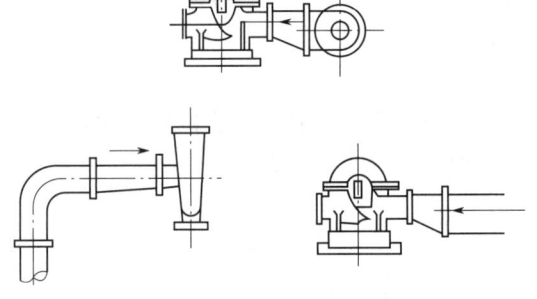

图5.26 偏心渐缩管的布置

运行时水流流经底阀的水头损失很大，故仅在小型抽水装置中采用。为了防止水中杂物吸入泵内，小型抽水装置的进水管管口装有滤网。

2. 闸阀

装在出水口附近的出水管路上。其主要作用是：关闸启动可降低启动功率；关闸停机可防止水倒流；抽真空时关闸可隔绝外界空气；检修时关闸可截断水流，对小型抽水装置关闸也可调节水泵流量或功率。闸阀的选择应根据水管直径，阀件产品的类型、性能、规格、工作参数、安装使用条件等正确选择。

3. 逆止阀

装在水泵出水口附近的出水管路上，为防止事故停机时出水池和出水管中水倒流

的一个单向突闭阀。由于逆止阀突然关闭会产生很大的水锤压力，导致机组损坏，因此中小型泵站一般不设逆止阀，而设置拍门；高扬程、长管道的泵站，常用缓闭阀。逆止阀的选择应根据出水管直径和阀件的性能适用条件选定。

4. 拍门

装在出水管道出口，为防止出水池中水向出水管倒流的一个单向活门，一般由水泵厂成套供应。

#### 5.5.2.3 进水管路的布置

进水管路通常处在负压状态下工作，故对进水管路的基本要求是不漏气、不积气、不进气，否则，会使水泵的工作产生故障，为此可采取以下措施：

（1）为保证进水管路不漏气，管材要求严格密封，常采用钢管，接口采用焊接或法兰连接。

（2）为了防止进水管路某处出现积气，形成气囊，影响管道的过水能力，以及严重时破坏真空吸水，进水管应有沿水流方向连续上升的坡度，且坡度不小于 0.005。进水管的安装与敷设应避免在管道内形成气囊。

#### 5.5.2.4 真空泵抽水装置

当水泵安装高于进水池水位时，机组启动前必须对泵体和出水管上闸阀以前的管道内充水排气，常用的方法有人工充水和机械充水两种。人工充水用于小型的水泵站，机械充水是大中型泵站常用的充水方式。真空泵抽水装置是常用的一种机械充水设备，由真空泵和其他设备组装而成。真空泵常用水环式真空泵，图 5.27（a）为水环式真空泵抽水装置示意图，图 5.27（b）为真空泵抽气原理。

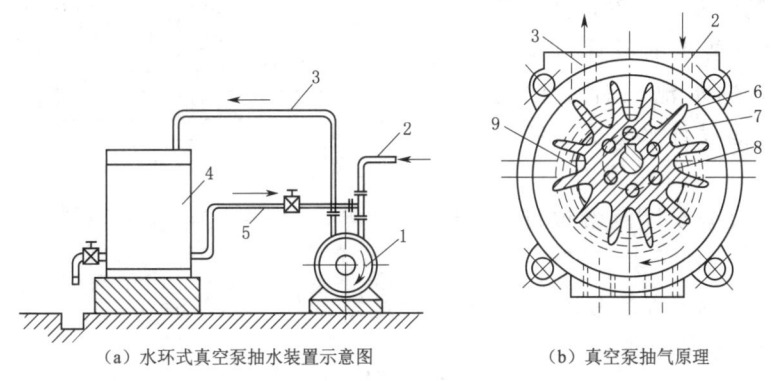

(a) 水环式真空泵抽水装置示意图　　(b) 真空泵抽气原理

图 5.27　水环式真空泵抽水装置及抽气原理示意图

1—真空泵；2—抽气管；3—摊气管；4—水气分离箱；5—循环水管；6—叶轮；
7—水环；8—进气孔；9—排气孔

1. 水环式真空泵工作原理

水环式真空泵的结构特点是泵轴上安装了对于圆柱形泵壳偏心的星形叶轮，启动前泵内注入水，叶轮旋转时，由于离心力的作用，水被甩至泵体四壁，形成一个和转轴同心的水环。由于叶轮偏心，则使圆柱形泵壳内空间上下不等，右半圈从上向下递增，左半圈从下向上递减，在右半圈由于下边空间大，则压力小，主水泵中空气通过抽气管及真空泵泵壳端盖上进气口被吸入真空泵，到达左半圈，由下向上空间减小，压力变大，则水气混合体经过泵壳上的排气口被排出，叶轮不断旋转，水环式真空泵能把主水泵中空气全部抽走。

2. 水环式真空泵选型

真空泵是根据泵体及出水管上闸阀之前的管路和进水管中的所需抽气量选择的。抽气量可按下式计算：

$$Q_气 = K \frac{VH_a}{T(H_a - H_s)} \tag{5.4}$$

式中 $Q_气$——真空泵抽气量，$m^3/min$；

$K$——安全系数，考虑水泵密封和管路漏损，一般采用 1.05～1.10；

$T$——台泵的抽气时间，min，离心泵小于 5min，轴流泵和混流泵抽除流道内的最大空气容积的时间宜为 10～20min；

$H_a$——当地大气压力水柱高，m；

$H_s$——进水池最低工作水位至泵壳顶部的高度，m；

$V$——出水管闸阀至进水池之间管路和泵壳内的空气总体积，$m^3$。

为保证工作可靠，大中型泵站中，要考虑备用机组，一般真空泵选两台，互为备用。水环式真空泵有 SZB 型和 SZ 型。图 5.28 为 SZB 型真空泵性能曲线。

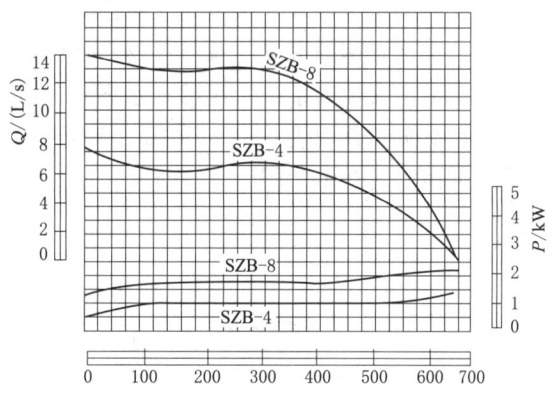

图 5.28 SZB 型真空泵性能曲线

【例 5.2】 某提水灌区建一灌溉泵站，灌溉要求的设计流量为 $2.400m^3/s$，进水池设计水位为 202m，出水池设计水位为 234m，试选泵型。

解：1. 根据设计流量拟订单泵流量

按 3～9 台的台数考虑，水泵的单泵流量为 $2.4/9 \sim 2.4/3 = 0.267 \sim 0.8 (m^3/s)$。

2. 确定泵站的设计扬程

$$H_净 = 234 - 202 = 32(m)$$

单泵流量在 $0.267 \sim 0.8 m^3/s$ 时，根据资料查水泵进口直径为 300～600mm，管路直径取 350～700mm。管路水头损失占 $H_净$ 的 3%～10%，采用 10%。

$$H_设 = H_净 + H_损 = 32 \times (1 + 10\%) = 35.2(m)$$

3. 泵型初选

由于设计扬程较高，应选用离心泵，因为单级双吸泵的性能较好，故选择单级双吸离心泵。查 Sh 泵的性能表选择合适的泵型见表 5.5。

表 5.5　　　　　　　　　　　　　泵 的 性 能 表

| 泵型 | 14Sh-13A | 20Sh-13 | 24Sh-19 |
|---|---|---|---|
| 单泵流量/(m³/s) | 0.3 | 0.48 | 0.6 |
| 台数 | 8 | 5 | 4 |

4. 工作点校核

(1) 初选管路直径和管路附件。

1) 进水管路设计。管径确定：为保证水泵具有良好的进水条件，一般进水管采用单泵单管形式，另因进水管路较短，可采用钢管，进水管路直径按经济流速来控制。

实际进水管尺寸确定时应选用系列化的标准管径，从节省投资的角度考虑，进水管直径不宜定得太大，一般采用比水泵吸入口径大一级。

流速校核：根据所选的标准直径反算流速，流速在经济流速范围，则确定直径符合要求，否则需要重新选定经济流速来确定管径，直至管中过流流速满足经济流速要求方可。

管长确定：根据水源条件、建站条件，自己设计泵房和进水池的距离，大致定出进水管长度。

附件确定：根据需要确定进水管附件。根据进水管直径确定底阀的形式、尺寸、规格；根据进水管直径和水泵口径确定异径管；自己设定弯头形式（90°、60°、30°等），可参照进水管路设计有关内容。

2) 出水管路设计。管径确定：由于泵站出水管路一般较长，可采用单泵单管，也可采用多泵并联，根据不同泵站条件自行设计，确定出水管路的经济管径。若采用多泵并联，式中流量采用并联泵台数×单泵流量。一般出水管很长，可采用钢筋混凝土管等。实际出水管管径应选用系列化的标准管径，同进水管一样，也要进行经济流速校核，出水管路的经济流速范围为 2.5~3.0m/s。

管长确定：根据设计泵房和出水池的距离，大致定出水管长度。

附件确定：根据需要确定出水管附件。根据出水管直径确定闸阀、逆止阀的形式、尺寸、规格；根据出水管直径和水泵口径确定同心渐放管；根据管路敷设形式、地形条件确定弯头形式（地形定角度，可任意角），可参照出水管路设计有关内容。

确定的进、出水管直径见表 5.6。

表 5.6　　　　　　　　　　　　　进、出水管直径

| 泵型 | 14Sh-13A | 20Sh-13 | 24Sh-19 |
|---|---|---|---|
| 进水管直径/mm | 500 | 600 | 700 |
| 出水管直径/mm | 400 | 500 | 600 |

(2) 工作点校核。依据设计管路的管长、管材、管径、管路附件确定管路损失系数和管路特性曲线，把水泵性能曲线和管路特性曲线绘在同一坐标系内可求出工作点（依据前述简单装置和复杂装置工作点确定方法），把工作点参数列入同一表

内（工作点确定图略）。

各泵工作点参数见表5.7。

表5.7　　　　　　　　　　各泵工作点参数

| 型号 | 台数 | 总流量<br>/(m³/s) | 总容量<br>/kW | $\eta$<br>/% | $H_{as}$<br>/m |
| --- | --- | --- | --- | --- | --- |
| 14Sh-13A | 8 | 0.2468 | 1031.2 | 82.10 | 3.5 |
| 20Sh-13 | 5 | 0.2726 | 1127.2 | 83.84 | 4.0 |
| 24Sh-19 | 4 | 0.2929 | 1175.2 | 85.48 | 2.5 |

从表5.7可知20Sh-13型泵效率较高，抗汽蚀性能好，总容量较低，流量满足，台数适中，此泵型较优。

## 5.6　水泵变频调节技术的运用

水泵是泵站工程中工作设备的重要组成部分，同时也是泵站工程中耗能最大的设备，一般要占整个泵站工程日常运行用电量的80%～90%。水泵选型时是按设计工况下满足设计扬程和设计流量要求确定的，并力求在高效率范围运行，而在实际运行中水泵站的工作条件是变化的，其流量和扬程不可能总是设计值。如灌溉泵站的流量在农作物不同生长期有所变化，水源水位也有变幅，水泵运行工作点会经常偏离最佳的工作范围。美国从20世纪90年代将变频节水节能技术应用于平移式、轴转动式喷灌机及管道灌溉等系统，经测试其节能率为39%～56%，节水率为15%～30%，既稳定了管网压力，提高了灌溉质量，又节水节能，便于自动化管理。我国过去城乡供水及水泵抽灌系统中，水泵一旦工作，电动机便以额定转速运行，形成的管网压力较高，造成严重的节流功率损失，水泵的效率降低，造成电力的浪费。城乡水厂大多采用挡板和调节出水阀开度大小来调整水量与水压，采用调整水泵出水阀门来调节流量，劳动强度较大，同时由于阀门的强制节流使泵形成漩涡冲击，产生了强烈的振动和噪声，都加大了对水泵的损耗。因此，必须对水泵的运行工况进行系统研究，力求节约电能，降低成本，减少相关设备的开停，从而延长水泵的使用寿命。水泵变频调节技术有着广阔的发展前景，目前我国市场上主要有变频恒压供水设备、无负压增压供水设备等。

### 5.6.1　变频调节基本原理及技术创新点

#### 5.6.1.1　基本原理

变频调节技术是一项调速技术，由水泵的比例得知，流量$Q$与转速$n$的一次方成正比，扬程$H$与转速$n$的平方成正比，功率$P$与转速$n$的立方成正比，如果水泵的效率一定，当要求调节流量下降时，转速$n$可成比例地下降，而此时轴输出功率$P$按立方关系下降，即耗电功率的变化与转速变化的立方近似成正比。交流异步电动机的转子转速为

$$n=(1-s)60f/p \tag{5.5}$$

式中　　$s$——电动机运行的转差率；

　　　　$f$——交流电的频率；

　　　　$p$——电动机极对数。

由此可知，当改变异步电动机的供电频率 $f$ 时，即可改变电动机转子的转速 $n$ 来达到调节电动机耗电功率的目的。因而变频调节技术主要是通过改变供电频率 $f$，从而改变电动机转子的转速 $n$，最后达到调整电动机输出功率，确保高效经济运行效果。

#### 5.6.1.2　变频技术的创新点

变频调速技术大致可分为直-交变频与交-交变频两种。水泵供水变频恒压供水设备可根据安装在水泵出水口的压力传感器来进行恒压供水控制，用户可自由设定上限（最大）压力值和下限（最小）压力值，当水压到达上限时水泵转速降低，压力回落到下限值时水泵转速提高来控制压力恒定。

水泵变频技术创新点如下：

（1）使用变频调速装置后，由于变频器内部滤波电容的作用，$\cos\psi=1$，从而减少了无功损耗，增加了电网的有功功率。

（2）使用变频节能装置后，利用变频器的软启动功能将使启动电流从零开始，最大值也不超过额定电流，减轻了对电网的冲击和对供电容量的要求，延长了设备和阀门的使用寿命。

（3）把交流变频调速技术应用于城乡供水及农业灌溉中，达到节水节能效果。

（4）根据项目需要，自己研制出水位显示控制器，提高自动化程度。

（5）根据实际需要，研制出多段压力设置转换电路，适应农业多种灌溉方式。

（6）将变频调速技术、可编程序控制技术、水位显示控制技术、压力传感技术等进行了集成。

### 5.6.2　变频恒压调速技术在泵站中的运用

#### 5.6.2.1　变频恒压技术

整个系统由变频恒压供水自动控制装置与水泵电机组合而成，该装置由变频器（内含 PID 调节器）、可编程时控开关、可编程控制器（PLC）、水位显示控制器、远传压力表、水位传感器及相关电气控制部件构成，是一种具有变频调速和全自动闭环控制功能的机电一体化智能设备，它可同时对一台或多台三相 380V、50Hz 的水泵电机进行自动控制。

#### 5.6.2.2　工作原理

变频恒压供水自动控制装置以变频方式工作时，水泵电机以软启动方式启动后开始运转，由远传压力表检测供水管网实际压力，管网实际压力与设定压力经过比较后输出偏差信号，由偏差信号控制调整变频器输出的电源频率，改变水泵转速，使管网压力不断向设定压力趋近。这个闭环控制系统通过不断检测、不断调整的反复过程实现管网压力恒定，从而使水泵根据需水量自动调节供水量，达到节能节水的目的。

### 5.6.3 变频恒压节水灌溉自动控制技术

变频恒压节水灌溉自动控制装置除多段压力设置转换电路外,其他部分的工作原理与变频恒压供水自动控制装置相同。多段压力设置转换电路中设计了对应于喷灌、微喷灌、滴灌及管道灌溉4个压力挡位,不同的灌溉方式所需的工作压力不同。为使同一供水管网能为不同灌溉方式提供不同的工作压力,在变频恒压控制装置的基础上增加了多段压力设置转换电路,实现节水灌溉。它可同时对一台或多台三相水泵电机进行自动控制。

### 5.6.4 无负压供水设备

无负压供水系统是为了防止供水管网中的用户因用水量过大,造成管网压力下降而采取的一种供水方式。无负压供水设备是一种直接与自来水管网连接,在市政管网压力的基础上直接叠压供水并且对自来水管网不会产生任何副作用的全封闭的二次给水设备。它具有节约能源、无污染、占地量小、安装维护方便、运行可靠等优点。无负压供水设备原理如图 5.29 所示。

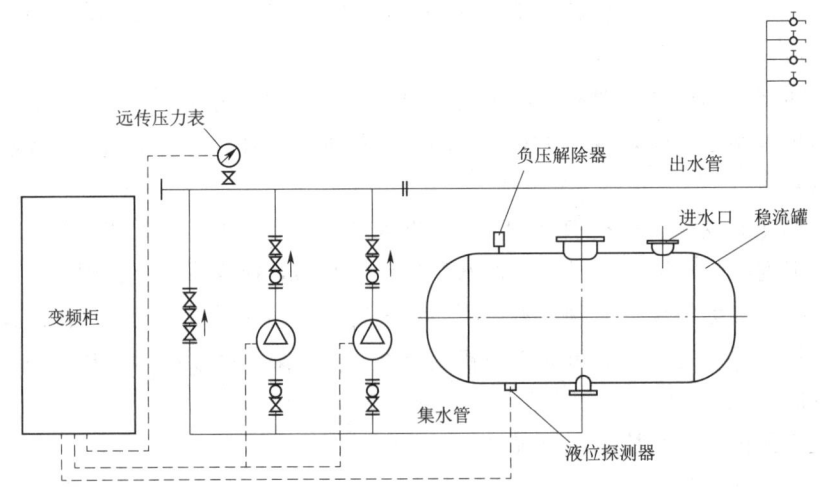

图 5.29 无负压供水设备原理

无负压供水设备工作时,水在自来水管网剩余压力驱动下压入设备进水管,设备的加压水泵在进水剩余压力的基础上继续加压,将供水压力提高到用户所需的压力后向出水管网供水。当用户用水量大于自来水管网供水量时,进水管网压力下降,当设备进水口压力降到绝对压力小于 0(或设定的管网保护压力)时,设备中的负压预防和控制装置自动启动,对设备运行状态进行调整直至设备停机待命,确保进水管网压力不再降低而对自来水管网造成不利影响。当自来水管网供水能力恢复,进水管网压力恢复到保护压力以上时,设备自动启动,恢复正常供水。当自来水管网剩余压力满足用户供水要求时,设备自动进入休眠状态,由自来水管网直接向用户供水,供水不足时设备自动恢复运行。当用户不用水或用水量很小时,设备自动进入停机休眠状态,由设在设备出水侧的小流量稳压保压罐维持用户用水需求及管网漏水,用户用水稳压保压罐不能维持供水管网所需压力时,设备自动唤醒,恢复正常运行。设备运行过程中充分利用自来水管网的剩余压力，始终既不对自来水管网造成不利影响又最大限度地满足用户需求，降低供水能耗，实现供水系统最优运行。

## 章 节 练 习 题

一、选择题

1. 我国机电提水工程的类型有（　　）。
   A. 高扬程提灌泵站　B. 井灌泵站　　　　C. 低扬程排灌泵站
   D. 跨流域调水泵站　E. 水轮泵站

2. 24SH13 型卧式泵，其中 24 表示（　　）。
   A. 泵的出水管口径为 24 英寸　　　　B. 泵的吸入管口径为 24 英寸
   C. 泵的吸入管口径为 24 毫米　　　　D. 泵的吸入管口径为 2400 毫米

3. 泵压力表指数 0.35MPa，真空压力表指数 －0.05MPa，其总扬程是（　　）。
   A. 0.4　　　　　B. 0.35　　　　　C. 0.05　　　　　D. 0.3

4. S 型、Sh 型水泵是（　　）。
   A. 单级单吸式泵　B. 单级双吸式泵　C. 多级单吸式泵　D. 多级双吸式泵

5. 离心泵按照叶轮进水方式分（　　）。
   A. 单级离心泵　　B. 单吸式离心泵　C. 双吸式离心泵　D. 多级离心泵

6. 水泵发生汽蚀时根据其实产生部位不同，分为（　　）。
   A. 叶面汽蚀　　　B. 间隙汽蚀　　　C. 涡带汽蚀　　　D. 空腔汽蚀

7. 水泵内的能量损失可分为三部分，即（　　）。
   A. 机械损失　　　B. 容积损失　　　C. 水力损失　　　D. 功率损失

8. 功率的单位可以是（　　）。
   A. W　　　　　　B. kW　　　　　　C. 马力　　　　　D. $mmH_2O$

9. 功率指的就是（　　）。
   A. 水泵在规定时间所做功的大小　　　B. 水泵在一定时间所做功的大小
   C. 水泵在单位时间内所做功的大小　　D. 以上都正确

二、填空题

1. 机电提水工程是土木、建筑、机械、电气设备等多种技术汇集，以（　　）为功能的综合水利工程。一般由（　　）、（　　）和（　　）三部分组成。主要用于农田灌溉、排水、供水、输水和抽水蓄能等方面。

2. 叶片式泵按工作原理的不同，可分为（　　）、（　　）和（　　）三种。

3. 离心泵在启动前，先（　　）泵壳和吸水管道，然后（　　）电机，使叶轮和水作高速旋转运动，此时水受到（　　）被甩出，经蜗形泵壳流道流入泵的压水管，由压力管而输入管网中。

三、判断题

1. 我国机电提水工程建设及其发展的过程来看，其显著特点是：数量大，范围广，类型多，发展速度快。（　　）

2. 泵壳内液体所受离心力大小与泵壳内的液体容重成反比。（　　）

3. 间隙汽蚀发生在叶片表面。（　　）

4. 为提高水泵的安装高程，减小水头损失，进水管路直径需设置得小一些。（　　）

5. 变频调节技术主要是通过改变供电频率 $f$，从而改变电动机转子的转速 $n$，最后达到调整电动机输出功率，确保高效经济运行效果。（　　）

6. 使用变频调速装置后，由于变频器内部滤波电容的作用，$\cos\psi=1$，从而增加无功损耗，减小电网的有功功率。（　　）

### 四、名词解释

1. 泵

2. 水泵

3. 汽蚀

### 五、简答题

1. 离心泵是如何工作的？

2. 轴流泵是如何工作的？

3. 汽蚀对水泵性能有哪些影响？

4. 说明下列水泵型号的含义：
IS50-32-200A；2BA-6B；14Sh-9；200S-63

# 6

# 泵 站 建 筑 物

【知识目标】
- 了解泵站进水建筑物的组成结构以及各部分的作用。
- 熟知泵站出水建筑物的组成结构以及各部分的作用。
- 明白泵房的结构型式的类型以及各自特点。
- 知晓泵房的布置内容。

【技能目标】
- 能够根据图纸识别出泵站进水建筑物和出水建筑物的结构组成。
- 会根据资料判断泵房的结构形式。
- 能够对根据工程概况对泵房进行见的布置。

【思政目标】
- 培养学生语言表达能力和逻辑思维能力,增强学生团结协作意识。

## 江 都 排 灌 站

江都排灌站,江苏省江都水利枢纽工程中四座大型抽水站的总称。站址位于江苏省扬州市以东14km江都县境内,在京杭大运河、新通扬运河和淮河入江尾闾芒稻河的交汇处。它和芒稻闸、江都西闸、邵仙闸洞、运盐闸、江都东闸、宜陵闸、宜陵地下涵洞、邵伯闸、土山洞、送水闸、宜北闸、五里窑船闸、宜陵船闸以及淮河入江水道上的万福闸、太平闸、金湾闸16座水工建筑物组成江都水利枢纽。它既是治淮建设中一项综合利用的重点工程和江苏省江水北调工程的起点,也是中国抽引长江水北上的南水北调工程(东线)梯级扬水站的第一级泵站的主要组成部分。

江都水利枢纽的主体工程,中国最大的电力排灌站。它既是一项灌溉、排涝、发电、供水综合利用的重点工程,又是南水北调工程的一个起点。江都排灌站包括四座大型泵站,于1963—1977年间先后建成。总装机容量为49800kW,相应总抽水量为473m³/s。四座泵站均采用中国自己设计、制造的大型立式轴流泵和立式同步电动机。泵站总效率约为60%。

江都排灌站向江苏北部输送江水,对淮北地区农业改制(旱作改水稻)起了决定性作用,使徐、淮地区由农业低产区变为高产区。同时,通过对京杭运河供水,使运河运量日益增长,促进了城乡及南北物资交流,繁荣了地方经济。

【知识准备】

# 6.1 泵站进、出水建筑物

泵站进、出水建筑物包括：进水涵闸、引（排）水渠（暗管、涵洞）、前池、进水池、进出水管、出水池（压力水箱及泄水涵洞）、分水闸（防洪闸）等。进、出水建筑物的布置形式和尺寸直接影响水泵性能、装置效率、工程造价以及运行管理。

## 6.1.1 进水建筑物
### 6.1.1.1 引渠

泵站的泵房远离水源时，应设计引渠（岸边式泵站可设涵洞），以便将水源的水流均匀地引至前池和进水池。

1. 引渠的要求

（1）有足够的输水能力，以满足泵站的引水流量。

（2）渠线宜顺直。如需设弯道，则土渠弯道半径应大于5倍渠道水面宽，石渠及衬砌渠弯道半径宜大于3倍渠道水面宽，弯道终点与前池进口之间应有大于8倍渠道水面宽的直段长度。

（3）要有拦污、沉沙、冲沙（对于多泥沙河流）、拦冰（对于寒冷地区）等设施，防止污物、有害泥沙、冰块进入前池。

（4）渠线宜避开地质构造复杂、渗透性强和有崩塌可能的地段，渠身宜设在挖方地基上，少占耕地，保证引渠安全稳定，且节省工程投资。

（5）应为前池、进水池提供良好的水流条件，渠中流速要小于不冲流速而大于不淤流速，以防止冲刷和淤积。

2. 引渠的类型

泵站的引渠，分为自动调节引渠和非自动调节引渠。

（1）自动调节引渠。引渠的渠顶高程沿程不变，且高于渠内可能出现的最高水位，通常引渠较短，底坡平缓。引渠进口一般不设控制建筑物，它具有一定的调节容积，渠道沿线不会发生漫溢现象，可以适应泵站在不同流量时的工作需要，其缺点是挖方量大，泵房应有防洪设施。

（2）非自动调节引渠。当引渠较长，且泵站附近的渠道处于半挖半填的地段时，应采用非自动调节引渠。如果采用自动调节渠道，则挖方量较大，经济上不合理。非自动调节引渠的渠顶沿程具有一定的坡降，一般和渠底坡降相同。当渠中通过设计流量时，水面平行渠底，如果水泵的抽水流量减少，引渠中就会出现壅水，可能发生漫顶的危险。因此，需在引渠的末端设置侧向溢流堰或在引渠的进口处设置控制闸。

### 6.1.1.2 前池

1. 前池的作用

在有引渠的泵站中，前池是引水渠和进水池之间的连接建筑物。前池的底部在平面上呈梯形，其短边等于引渠底宽，长边等于进水池宽度。纵剖面为一逐渐下降的斜坡与进水池池底衔接。它的作用是：平顺地扩散水流，将引渠的水流均匀地输送给进水池，为水泵提供良好的吸水条件；当水泵流量改变时，前池的容积起一定的调节作用，从而减小前池和引渠的水位波动。

2. 前池的形式

（1）按水流方向，可分为正向进水前池和侧向进水前池两种形式。所谓正向进水，是指前池的来水方向和进水池的进水方向一致，如图 6.1 所示。侧向进水是两者的水流方向呈正交或斜交，如图 6.2 所示。

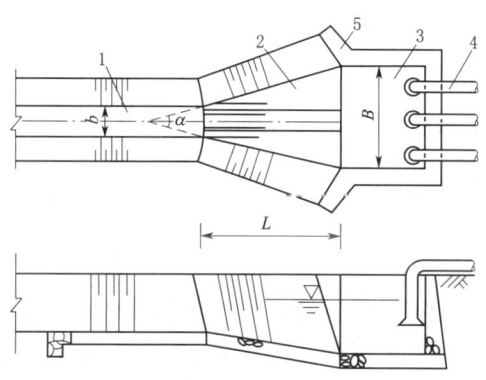

图 6.1　正向进水前池
1—引渠；2—前池；3—进水池；
4—进水管；5—翼墙

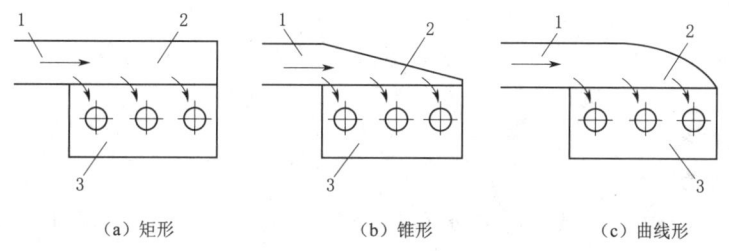

（a）矩形　　　　（b）锥形　　　　（c）曲线形

图 6.2　侧向进水前池
1—引渠；2—前池；3—进水池

正向进水前池形式简单，施工方便，池中水流比较平稳，流速也比较均匀，工程中应尽可能采用正向进水前池。但有时当机组台数较多致使前池尺寸加大、工程投资增加或由于地形条件的限制使总体布置困难时，可采用侧向进水前池。侧向进水前池流态比较紊乱，水流条件较差，由于流向的改变造成流速分布不均匀，容易形成回流和漩涡，出现死水区和回流区，影响水泵吸水；当设计不良时，会使最里面的水泵进水条件恶化，甚至无法吸水。因此，在实际工程中较少采用。当必须侧向进水时，池中宜设置导流设施（导流栅、导流墩、导流墙等），必要时通过模型试验验证。

（2）按前池中有无隔墩，可分为有隔墩和无隔墩两种形式。

### 6.1.1.3　进水池

进水池是为水泵或进水管直接吸水的建筑物，其主要作用是为水泵提供良好的吸水条件，在水泵机组检修时截断水流，水泵运行时拦截水中污物。试验和观测表明，进水池中水流流态对水泵进水性能具有显著影响。如果池中水流紊乱，出现漩涡，空气进入水泵，不仅会减少水泵出水量，降低水泵的效率，甚至引起水泵汽蚀；由于漩涡时有时无且方向随时改变，还会引起水泵机组产生噪声、振动而无法工作。进水池中水流流态除取决于前池的来水外，还和进水池几何形状、尺寸、吸水管在池中的相对位置等因素直接有关。进水池平面形状如图 6.3 所示。

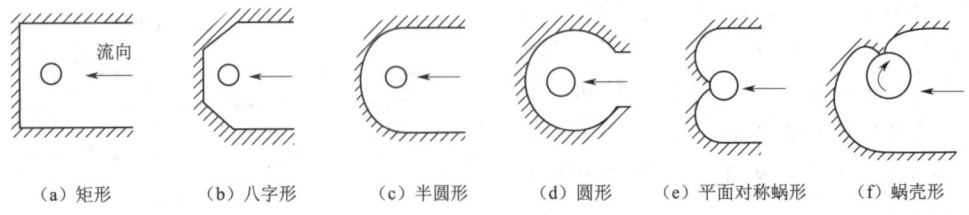

图 6.3　进水池平面形状

(a) 矩形　(b) 八字形　(c) 半圆形　(d) 圆形　(e) 平面对称蜗形　(f) 蜗壳形

进行进水池设计时，进水池的形式和尺寸应满足水泵吸水性能好，能量损失小，水泵装置效率高，机组运行安全、安装、管理、维修方便和工程造价低的要求，合理选择进水池形式，正确确定进水池尺寸及平面形状。

### 6.1.2　出水建筑物

出水池和压力水箱都是泵站的出水建筑物，两者结构形式不同，前者是开敞式，后者是封闭式。出水池是一座连接压力管路和排灌干渠的扩散型水池，主要起消能稳流的作用，把压力水管射出的水流平顺而均匀地引入干渠中，以免冲刷渠道。压力水箱多用于排水泵站中，它位于压力管路和压力涵管之间，并把各管路的来水汇集起来，再由排水压力涵管输送到承泄区。

#### 6.1.2.1　出水池

1. 出水池的类型

（1）根据水流方向分类。按出水和输水方向不同分为正向、侧向和多向出水池，其中以正向出水的水流条件最好，工程中经常采用。出水池平面形式如图 6.4 所示。

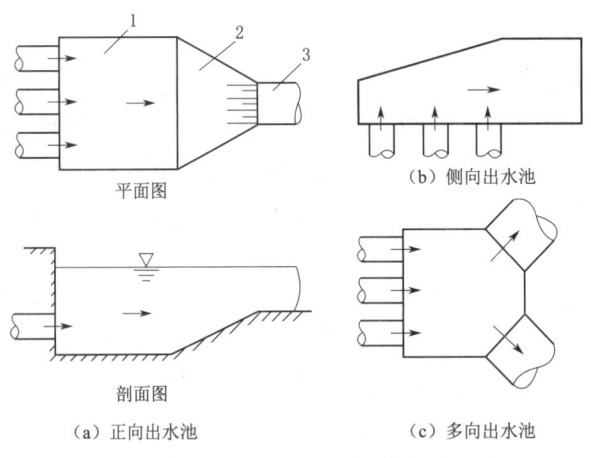

图 6.4　出水池平面形式
1—出水池；2—渐变段；3—干渠

（2）根据出水管出流方式分类。按出水管是否淹没可分为自由出流和淹没出流，如图 6.5（a）所示。自由出流，出水管口高于出水池水位，停泵后池中水不会向出水管倒流，但它浪费扬程，只用在临时性的小型抽水装置中。淹没出流可以充分利用水泵的扬程，其消能效果也好，为防止停泵后出水池中水流向出水管倒流，必须采用一定断流方式进行断流。

(3) 根据断流方式分类。

1) 拍门式。在出水管口安装拍门,用以防止池水倒灌。为减少水泵正常运行时出水管口的水头损失,常在拍门上装平衡锤。为减轻水泵停机拍门关闭时出水管内形成的负压,在靠近拍门的出水管道上设有通气孔,如图 6.5 (b) 所示。

2) 虹吸式。出水管与出水池之间用虹吸管连接。在虹吸管顶部设置真空破坏阀,停机时,阀门自动打开,破坏真空,从而截断水流,如图 6.5 (c) 所示。

3) 溢流堰式。出水池内设溢流堰,防止停机时池水向出水管倒灌。其缺点是溢流堰使池中水位抬高,加大了水泵扬程,如图 6.5 (d) 所示。

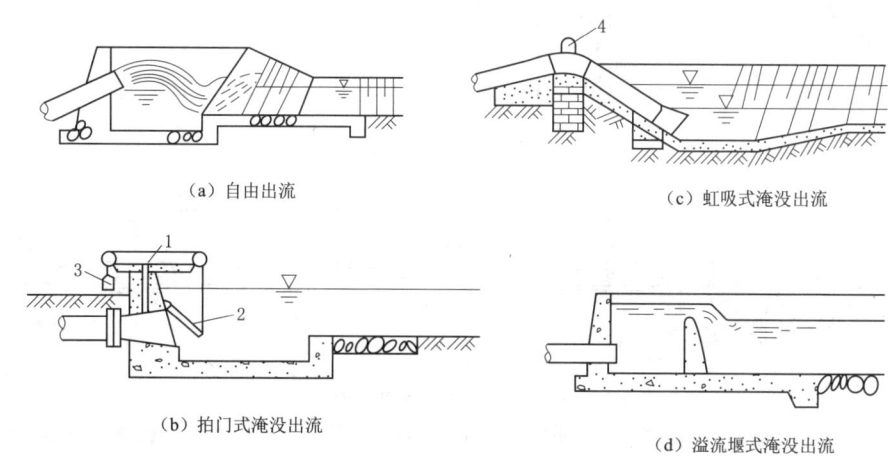

图 6.5　出水管出流方式

1—通气孔；2—拍门；3—平衡锤；4—真空破坏阀

**2. 出水池的构造**

出水池的位置一般位于泵房的陡坡顶部。如果出水池遭受破坏,可能危及泵站安全。

因此,在出水池位置选择和建筑物设计时,要特别重视地基稳定和建筑物的安全问题。

出水池位置应结合管线和泵房位置进行选择。要求地形条件好,地面高程适宜,地基坚实稳定,渗透性小,且工程量少。出水池应尽可能修建在挖方上,如因地形条件限制,必须修建在填方上,填土应碾压密实。

对于地基条件较好的出水池,可采用浆砌石结构;地基条件差或北方地区可采用钢筋混凝土结构。建在填方上时,将出水池做成整体式结构,加大基础埋置深度,或用块石垫层,还要注意做好防渗与排水设施。

### 6.1.2.2　压力水箱

压力水箱是一种封闭式的出水池,箱内水流一般无自由水面。

压力水箱的类型如下:

(1) 按出流方向分,有正向出水与侧向出水两种。正向压力水箱布置如图 6.6 所示。

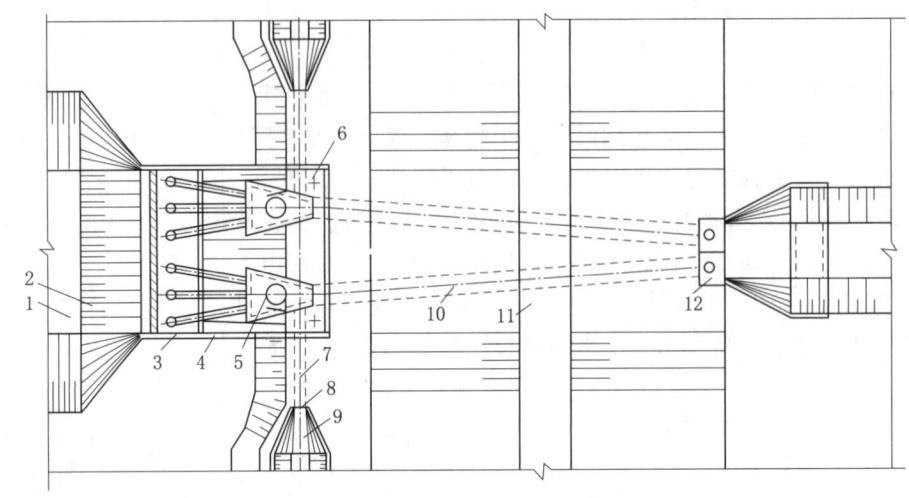

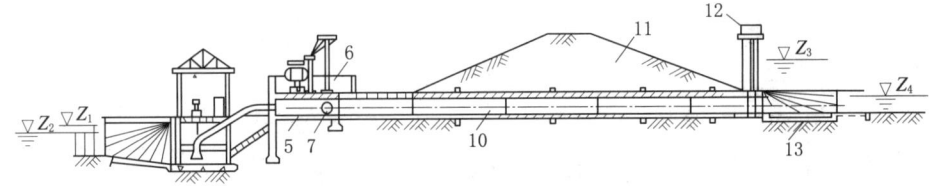

图 6.6 正向压力水箱布置

1—引渠；2—前池；3—泵房；4—挡土墙；5—压力水箱；6—变电站；7—灌溉涵管；8—灌溉闸；9—灌溉干渠；10—压力涵洞；11—防洪堤；12—防洪闸；13—消力池

（2）按平面形状分，有梯形和长方形两种。

（3）按水箱结构分，有隔墩和无隔墩两种。

试验表明，正向出水、平面形状为梯形、有隔墩的压力水箱水流条件较好。

## 6.2 泵 房

水泵站的泵房是安装水泵、动力机与附属设备的房屋，是水泵站的主要组成部分。泵房通过相应的工程措施，将水流平顺地引进与引出泵房，为水泵高效运行创造条件；通过内部的合理布置，为机电设备的安装与检修创造良好的条件，为泵站的管理人员提供较好的工作场所。正确合理地设计泵房，对降低水泵站的工程造价，充分发挥工程效益，保证机组安全运行，延长设备的使用年限等都有很大影响。

### 6.2.1 泵房的结构形式

泵房结构形式有很多，按泵房能否移动分为固定式泵房与移动式泵房两大类。固定式泵房按基础结构分为分基型、干室型、湿室型与块基型四种，移动式泵房根据移动方式的不同有趸船式与缆车式两种。影响泵房结构形式的因素很多，主要影响因素有：水泵与动力机的类型、容量的大小与传动方式，进水池水位变化幅度的大小，泵站站址处的地形与地质条件等。

固定式泵房的房屋与内部的机电设备是固定的,不随进水池水位的变化而改变位置。中小型泵站中多数采用分基型、干室型、湿室型固定式泵房,其结构形式与适用情况各不相同。

固定式泵房的结构特点与适用条件分述如下。

#### 6.2.1.1 分基型泵房

分基型泵房的结构与单层工业厂房相似,主要特点是水泵机组的基础与泵房的基础分开建造。泵房的地板与室外地面高于进水池水位,泵房无水下结构,所以泵房结构简单,材料来源广,施工容易,工程造价低。进水池与泵房分开,泵房的地板较高,通风、采光与防潮都比较好,有利于机组的运行与维护。分基型泵房适用于以下情况:

(1) 进水池水位变幅小于水泵的有效吸程 $H_{效吸}$,$H_{效吸}$ 等于水泵的允许吸水高度减去泵轴到泵房地板的高度,如图 6.7 所示。

(2) 安装中小型卧式离心泵和混流泵机组。

(3) 泵房处的地质条件较好,地下水位较低。

分基型泵房进水侧岸坡可采用以下两种形式:①如地质条件较好,可将进水侧岸坡做成护坡,如图 6.7 所示;②如地质条件较差,可将进水侧做成挡土墙,以增加泵房的稳定性,如图 6.8 所示。

泵房与进水池之间应有一段水平距离,作为检修进水池、进水管与拦污栅等的工作便道,而且对泵房的稳定与施工等也有利。

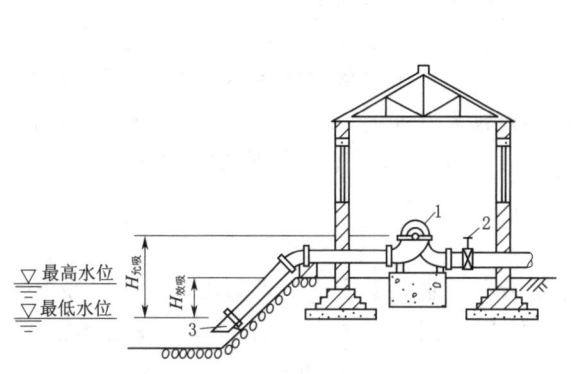

图 6.7 护坡式分基型泵房
1—水泵;2—闸阀;3—平削管

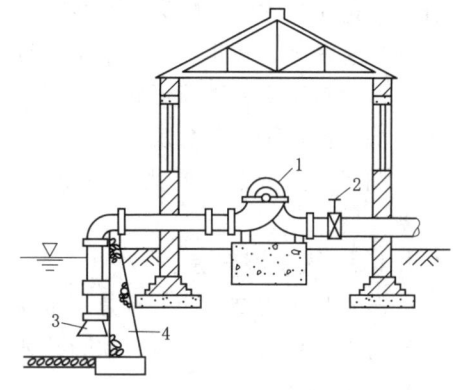

图 6.8 挡土墙式分基型泵房
1—水泵;2—闸阀;3—进水喇叭管;4—挡土墙

#### 6.2.1.2 干室型泵房

当水源水位变幅超过水泵的有效吸程,站址处的地下水位又较高时,宜采用干室型泵房。为防止洪水淹没泵房和地下水渗入泵房,将泵房的底板与洪水位以下泵房的侧墙浇筑成钢筋混凝土整体结构,使泵房底部形成一个防水的地下干室。水泵机组安装在干室内,所以称为干室型泵房,如图 6.9 所示。

干室型泵房的结构特点是,有地上和地下两层结构,地上结构和分基型泵房基本

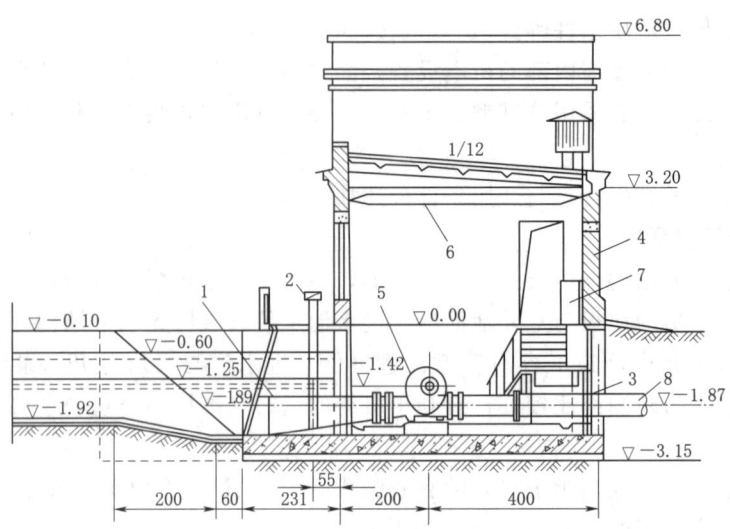

图 6.9 干室型泵房（单位：m）
1—进水管；2—检修闸门；3—地下干室；4—地上结构；5—双吸水泵；
6—吊车；7—控制柜；8—出水管

相同，地下结构为不能进水的干室，主机组安装在干室内，其基础与干室底板用钢筋混凝土浇筑成整体。为了避免水进入泵房，地下干室挡水墙的顶部高程应高于进水侧最高水位，底板高程按最低水位和水泵吸水性能确定。另外，与分基型泵房相比，其结构复杂，工程量较大，泵房的通风、采光条件也较差。干室型泵房适用于以下情况：①进水池水位变幅大于水泵有效吸程；②卧式或立式离心泵与混流泵机组；③泵房的地基承载力较小；④地下水位较高。

干室型泵房的平面形状常采用矩形和圆形，矩形干室型泵房适用于水泵台数较多的情况，圆形干室型泵房适用于水源水位变幅较大（如 8~10m）、机组台数较少的情况。圆形干室型泵房受力条件好，节省建材，但当地下干室较深时，需增设通风设备。

### 6.2.1.3 湿室型泵房

湿室型泵房结构的特点是进水池与泵房合并建造，泵房分上下两层，上层安装电动机与配电设备等，为电机层；进水池布置在泵房下面，形成一个湿室，安装水泵，为水泵层。

湿室型泵房的优点是湿室内有水，有利于泵房的稳定；水泵直接从湿室吸水，吸水管路短，水头损失小；缺点是泵体淹没于水下，维修保养比较困难。湿室型泵房适用于以下情况：①进水池水位变幅较大；②适合安装口径在 900mm 以下的立式轴流泵和导叶式混流泵；③站址处地下水位较高。

湿室型泵房按其下部结构形式不同又可分为墩墙式、排架式、箱式等多种形式，较常用的是墩墙式和排架式。

1. 墩墙式湿室型泵房

墩墙式湿室型泵房下部除进水侧外，其余三面建有挡土墙，每台水泵之间用隔墩分开，形成单独的进水室，支承水泵和电机的井字梁直接搁置在隔墩和边墙上，故称其为墩墙式湿室型泵房。

安装立式轴流泵的墩墙型泵房，其结构与设备如图 6.10 所示。

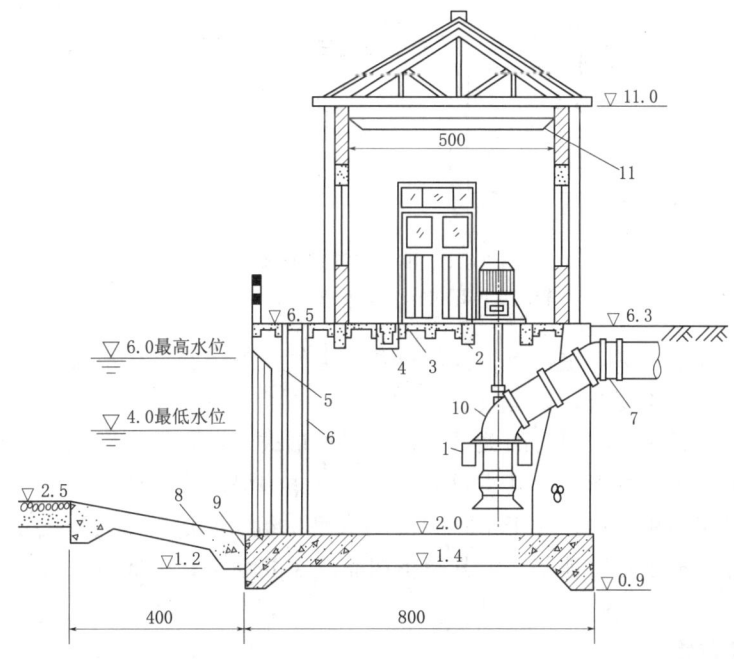

图 6.10 墩墙式湿室型泵房
1—水泵梁；2—电机梁；3—电机层楼板；4—电缆沟；5—拦污栅槽；6—检修闸门槽；
7—柔性接头；8—防渗铺盖；9—水平止水；10—立式轴流泵；11—吊车

墩墙式湿室型泵房的吸水条件较好，每个进水池单独设检修闸门，检修方便；泵房结构简单、施工容易。但由于墙外填土，泵房受到较大的土压力，为满足抗滑稳定，有时需增大泵房重量，导致工程量增加，地基应力加大。所以，墩墙式湿室型泵房适用于地基条件较好的地段。

2. 排架式湿室型泵房

排架式湿室型泵房的水泵层为钢筋混凝土排架，四面都可以进水，用交通桥与地面联系，如图 6.11 所示。排架式湿室型泵房结构轻，材料省，地基应力小，四面环水，不须考虑泵房的抗浮与抗滑稳定问题。但是泵房四周的护砌工程量较大，需要在泵房与河岸之间架设引桥，增加了相应的工程造价。

#### 6.2.1.4 块基型泵房

安装大型轴流泵或混流泵的泵站，由于流量大，对进水流态要求较高，为了给水泵提供良好的进水条件，需采用进水流道。同时为了增强泵房的稳定性，将机组基础、泵房底板和进水流道三者整体浇筑在一起，在泵房下部形成一个大体积的钢筋混凝土块状结构，故称为块基型泵房。

对于安装立式机组的块基型泵房自下而上分为进水流道层、水泵层、联轴器

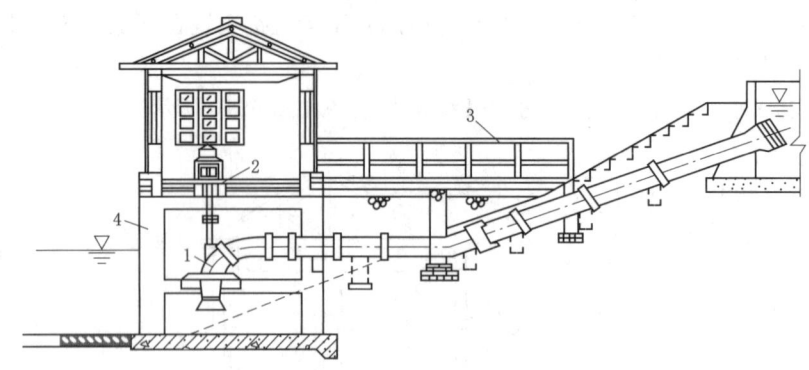

图 6.11 排架式湿室型泵房
1—轴流泵；2—电动机；3—交通桥；4—排架

层（检修层）和电机层。主机组、辅助设备、电气设备均安装在水泵层以上，泵房高度和跨度较大，结构复杂，设备较多。

块基型泵房根据其与堤防的关系、进水流道形式、水泵结构形式、出水流道及断流方式等又可分为多种形式，其主要形式有堤身式和堤后式两种。

块基型泵房适用于口径大于 1200mm 的大型机组。泵房重量大，抗浮、抗滑和结构整体性均好，适于各种地基。尤其是枢纽布置需要泵房直接抵挡外河水位时，采用该形式最为合理。

### 6.2.2 泵房布置

#### 6.2.2.1 泵房内部布置

泵房的结构形式确定后，便可以根据所选水泵机组的类型进行泵房的内部布置，确定泵房的尺寸和控制高程。泵房作为泵站的主体工程，通常由主泵房、配电间、检修间、交通道四大部分组成。泵房内部布置就是对主机组、辅助设备、检修间、控制室等进行统筹安排，以满足机组的正常启动、运行、停机与检修等要求。主机组由水泵、动力机与传动设备组成，辅助设备有充水、起重、配电、检修、排水、通风等设备。

泵房布置的要求如下：

（1）主机组的布置，在满足安装、运行、检修的前提下，尽量做到布置整齐、紧凑，减小泵房尺寸，简化泵房结构。

（2）辅助设备的布置，在满足主机组工作和辅助设备自身工作条件下，尽量布置在泵房的空地上，充分利用泵房空间，不增加泵房尺寸，并避免交叉干扰。

（3）满足泵房通风、采光和采暖的要求，并符合防潮、防火、防噪声、节能、劳动安全与工业卫生等技术规定。

（4）满足内外交通运输要求。

（5）注意建筑造型，做到布置合理、实用美观，能为运行人员提供安全、便利、舒适的工作条件，且与周围环境相协调。

1. 主机组的布置

主机组的布置形式是泵房尺寸大小的决定因素，常有以下三种布置形式。

(1) 一列式布置。主机组布置在同一条直线上,沿泵房的纵向布置成一列,主机组的轴线平行泵房的纵轴线,如图 6.12 (a) 所示。一列式布置简单、整齐,泵房的跨度较小;当机组数量较多时,泵房的长度较大,水泵站的前池与进水池的宽度也会相应加大,增加土方工程量。该布置适合于水泵台数较少的双吸离心泵或中开式多级离心泵、立式机组的泵站。

(2) 平行单列式布置。各机组的轴线平行,沿泵房的纵向布置成一排,如图 6.12 (b) 所示。这种布置形式适合泵房有多台单吸离心泵机组的情况,泵房的长度和进水池的宽度较小,但泵房的跨度较大。

(3) 双列交错式布置。主机组布置成两列,两行主机组的轴线平行于泵房的纵轴线,动力机和水泵的位置是相互交错布置的,如图 6.12 (c) 所示。这种布置形式适合泵房内有多台双吸离心泵的情况,可以缩短泵房的长度,但增加了泵房的跨度,同时机组的运行管理也不方便。

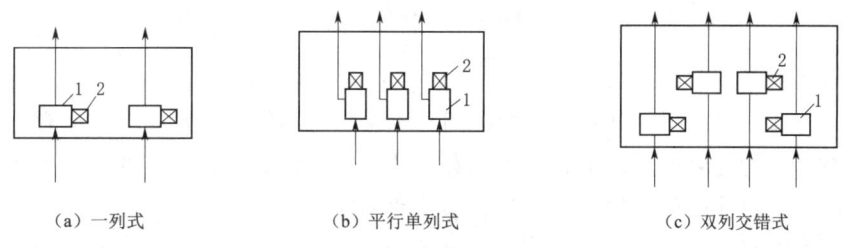

(a) 一列式　　　　　(b) 平行单列式　　　　　(c) 双列交错式

图 6.12　主机组布置形式
1—水泵;2—电动机

2. 辅助设备的布置

(1) 配电设备及配电间布置。配电设备是由仪表、开关、保护装置与母线等组成的配电柜或配电箱,每台主机组一般应配置一套。配电柜的布置形式常采用两种,即分散布置和集中布置。分散布置是把配电柜布置在主机组一旁的空地下,不增加泵房的尺寸,便于对主机组操作控制;集中布置是把配电柜都集中起来布置在主泵房的一端或一侧。

一端布置是在泵房进线一端建配电间,是机组台数较少的泵站常采用的布置形式,如图 6.13 所示。其优点是不增加泵房的跨度,也不影响泵房的通风与照明;但是机组数量较多时电缆太长,管理人员也不便监视远处机组的运行情况。

一侧布置是把配电柜集中布置在泵房一侧的配电间,一般以出水侧居多。优点是便于监视泵房内全部主机的运行情况;但是配电柜要占用一定的空间,会增大泵房的跨度,也影响泵房的通风与采光。配电柜布置所需的面积,即配电间的面积,应根据配电柜的数量、尺寸,必要的操作空间与安全运行空间来确定。配电柜的类型很多,不同规格尺寸差别较大,维护方式也不相同。有的可靠墙设置,有的则不能靠墙设置,应根据要求布置。配电柜前应有一定的安全操作空间,通常为 1.5～2.0m。

为防止电器设备受潮损坏,配电间的地板高程应用于主泵房的地板高程,常与泵

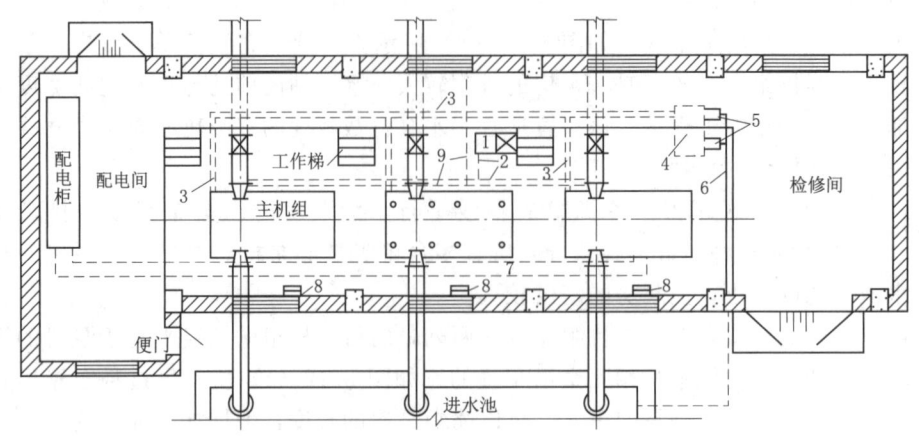

图6.13 单层泵房布置示意图
1—真空泵；2—抽气管；3—排水沟；4—集水池；5—排水泵；6—排水泵出水管；
7—电缆沟；8—启动器；9—供水管

房内的交通道布置在同一高程上。配电间与主泵房之间是否设置隔墙，应根据设备布置情况与运行管理要求来确定。如果设置隔墙，应在隔墙设一个交通门，另外，配电间还要设一个向外面开启的便门，作为事故时的安全门。

（2）检修间的布置。检修间经常布置于泵房大门的一端，便于运输设备，如图6.13所示。检修间的平面尺寸主要根据机组的安装、检修要求确定，其面积大小应满足一台机组安装或解体大修的要求，应能同时安放电动机转子联轴、上机架、水泵叶轮或主轴等大部件，并有工作通道和操作需要的场地。为便于吊车运行，其跨度还应与主泵房相同。为方便载重汽车驶入检修间运输设备，检修间的尺寸应满足汽车顺利进出。检修间与主泵房之间不设隔墙，以方便设备搬运。检修间地板高程应略高于室外地面，既防止室外雨水流入，又不影响车辆行走。小型泵房内一般不设专门的检修间，而是利用两机组之间的空地来检修机组。

检修间的尺寸还应考虑以下要求：

1）应留有运输最重部件汽车能进入泵房的空间，其长度可取1.0~1.5倍机组段长度。

2）卧式机组应满足设备进入泵房的要求，但不宜小于5.0m。

3）当泵房是多层结构时，各层楼板均应设置吊物孔，以吊运下部设备到检修间。吊物孔的尺寸应按吊运的最大部件或设备外形尺寸各边加0.2m的安全距离确定。

（3）充水设备的布置。安装高程高于进水池水位的水泵，启动前必须先充水才能启动水泵。小型水泵采用人工灌水方法启动，口径大于300mm，或台数较多时要用真空泵充水启动。真空泵与其他设备组成一个真空泵抽气充水系统，其位置应合理布置，否则会影响主机组的运行。为不增加泵房尺寸，常把真空泵抽气充水系统布置在墙角处或主机组进水管道间的空地上。

（4）交通道的布置。泵房内的交通道应沿泵房的长度方向布置，贯通整个水泵房，便于管理人员通行、巡视与搬运设备等。交通道的宽度应不小于 1.5m，通道顶高程可依具体情况而定。分基型泵房的交通道常设在泵房的出水侧靠墙处，通道顶高于管顶，并留有一定的检修空间。

有的泵房内的交通道兼作闸阀的操作平台，通道顶高程还要考虑闸阀的操作要求。交通道与主泵房地板之间应设踏步，以方便管理人员行走。

（5）排水设备的布置。排水设备是用于排除泵房内的积水的，常采用明沟排水。沿泵房的纵向设置主排水沟，沟底以 2% 左右的斜坡通向排出口；再设若干条辅助排水沟，通向需排水的设备处，组成一个简单的排水系统。主排水沟出口处水位高于进水池水位时，排水系统自流排水；如进水池水位较高，不能自排，应在排水出口处建集水井，用排水泵抽排。

（6）起重设备的布置。起重设备是安装与检修机组等较重设备时起吊、搬运用的，有多种形式、多种规格。泵房内最重设备重量如不超过 10kN，可不设固定起吊设备，用三脚架装手动葫芦起吊设备。若泵房内设备较多，且起重量不超过 50kN，可设带葫芦的手动（或电动）单轨迹滑车。

（7）通风设备的布置。水泵站的泵房大多位于坡脚处，地势低，通风条件较差。泵房通风不良，容易造成室内湿度大，温度高，使机组效率下降，设备老化过快，使用寿命短，不利于运行管理人员的身心健康。所以，要处理好泵房的通风问题，对深度较大的干室型泵房，更应处理好通风问题。

泵房的通风方式有自然通风和机械通风，有条件的尽可能采用自然通风。在泵房的两侧墙的中部，设高低两层通风窗，窗口总面积应不小于室内地面面积的 25%。上下两层窗的距离应大一些，以利于提高通风效果。自然通风是利用热压通风和风压通风，有风时靠风压通风，泵房的一侧进风，一侧出风；无风时靠热压通风，下层窗进风，上层窗出风。如果自然通风无法满足泵房通风散热的要求，需采用机械通风，利用风扇（或风机）通风换气。

#### 6.2.2.2 泵房的整体稳定分析

在完成泵房内部布置及尺寸初步拟定后，为了论证泵房在不同的情况下都能保证自身的整体稳定，还必须进行泵房整体稳定分析，它包括抗滑稳定计算及地基应力校核等内容。

根据水力计算和设备布置初步拟订泵房尺寸之后，对于堤身式湿室型和块基型泵房还需进行抗渗、抗滑校核；分基型泵房只需进行基础的基底压力验算；干室型泵房除进行上述稳定计算外，还需进行抗浮稳定验算。如果不能满足要求，则必须对泵房内的设备布置或其尺寸进行调整，对地基进行处理，直到满足稳定要求后才能进行泵房有关构件的结构计算。

泵房在各种不利荷载组合的情况下，都应保证整体稳定。首先是地基的稳定，泵房基底压力不应超过地基土的允许承载力，以免地基产生过大的沉陷或不均匀沉陷，或深层滑动，在渗透水流作用下，应保证地基的渗透稳定，不产生管涌和流土现象。对泵房本身，应保证抗滑稳定和抗浮稳定。由于稳定计算时已控制了泵房地基应力不均匀系数，故一般不需要做泵房的抗倾稳定验算。

# 章 节 练 习 题

## 一、填空题

1. 泵站进、出水建筑物包括（　　）、（　　）、（　　）、（　　）、（　　）、出水池、分水闸等。
2. 泵站的引渠，分为（　　）和（　　）。
3. 在有引渠的泵站中，前池是（　　）和（　　）之间的连接建筑物。
4. 出水管出流方式根据断流方式分（　　）和（　　）。
5. 水泵站的泵房是安装（　　）、（　　）与（　　）的房屋，是水泵站的主要组成部分。
6. 泵房与进水池之间应有一段水平距离，作为检修（　　）、（　　）与（　　）等的工作便道，而且对泵房的稳定与施工等也有利。
7. 泵房作为泵站的主体工程，通常由（　　）、（　　）、（　　）和（　　）四大部分组成。
8. 主机组的布置形式是泵房尺寸大小的决定因素，常有三种布置形式分别为（　　）、（　　）和（　　）。

## 二、判断题

1. 渠线宜顺直。如需设弯道，则土渠弯道半径应大于3倍渠道水面宽。（　　）
2. 非自动调节引渠的渠顶高程沿程不变，且高于渠内可能出现的最高水位，通常引渠较短，底坡平缓。（　　）
3. 进水池是为水泵或进水管直接吸水的建筑物，其主要作用是为水泵提供良好的吸水条件，在水泵机组检修时截断水流，水泵运行时拦截水中污物。（　　）
4. 出水池和压力水箱都是泵站的出水建筑物，两者结构形式不同，前者是封闭式，后者是开敞式。（　　）
5. 出水池的位置一般位于泵房的陡坡底部。（　　）
6. 压力水箱是一种封闭式的出水池，箱内水流一般无自由水面。（　　）
7. 为了避免水进入泵房，地下干室挡水墙的顶部高程应高于进水侧最高水位，底板高程按最低水位和水泵吸水性能确定。（　　）
8. 配电设备是由仪表、开关、保护装置与母线等组成的配电柜或配电箱，每台主机组一般应配置两套。（　　）
9. 检修间地板高程应略高于室外地面，既防止室外雨水流入，又不影响车辆行走。（　　）
10. 安装高程高于进水池水位的水泵，启动前必须先充水才能启动水泵。（　　）

## 三、名词解释

1. 自动调节引渠

2. 干室型泵房

### 四、简答题

1. 分基型泵房、干室型泵房和湿室型泵房分别适用哪些条件？

2. 进水建筑物引渠的设置应遵循哪些技术要求？

# 7

# 泵站运行与维护

【知识目标】
- 了解机组设备的日常操作步骤、设备故障现象及产生原因。
- 熟知泵站工程的日常维护内容和管理方法。
- 了解泵站经济运行方法和技术指标。

【技能目标】
- 能够对一般设备故障进行识别和排除。
- 掌握泵站建筑物及设备的日常维护保养方法。
- 监控泵站的运行数据和安全指标。
- 能初步确定泵站的经济运行方案。

【思政目标】
- 培养学生语言表达能力和逻辑思维能力,增强学生团结协作意识。

## 三盛公黄河水利水枢纽

三盛公黄河水利枢纽工程坐落在巴彦淖尔市磴口县境内的总干渠的入口处。黄河流经巴彦淖尔市345km,灌溉丰饶的河套平原,主要靠东西长180多公里的总干渠。三盛公水利枢纽工程恰似总干渠这条血脉的心脏,是一座以灌溉为主,兼有航运、公路运输、发电及工业供水,渔业养殖综合利用的闸坝工程。拦河闸全长309多米,巍然屹立在波涛滚滚的黄河上,规模宏大,气势雄伟,成为八百里河套独特的人文景观。三盛公水利枢纽河套水利建设史上的一个里程碑。

三盛公黄河水利枢纽工程始建于1959年,是一座以灌溉为主,兼有航运、公路运输、发电及工业供水,渔业养殖综合利用的闸坝工程。建成后的三盛公水利枢纽很好地发挥了调节水量的作用,根除了内蒙古河套地区的水旱灾害,成就了"黄河百害,唯富一套"的经典,还发挥了防凌作用,促进了农业生产的发展;在沟通黄河两岸交通、保障下游用水等方面也起到了重要作用,三盛公黄河大坝使黄河两岸天险变通途;还保证了包头市的工业用水,不再因枯水季节水量小而影响生产。这也是世界上屈指可数的特大型自流区源头枢纽工程、国家水利建设的重点工程,堪称"万里黄河第一闸","北方都江堰"。

【知识准备】

# 7.1 机组的运行与维护

泵站工程的兴建,是为农田灌排和城乡供水等创造一个良好的条件,而管好、用好泵站工程,充分发挥其经济效益,更好地为农业和国民经济各部门服务,还需要加强科学管理。

泵站工程的管理包括组织管理、技术管理、经济管理等。泵站管理的主要内容和任务是根据泵站技术规范和国家的有关规定,制定泵站的运行、维护、检修、安全等技术规程和规章制度;搞好泵站的机电设备、工程设施、供水、排水等管理工作;完善管理机构;建立健全岗位责任制,制定考核、评比和奖惩制度,提高管理队伍的业务素质,认真总结经验,开展技术改造、技术革新和科学试验,应用和推广新技术;按照泵站技术经济指标的要求,考核泵站管理工作等。

## 7.1.1 机组的运行

机组试运行后,并经工程验收委员会验收合格,交付管理单位。管理单位接管后,应组织管理人员熟悉安装单位移交的文件、图纸、安装记录、技术资料,学习操作规程,然后进行分工,按专业对设备进行全面检查,对电气做模拟试验。

机组试运行

在泵站的水工建筑物和主要机电设备安装、试验、验收完成之后,正式投入运行之前,都必须按照《泵站设备安装及验收规范》(SL 317—2015)的要求进行机组的试运行。一切正常后方可投入运行、管理、维护工作。

泵站试运行验收可分为预试运行和试运行验收两个阶段。预试运行应在有关的各项分部工程全部通过验收后,由项目经理申请,总监理工程师确认,项目法人同意并将预试运行方案(含试运行组织机构)报竣工验收主持单位或其委托单位审查批准后即可进行。预试运行应由项目法人主持,项目法人、设计单位、土建施工单位、安装单位、监理单位、设备生产单位、质量监督单位以及管理单位等参加。在预试运行中发生的问题全部处理完毕后,应提出预试运行报告,并报请竣工验收主持单位或其委托单位批准后再进行试运行验收。如果泵站不具备预试运行的条件,经主管部门同意后也可不经过预试运行,直接进行试运行验收。

泵站试运行验收应由竣工验收主持单位或其委托单位主持。泵站试运行验收委员会成员应由竣工验收主持单位或其委托单位任命,由项目法人、设计、施工监理、质量监督、运行管理等有关单位组成。泵站试运行验收应具备以下条件:

(1)泵站土建工程已基本完成。必须动用的部分水工建筑物和输水管道已通过分部工程验收,进、出水池水位及来水量均满足试运行要求。

(2)主机组及辅助设备已安装完毕。有关工作闸门、检修闸门等断流装置及启闭机设备也已安装完成,并已通过分部工程验收,能满足泵站试运行要求。

(3)泵站供电确有保证。供电线路、变电所等均已验收合格,试运行用电计划已落实。

(4)泵站消防系统已通过检查验收。消防设备已齐备、到位。

(5) 试运行方案及各种安全操作条例已经验收委员会批准，泵站试运行值班人员已配齐，岗位责任明确。

(6) 尚未完成的其他工程已采取必要安全隔离措施，并能保证试运行与其他工程安全施工互不干扰。暂不运行的压力管道等已进行了必要处理。

(7) 泵站试运行的测量、监视、控制和保护等设备已安装调试合格。通信系统能满足机组启动运行要求。

#### 7.1.1.1 试运行的目的和内容

1. 试运行的目的

(1) 参照设计、施工、安装及验收等有关规程、规范及其技术文件的规定，结合泵站的具体情况，对整个泵站的土建工程、机电设备及金属结构的安装进行全面系统的质量检查和鉴定，以作为评定工程质量的依据。

(2) 通过试运行，安装工程质量符合规程、规范要求，便可进行全面交接验收工作，施工、安装单位将泵站移交给生产管理单位正式投入运行。

2. 运行条件

(1) 对新安装或长期停用的水泵，在投入供排水作业前，一般应进行试运行，以便全面检查泵站土建工程和机电设备运行，可从中发现遗漏的工作或工程和机电设备存在的缺陷，以便及早处理，避免发生事故，保证建筑物和机电设备及结构能安全可靠地投入运行。

(2) 通过试运行以考核主辅机械协联动作的正确性，掌握机电设备的技术性能，制定一些运行中必要的技术数据，得到一些设备的特性曲线，为泵站正式投入运行做技术准备。

(3) 在一些大中型泵站或有条件的泵站，还可结合试运行进行一些现场测试，以便对运行进行经济分析，满足机组运行安全、低耗、高效的要求。

(4) 通过试运行，确认泵站土建和金属结构的制造、安装或检修质量。

(5) 运行中不能有损坏或堵塞叶片的杂物进入水泵内，不允许出现严重的汽蚀和振动。

(6) 轴承、轴封的温度正常，润滑用的油质、油位、油温、水质、水压、水温符合要求。水泵填料的压紧程度，以有水 30~60 滴/min 滴出为宜。

(7) 进、出水管道要求严格地密封，不允许有进气和漏水现象。

(8) 泵房内、外各种监测仪表和阀件处于正常状态。为了保证安全生产，仪表都应定期检验或标定。

(9) 水泵运行时，其断流设施的技术状态良好。当发生事故停泵时，其飞逸转速不应超过额定转速的 1.2 倍，其持续时间不得超过 2min。

(10) 多泥沙水源的泵站，在提水作业期间的含沙量一般应小于 7%，否则不仅加速水泵和管道的磨损，且影响泵站效率和提水流量，还可能引起水泵过流部件的汽蚀和磨蚀。

3. 试运行的内容

机组试运行工作范围很广，包括检验、试验和监视运行，它们相互联系密切。由于水泵机组为首次启动，而又以试验为主，对运行性能均不了解，所以必须通过一系列的试验才能掌握。其内容主要有：

(1) 机组充水试验。

(2) 机组空载试运行。

(3) 机组负载试运行。

(4) 机组自动开停机试验。

试运行过程中，必须按规定进行全面详细的记录，要整理成技术资料，在试运行结束后，进行正确评估并建立档案保存。

#### 7.1.1.2 试运行的程序

为保证机组试运行的安全、可靠，并得到完善可靠的技术资料，启动调整必须逐步深入，稳步进行。

1. 试运行前的准备工作

试运行前要成立试运行小组，拟定试运行程序及注意事项，组织运行操作人员和值班人员学习操作规程、安全知识，然后由试运行人员进行全面认真的检查。

试运行现场必须进行彻底清扫，使运行现场有条不紊，并适当悬挂一些标牌、图表，为机组试运行提供良好的环境条件和协调的气氛。

(1) 流道部分的检查。

1) 封闭进人孔和密封门。

2) 在静水压力下，检查调整检修闸门的启闭；对快速闸门，工作闸门，阀门的手动、自动做启闭试验，检查其密封性和可靠性。

3) 大型轴流泵应着重流道的密封性检查，其次是流道表面的光滑性。清除流道内模板和钢筋头，必要时可做表面铲刮处理，以求平滑。流道充水，检查进人孔、阀门、混凝土结合面和转轮外壳有无渗漏。

4) 离心泵抽真空检查真空破坏阀、水封等处的密封性。

(2) 水泵部分的检查。

1) 检查转轮间隙，并做好记录。转轮间隙力求相等，否则易造成机组径向振动和汽蚀。

2) 叶片轴处渗漏检查。

3) 全调节水泵要做叶片角度调节试验。

4) 技术供水充水试验，检查水封渗漏是否符合规定或橡胶轴承通水冷却或润滑情况。

5) 检查轴承转动油盆油位及轴承的密封性。

(3) 电动机部分的检查。

1) 检查电动机空气间隙，用白布条或薄竹片拉扫，防止杂物掉入间隙内，造成卡阻或电动机短路。

2) 检查电动机线槽有无杂物，特别是金属导电物，防止电动机短路。

3) 检查转动部分螺母是否紧固，以防运行时受振松动，造成事故。

4) 检查制动系统手动、自动的灵活性及可靠性；复归是否符合要求；视不同机组而定顶起转子（0.003～0.005m），机组转动部分与固定部分不相接触。

5）检查转子上、下风扇角度，以保证电动机本身提供最大冷却风量。

6）检查推力轴承及导轴承润滑油位是否符合规定。

7）通冷却水，检查冷却器的密封件和示流信号器动作的可靠性。

8）检查轴承和电动机定子温度是否均为室温，否则应予以调整；同时检查温度信号计整定位是否符合设计要求。

9）检查核对电气接线，吹扫灰尘，对一次和二次回路做模拟操作，并整定好各项参数。

10）检查电动机的相序。

11）检查电动机一次设备的绝缘电阻，做好记录，并记下测量时的环境温度。

12）同步电机检查碳刷与刷环接触的紧密性、刷环的清洁程度及碳刷在刷盒内动作的灵活性。

(4) 辅助设备的检查与单机试运行。

1）检查油压槽、回油箱及贮油槽油位，同时试验液位计动作的正确性。

2）检查和调整油、气、水系统的信号元件及执行元件动作的可靠性。

3）检查所有压力表计、真空表计、液位计、温度计等反应的正确性。

4）逐一对辅助设备进行单机运行操作，再进行联合运行操作，检查全系统的协联关系和各自的运行特点。

2. 机组空载试运行

(1) 机组的第一次启动。经上述准备和检查合格后，即可进行第一次启动。第一次启动应用手动方式进行。一般都是空载启动，这样既符合试运行程序，也符合安全要求。空载启动是检查转动部件与固定部件是否有碰摩，轴承温度是否稳定，摆度、振动是否合格，各种表计是否正常，油、气、水管路及接头、阀门等处是否渗漏，测定电动机启动特性等有关参数，对运行中发现的问题要及时处理。

(2) 机组停机试验。机组运行 4～6h 后，上述各项测试工作均已完成，即可停机。机组停机仍采用手动方式，停机时主要记录从停机开始到机组完全停止转动的时间。

(3) 机组自动开、停机试验。开机前将机组的自动控制、保护、励磁回路等调试合格，并模拟操作准确，即可在操作盘上发出开机脉冲，机组即自动启动。停机也以自动方式进行。

3. 机组负载试运行

机组负载试运行的前提条件是空载试运行合格，油、气、水系统工作正常，叶片角度调节灵活（指全调节水泵），各处温升符合规定。振动、摆度在允许范围内，无异常响声和碰擦声，经试运行小组同意，即可进行带负载运行。

(1) 负载试运行前的检查。

1）检查上、下游渠道内及拦污栅前后有无漂浮，并应妥善处理。

2）打开平衡闸，平衡闸门前后的静水压力。

3）吊起进、出水侧工作闸门。

4）关闭检修闸阀。

5）油、气、水系统投入运行。

6）操作试验真空破坏阀，要求动作准确，密封严密。

7）将叶片调至开机角度。

8）人员就位，抄表。

(2) 负载启动。上述工作结束即可负载启动。负载启动用手动或自动均可，由试运行小组视具体情况而定。负载启动时的检查、监视工作，仍按空载启动各项内容进行。如无抽水必要，运行6～8h后，若一切运行正常，可按正常情况停机，停机前抄表1次。

4. 机组连续试运行

在条件许可的情况下，经试运行小组同意，可进行机组连续试运行。其要求如下：

(1) 单台机组运行应在7d内累计运行48h或连续运行24h（均含全站机组联合运行小时数）。全站机组联合运行时间宜为6h，且机组无故障停机次数不少于3次，每次无故障停机时间宜不超过1h。执行全站机组联合运行时间确有困难时，可由验收委员会或上级主管部门根据具体情况适当减少，但最少应不少于2h。

(2) 连续试运行期间，开机、停机不少于3次。

(3) 全站机组联合运行的时间不少于6h。

机组试运行以后，并经工程验收委员会验收合格，交付管理单位。管理单位接管后，应组织管理人员熟悉安装单位移交的文件、图纸、安装记录、技术资料，学习操作规程，然后进行分工，按专业对设备进行全面检查，对电气做模拟试验。一切正常即可投入运行、管理、维护工作。

#### 7.1.1.3 运行方式

水泵机组的运行方式是决定水系统管理方式的重要因素。而水系统的总体管理方式又反过来对水泵的运行方式给予一定的制约。在任何情况下，决定运行操作方式以及操作方法，都必须根据水泵机组的规模、使用目的、使用条件及使用的频繁程度等确定，并使水泵机组安全可靠而又经济地运行。

水泵机组的运行方式

一般条件下，水泵运行过程中从开始启动到停机操作完毕，主水泵及辅助设备的操作都是这样进行的，但也有采用各机组单台联动操作或多台联动操作的，必要时由计量测试装置发出相应的指令进行自动开停机操作。究竟采用何种操作方式，必须从水系总体的管理方式出发，视其重要性、设施的规模、作用、管理体制等确定。运行方式有一般手动操作（单独、联动操作）和自动操作两大类。

1. 开机

对于离心泵为关阀启动。启动前，水泵和吸入管路必须充满水并排尽空气。当机组达到额定转速，压力超过额定压力后，打开闸阀，使机组投入正常运行。

对于轴流泵为开阀启动。启动前，应向填料面上的接管引注清水，润滑橡胶轴承。待动力机转速达到额定值后，停止充水，完成启动任务。

2. 运行

(1) 水泵运行要求如下：

1) 运行中不应有损坏或堵塞水泵的杂物进入泵内。

2) 水泵的汽蚀和振动应在允许范围内。

3) 多泥沙水源泵站提水作业期间水源的含沙量不应超过7%。

4) 轴承、填料函的温度应正常。润滑和冷却用的油质、油位、油温和水质、水压、水温均应符合要求。

5) 全调节水泵的调节机构应灵活可靠。采用液压或机械调节机构还应注意观测受油器温度和漏油等现象。

6) 水泵的各种监测仪表应处于正常状态。

7) 水泵运行中应监视流量、水位、压力、真空度和运行温度、振动等技术参数。

8) 对于投运机组台数少于装机台数的泵站，每年运行期间应轮换开机。

(2) 对于季节性运行的排灌泵站，投入运行时，应做好以下工作：

1) 在机组投入正常的排灌作业前，要进行试运行，并应检查前池的淤积、管路支撑、管体的完整以及各仪表和安全保护设施等情况。

2) 开启进水闸门，使前池水位达到设计水位，开启吸水管路上的闸阀（负值吸水时），或抽真空进行充水；启动补偿器或其他启动设备启动机组，当机组达到额定转速，压力超过额定压力后（指离心泵机组），逐渐开启出水管路上的闸阀，使机组投入正常运行。

3) 观察机组运行时的响声是否正常。如发现过大的振动或机械撞击声，应立即停机进行检修。

4) 经常观察前池的水位情况，清理拦污栅上堵塞的枯枝、杂草、冰屑等，并观测水流的含沙量与水泵性能参数的关系。

5) 检查水泵轴封装置的水封情况。正常运行的水泵，从轴封装置中渗漏的水量以每分钟30~60滴为宜。滴水过多说明填料压得过松，起不到水封的作用，空气可能由此进入叶轮（指双吸式离心泵）破坏真空，并影响水泵的流量或效率。相反，滴水过少或不滴水，说明填料压得太紧，润滑冷却条件差，填料易磨损发热变质而损坏，同时泵轴被咬紧，增大水泵的机械损失，使机组运行时的功率增加。

6) 检查轴承的温度情况。经常触摸轴承外壳是否烫手，如手不能触摸，说明轴承温度过高。这样将可能使润滑油质分解，摩擦面油膜被破坏，润滑失效，并使轴承温度更加升高，引起烧瓦或滚珠破裂，造成轴被咬死的事故。轴承的温升一般不得超过周围环境温度35℃，轴承的温度最高不得超过75℃。运行中应对冷却水系统的水量、水压、水质经常观察。润滑油的油量、油质、油管是否堵塞以及油环是否转动灵活，也应经常观察。

7) 注意真空表和压力表的读数是否正常。正常情况下，开机后真空表和压力表的指针偏转一定数值后就不再移动，说明水泵运行已经稳定。如真空表读数下降，一定是吸水管路或泵盖结合面漏气。如指针摆动，很可能是前池水位过低或者吸水管进口堵塞。压力表指针如摆动很大或显著下降,很可能是转速降低或泵内吸入空气。

8) 机组运行时还应注意各辅助设备的运行情况,遇到问题应及时处理。

3. 运行中的监视与维护

机组运行过程中,值班人员应加强监视,并注意以下事项:

(1) 注意机组有无不正常的响声和振动。不正常的响声和振动往往是故障发生的前兆,遇此情况,应立即停机检查排除隐患。

(2) 注意轴承温度和油量的检查。水泵运行中应经常测量或查看轴承温度,并检查润滑油量是否足够。一般滑动轴承的最大容许温度为70℃,滚动轴承的最大允许温度为95℃。轴承内的润滑油脂要注意定期更换。轴承内的润滑油量应适中。根据经验,一般加至轴承箱的1/2~2/3为宜或加到油标尺所规定的位置。

(3) 检查动力机的温度。定时测量动力机有关部位的温度,温度值显示不正常,应立即停机检查。

(4) 注意各类仪表指示的变化。超出正常值或表针剧烈跳动和变化,都应立即查明原因。电动机电流超出额定值,属于电机过载,一般不允许长期超载运行。

(5) 填料函外的压盖要松紧适度,所用的填料要符合要求。

(6) 注意防止水泵过流断面发生汽蚀。含泥沙的水流对水泵产生摩擦并加剧汽蚀,低负荷或超负荷运行都会引起汽蚀破坏,水位低于最低设计水位、流态不平稳都是产生汽蚀的原因。对于轴流泵可调整叶片安装角度,使工作点转移到汽蚀余量较小的区域。

(7) 进水的防污和清淤。及时清除水泵进水拦污栅前的杂草等漂浮物,防止吸入水泵。使水泵效率下降,甚至击碎叶片。

(8) 值班人员在机组运行中要做好记录。应定时抄记表计的读数,发现异常时应增加观测和记录的次数,以便分析和处理故障。

4. 停机

停机前先关闭出水闸门,然后关闭进水管路上的闸阀(对于离心泵而言)。对于卧式轴流泵,停机前应将通气管闸阀打开,再切断电源,并关掉压力表和真空表以及水封管路上的小闸阀,使机组停止运行。轴流泵关闭压力表后,即可停机。

北方地区冬季停机后,为了防止管路和机组内的积水结冰冻裂设备,应打开泵体下面的堵头放空积水。同时清扫现场,保持清洁。做好机组和设备的保养工作,使机组处于随时可启动的状态。

## 7.1.2 机组的故障处理

机组运行中可能会发生故障,但是一种故障的发生和发展往往是多种因素综合作用的结果。因此,在分析和判断一种故障时,不能孤立地、静止地就事论事,而要全面综合分析,找出发生故障的原因,及时而准确地排除故障。水泵运行中,值班人员应定时巡回检查,通过监测设备和仪表,测量水泵的流量、扬程、压力、真空度、温度等技术参数,认真填写运行记录,并定期进行分析,为泵站管理和技术经济指标的考核提供科学依据。

水泵运行发生故障时,应查明原因及时排除。泵故障及其故障原因繁多,处理方法各不相同。水泵常见的故障大体上可分为水力故障和机械故障两类。抽不出水或是水量不足、发生汽蚀现象等属于水力故障；泵轴和叶片断裂、轴承损坏等属于机械故障。机组运行中常见的故障及排除方法见表7.1和表7.2。

表7.1　　　　　　　　离心泵、混流泵的故障原因和处理方法

| 故障 | 原因 | 处理方法 |
|---|---|---|
| 水泵不出水 | 没有灌满水或空气未抽尽 | 继续灌水或抽气 |
| | 泵站的总扬程太高 | 更换较低扬程的水泵 |
| | 进水管路或填料函漏气严重 | 堵塞漏气部位，压紧或更换填料 |
| | 水泵的旋转方向不对 | 改变旋转方向 |
| | 水泵的转速太低 | 提高水泵转速 |
| | 底阀锈住，进水口或叶轮的横道被堵塞 | 修理底阀，清除杂物，进水口加做拦污栅 |
| | 扬程太高 | 降低水泵安装高程，或减少进水管道的阀件 |
| | 叶轮严重损坏，密封环磨损大 | 更换叶轮、密封环 |
| | 叶轮螺母及键脱出 | 修理紧固 |
| | 叶轮装反 | 重装叶轮 |
| | 进水管道安装不正确，管道中存有气囊，影响进水 | 改装进水管道，消除隆起部分 |
| 水泵出水量不足 | 工作转速偏低 | 加大配套动力 |
| | 闸阀开得太小或逆止阀有杂物堵塞 | 开大闸阀或清除杂物 |
| | 进水管口淹没深度不够，泵内吸入空气 | 增加淹没深度，或优化进水口结构 |
| 动力机超负荷 | 配套动力机的功率偏小 | 调整配套，更换动力机 |
| | 水泵转速过高 | 降低水泵转速 |
| | 泵轴弯曲，轴承磨损或损坏 | 校正调直，修理或更换轴承动力机 |
| | 填料压得太紧 | 旋转填料密封 |
| | 流量太大 | 减小流量超负荷 |
| 动力机超负荷 | 联轴器不同心或两联轴器之间间隙太小 | 校正同心度或调整两联轴器之间的小空隙 |
| | 运行操作错误：如闭阀长时间运行，产生热膨胀，使密封环摩擦引起 | 正确执行操作顺序，遇有故障立即停机 |
| 运转时有噪声和振动 | 水泵基础不稳定或地脚螺栓松动 | 加固基础，旋转螺栓 |
| | 叶轮损坏，局部被堵塞或叶轮本身不平衡 | 修理或更换叶轮，清除杂物或进行静平衡试验，加以调整 |
| | 泵轴弯曲，轴承座或损坏 | 校正调直，修理或更换轴承 |
| | 联轴器不同心 | 校正同心度 |
| | 进水管口淹没深度不够，空气吸入泵内 | 增加淹没深度 |
| | 产生汽蚀 | 查明原因后再行处理，如降低吸程，减小流量或在水管内注入少量空气等 |

续表

| 故障 | 原 因 | 处 理 方 法 |
|---|---|---|
| 轴承发热 | 润滑油量不足,漏气太多或加油过多 | 加油、修理或减油 |
| | 润滑油质量不好或不清洁 | 润滑油质量不好或不清洁清洗轴承 |
| | 滑动轴承的油环可能折断或卡住不放 | 修理或更换油环 |
| | 皮带太紧,轴承受力不均 | 放松皮带 |
| | 轴承装配不正确或间隙不适合 | 修理或调整 |
| | 泵轴弯曲或联轴器不同心 | 调直或校正同心度 |
| | 轴承损坏 | 修理或更换 |
| | 叶轮上平衡孔堵塞,轴向推力增大,由摩擦引起发热 | 清除平衡孔的堵塞物 |
| 填料函发热或漏水过多 | 填料压得太紧或过松 | 调整压盖的松紧度 |
| | 水封环位置不对 | 调整水封环的位置,使其正好对准水封管口 |
| | 填料磨损过多或轴套磨损 | 更换或重新填缠填料 |
| | 填料质量太差或缠法不对,填料压盖与泵轴的配合公差过小,或因轴承损坏、运转时轴线不正造成泵轴与填料压盖摩擦而发热 | 车大填料压盖内径,或调换轴承 |
| 泵轴转不动 | 泵轴弯曲,叶轮和密封环间隙太大或不均匀 | 校正泵轴,更换或修理密封环 |
| | 轴承损坏被金属碎片卡住 | 调换轴承并清除碎片 |
| | 转动部件与固定部件失去间隙 | 重新装配 |
| | 转动部件锈死或被堵塞 | 除锈或清除杂物 |
| | 填料与泵轴不摩擦,发热膨胀或填料压盖上得太紧 | 泵壳内灌水,待冷却后再行启动运行或调整压盖螺丝的松紧度 |

表 7.2  轴流泵的故障原因和处理方法

| 故障 | 原 因 | 处 理 方 法 |
|---|---|---|
| 动力机超负荷 | 扬程过高,出水管路部分堵塞或拍门未全部开启 | 增加动力,清理出水管路或拍门后设置平衡锤 |
| | 水泵转速过高 | 降低水泵的转速 |
| | 橡胶轴承磨损,泵轴弯曲,叶片外缘与泵壳有摩擦 | 调换橡胶轴承,校正泵轴,检查叶片磨损程度,重新调整安装 |
| | 水泵叶片绕有杂物 | 清除杂物,进水口加做拦污栅 |
| | 叶片安装角度太大 | 调整叶片安装角度 |
| | 动力机选配不当,泵大机小 | 重新选配动力机 |
| | 水源含沙量太大,增加了水泵的轴功率 | 含沙量超过 12%,则不宜抽水 |
| 运转时有噪声和振动 | 叶片外缘与泵壳有摩擦 | 检查并调整转子部件的垂直度 |
| | 泵轴弯曲或泵轴与传动轴不同心 | 校正泵轴,调整同心度 |
| | 水泵或传动装置地脚螺栓松动 | 加固基础,旋紧螺栓 |

续表

| 故障 | 原 因 | 处 理 方 法 |
|---|---|---|
| 运转时有噪声和振动 | 部分叶片击碎或脱落 | 调换叶片 |
| | 水泵叶片绕有杂物 | 清除杂物,进水口加做拦污栅 |
| | 水泵叶片安装角度不一 | 校正叶片安装角度使其一致 |
| | 水泵层大梁振动很大 | 检查机、泵安装位置正确后如仍振动,用顶斜撑加固大梁 |
| | 进水流态不稳定,产生漩涡 | 降低水泵安装高程,后墙、各泵间加隔板 |
| | 推力轴承损坏或缺油 | 修理轴承或加油 |
| | 叶轮拼紧螺母松动或联轴器销钉螺帽松动 | 检查并拼紧所有螺帽和销钉 |
| | 泵轴的轴颈或橡胶轴承磨损 | 修理轴颈或更换橡胶轴承 |
| | 产生汽蚀 | 查明原因后再处理,如改善进水条件、调节工作点 |
| 水泵不出水 | 水泵反转 | 改正方向 |
| | 转速太低或不转 | 提高转速,排除不转因素 |
| | 叶片装反 | 重新安装 |
| | 叶片断裂或松动 | 调整或更换叶片 |
| | 叶轮、叶片缠绕大量杂草杂物 | 除去杂草杂物 |
| | 叶轮淹没深度不够 | 降低水泵安装高程 |
| 水泵出水量减少 | 叶片外圆磨损或部分破损 | 修理或更换 |
| | 装置扬程超高或水管阻塞 | 减小装置扬程,清除堵塞物 |
| | 叶轮淹没深度不够 | 降低水泵安装高程 |
| | 水泵转速低 | 提高转速或更换电动机 |
| | 叶片安装角度太小 | 调整叶片角度 |
| | 叶片缠绕杂草物 | 清除杂草物 |
| | 进水池过小,水补给慢,水位降低较大 | 整改进水池 |
| | 水泵进口离池壁太近 | 机组安装要符合设计距离 |
| | 进水喇叭口被淤泥堵塞 | 清理淤泥 |

### 7.1.3 机组的检修

水泵机组的检修是运行管理中的一个重要环节,是安全、可靠运行的关键,必须认真对待。泵站管理单位应根据设备的使用情况和技术状态,编报年度检修计划。对运行中发生的设备缺陷,应及时处理。对易磨易损部件进行清洗检查、维护修理、更换调试等应适时进行。按照有关技术规定对主机组进行大修时,应对主水泵进行全面解体,对电动机应吊出转子,对其轴承等部件进行检修,更换或调试。水泵机组检修分为日常性检查和保养、定期检修(大修、小修)等。

#### 7.1.3.1 检修的目的和要求

为更好地提供服务,泵站中的所有设备均应具备很高的运行可靠性,保证机组经常处于良好的技术状态。因此,对泵站所有的机电设备,必须进行正常的检查、维护和修理，更新那些难以修复的易损件，修复那些可修复的零件。

1. 日常性检查和保养

水泵的日常性检查和保养工作，是预防故障发生、保证机组安全运行的重要措施。要求经常对设备进行预防性检查，做到防患于未然。主要工作内容如下：

(1) 检查并处理易于松动的螺栓或螺母。

(2) 油、气、水管路接头和阀门渗漏处理。

(3) 电动机碳刷、滑环、绝缘等的处理。

(4) 保持电动机干燥，测量电动机绝缘电阻。

(5) 检修闸门有无卡阻物、锈蚀及磨损情况。

(6) 闸门启闭设备维护。

(7) 机组及设备本身和周围环境保洁。

2. 定期检修

定期检修是机泵管理的重要组成部分，主要是解决运行中已出现并可修复的，或者尚未出现问题而按规定必须检修的零部件。

定期检修是为避免让小缺陷变成大缺陷，小问题变成大问题，为延长机组使用寿命、提高设备完好率、节约能源创造条件。必须认真地、有计划地进行。

定期检修又分局部性检修、解体大修和扩大性大修三种。

(1) 局部性检修。局部性检修是指运行人员可进入直接接触的部件、传动部分、自动化元件及机组保护设备等，一般安排在运行间隙或冬季检修期有计划地进行。主要项目有：

1) 全调节水泵调节器铜套与油套的检查处理。

2) 水泵导轴承的检查。水泵导轴承有橡胶轴承和油导轴承两种。对橡胶轴承的磨损情况、漏水量、轴颈磨损等要检查、记录、处理。油导轴承大多是巴氏合金轴承、质软易磨损，密封效果不好，停机油盆进水，泥沙沉淀，运行时磨损轴承、轴颈。特别是对未喷镀或镶包不锈钢的碳钢轴颈，为了解其锈蚀、磨损情况，应定期检查处理。

油导轴承密封装置常见的有迷宫环、平板密封、空气围带等。由于橡胶件的制作质量及本身易于老化等，若是季节性泵站，停机时间长，空气围带长期处于充气膨胀状态，则损坏率高，应定期检查更换。

3) 温度计、仪表、继电保护装置等检查、检验。这些是鉴定机组能否正常运行的依据，要达到灵活、准确。

4) 上、下导轴承油槽油及透平油取样化验，根据化验结果进行处理。

5) 轴瓦间隙及瓦面检查。根据运行时温度计的温度，有目的地检查轴瓦间隙和轴面情况。

6) 制动部分检查处理。

7) 机组各部分紧固件定位销钉是否松动。

8) 油冷却器外观检查并通水试验，看有无渗漏现象。

9) 检查叶轮、叶片及叶轮外壳的汽蚀情况和泥沙磨损情况，并测量记录其程度。

10）测量叶片与叶轮外壳的间隙。

11）集水廊道水位自控部分准确度的检查及设备维护。

总之，进行局部性检修是为安全运行创造条件，至于检修的时间间隔，可根据不同内容和运行中发现的问题而定。

（2）解体大修。解体大修是一项有计划的管理工作，是解决运行中经大修方能消除的设备重大缺陷，以恢复机组的各项技术指标，机组解体大修包括解体、处理和再安装三个环节。

机组的损坏有两种：一是事故损坏，发生的概率很小。二是正常性损坏，如运行的摩擦磨损、汽蚀损坏，泥沙磨损、各种干扰引起的振动、交变应力的作用和腐蚀、电气绝缘老化等。

在规定的大修周期内，如机组运行并没有出现明显的异常现象，同时又可预测在以后一定时期内仍能可靠地运行，则可适当延长大修的时间。如机组能正常运行，而硬要按规定的大修周期来拆卸机组的部件或机构，将恶化机组的技术状况。应根据机组的工作情况及部件的损坏情况来确定检修的规模。

（3）扩大性大修。当泵房由于基础不均匀沉陷等而引起机组轴线偏移、垂直同心度发生变化，甚至固定部分也因此而受影响，有严重的事故隐患；或者零部件严重磨损、损坏，导致整个机组性能及技术经济指标严重下降而必须进行整机解体，重新修复、更换、调整，并进行部分改造，必要时对水工部分进行修补。

#### 7.1.3.2 检修周期

主机组检修周期应根据机组的技术状况和零部件的磨损、腐蚀、老化程度以及运行维护条件来确定。对于常年运行的用于工业和城镇供水的机组，用于排、灌又要求调相的机组，可逆式的发电机组等，不但要合理地确定检修周期，还要装置一定数量的备用机组，以保证机组在检修期继续供水等。

《泵站技术管理规程》（GB/T 30948—2014）规定大修周期为：主水泵为3～5年或运行2500～15000h，主电动机3～8年或运行3000～20000h；小修周期为：主水泵为1年或运行1000h，主电动机1～2年或运行2000h；并可根据情况提前或推迟。

对用于农田排灌的季节性泵站，不需要规定明确的大修周期和严格的检修分类，这类泵站有充足的时间进行检修或大修。

在确定大修周期和工作量时，应注意下列事项：

（1）如没有特殊要求，尽量避免拆卸技术性能良好的部件和机构，因在拆卸和装配过程中可能会造成损坏或不能满足安装精度要求。

（2）应尽量延长抢修周期。要根据零部件的磨损情况、类似设备的运行经验、设备运行中的性能指标等，当有充分把握保证机组正常运行时，就不安排大修；也不能片面地追求延长大修周期，而不顾某些零部件的磨损情况。大修应有计划地进行，以保证机组正常效益的发挥。

（3）尽量避免全部分解、拆卸机组的所有部件或机构，特别是那些精度、光洁度、配合要求很高的部件、机构。

## 7.1.4 机组故障诊断及排除
### 7.1.4.1 设备故障诊断方法

常用的简易诊断方法主要有听诊法、触测法和观察法等。这些诊断方法需要较长时期的经验累积才能判断准确。

机组故障诊断及排除

1. 听诊法

设备正常运转时，伴随发生的声响总是具有一定的音律和节奏。只要熟悉和掌握这些正常的音律和节奏，通过人的听觉功能就能对比出设备是否出现了重、杂、怪、乱的异常噪声，判断设备内部出现的松动、撞击、不平衡等隐患。用手锤敲打零件，听其是否发生破裂杂声，可判断有无裂纹产生。电子听诊器是一种振动加速度传感器。它将设备振动状况转换成电信号并进行放大，工人用耳机监听运行设备的振动声响，以实现对声音的定性测量。通过测量同一测点、不同时期、相同转速、相同工况下的信号，并进行对比，来判断设备是否存在故障。当耳机出现清脆尖细的噪声时，说明振动频率较高，一般是尺寸相对较小的、强度相对较高的零件发生局部缺陷或微小裂纹。当耳机传出浑浊低沉的噪声时，说明振动频率较低，一般是尺寸相对较大的、强度相对较低的零件发生较大的裂纹或缺陷。当耳机传出的噪声比平时增强时，说明故障正在发展，声音越大，故障越严重。当耳机传出的噪声是杂乱无规律的间歇出现时，说明有零件或部件发生了松动。

听诊还可以用螺丝刀（或金属棒）尖部对准所要诊断的部位，用手握住螺丝刀，放耳细听。这样做可以滤掉一些杂音。

2. 触测法

用人手的触觉可以监测设备的温度、振动及间隙的变化情况。人手上的神经纤维对温度比较敏感，可以比较准确地分辨出 80℃ 以内的温度。当机件温度在 0℃ 左右时，手感冰凉，若触摸时间较长会产生刺骨痛感。10℃ 左右时，手感较凉，但一般能忍受。20℃ 左右时，手感稍凉，随着接触时间延长，手感渐温。30℃ 左右时，手感微温，有舒适感。40℃ 左右时，手感较热，有微烫感觉。50℃ 左右时，手感较烫，若用掌心按的时间较长，会有汗感。60℃ 左右时，手感很烫，但一般可忍受 10s 的时间。70℃ 左右时，手感烫得灼痛，一般只能忍受 3s 的时间，并且手的触摸处会很快变红。触摸时，应试触后再细触，以估计机件的温升情况。用手晃动机件可以感觉出 0.1～0.3mm 的间隙大小。用手触摸机件可以感觉振动的强弱变化和是否产生冲击，以及溜板的爬行情况。用配有表面热电偶探头的温度计测量滚动轴承、滑动轴承、主轴箱、电动机等机件的表面温度，则具有判断热异常位置迅速、数据准确、触测过程方便的特点。

3. 观察法

人的视觉可以观察设备上的机件有无松动、裂纹及其他损伤等；可以检查润滑是否正常，有无干摩擦和跑、冒、滴、漏现象；可以查看油箱沉积物中金属磨粒的多少、大小及特点，以判断相关零件的磨损情况；可以监测设备运动是否正常，有无异常现象发生；可以观看设备上安装的各种反映设备工作状态的仪表，了解数据的变化情况；可以通过测量工具和直接观察表面状况，检测产品质量，判断设备工作状况。

把观察的各种信息进行综合分析，就能对设备是否存在故障、故障部位、故障的程度及故障的原因做出判断。通过仪器，观察从设备润滑油中收集到的磨损颗粒，实现磨损状态监测的简易方法是磁塞法。它的原理是将带有磁性的塞头插入润滑油中，收集磨损产生出来的铁质磨粒，借助读数显微镜或者直接用人眼观察磨粒的大小、数量和形状特点，判断机械零件表面的磨损程度。用磁塞法可以观察出机械零件磨损后期出现的磨粒尺寸较大的情况。观察时，若发现小颗磨粒且数量较少，说明设备运转正常；若发现大颗磨粒，就要引起重视，严密注意设备运转状态；若多次连续发现大颗粒，便是即将出现故障的前兆，应立即停机检查，查找故障，进行排除。

机组设备出现故障后，应查找原因，及时处理。原因查找的方法如下：

(1) 横向比较法。同一泵型横向进行比较，分析故障原因。

(2) 纵向比较法。同一台水泵根据以前运行记录和运行情况，查找故障原因。

(3) 循因追溯法。根据故障可能产生的原因，一一排除，最终查找出故障原因。

#### 7.1.4.2 故障排除案例分析

**【案例 7.1】** 水泵转子窜轴故障。

故障现象：某泵站装机 8 台 26HB-30 水泵，配套电动机 JS138-10 型、180kW，直联传动。多台机组同时运行时，4 号机组因水泵轴承损坏停机检修。换上新轴承后，空载运行正常，负载运行时，发现水泵消耗功率增大，电动机过载。

诊断分析：

(1) 横向比较：多台机组仍正常在运行，可排除扬程、流量、流态、电动机、传动装置等设计、安装共性问题，判断故障应在 4 号机组的水泵本身。

(2) 纵向比较：4 号机组因水泵轴承损坏停机检修前，运行正常，可排除该机组安装调整的问题，应当属于部件方面的故障。

(3) 检查：手动盘车，阻力不大，无异常摩擦声音，说明泵轴、轴承等转动部件正常，水泵静态未发现问题。

(4) 再次空载运行，无异常现象。充水后负载运行，仔细辨听，水泵有轻微的摩擦声。查看机组直联部位，发现泵轴有轻微的窜动。停机后发现联轴器间隙恢复正常。可判断故障是水泵转子窜轴，产生摩擦而导致负载增加。

(5) 分析：进水侧所装的滚动轴承，依靠叶轮端轴承盖内企口紧压它的外圈，来抵消叶轮受排出水作用而产生的指向进水方向的轴向力，防止水泵转子向进水侧窜动。

发生窜轴现象，可能是该轴承损坏、轴承体配合不当或磨损，使轴承"走外圈"所造成。拆开轴承体检查发现，无"走外圈"痕迹。但故障就出在这只轴承上，该轴承是新换上的，经仔细检查，发现装配轴承时，将轴承外圈装反了，导致推拔式滚柱连内圈和泵轴向叶轮端做轴向自由运动。空载运行，轴承仅承受径向力，负载运行，随着轴向力的增加，转子向进水侧移动，酿成故障。

**【案例 7.2】** 杂物阻水。

故障现象：某泵站安装 4 台机组，20SH-28 型水泵，配套电动机 Y315M-6，110kW。多台机组运行时，4 号机组流量由正常逐渐变小，负载电流略上升。

诊断分析：

（1）横向比较：其他机组正常运行，可排除水位变化过大、吸程降低问题，但应考虑到 4 号机组是最边进水。

（2）纵向比较：故障前一直运行正常，可排除边上进水的流态问题，可能是进水管漏气或水泵叶轮部件出了问题。

（3）进一步分析：如果进水管漏气或叶片损坏，提水量减少，负载应减轻，负载电流只会下降不会上升。因此，初步判断可能是进水管道受阻引起。

（4）停机检查：进水管内无异物阻塞，但进水口周围有水草杂物，运行时吸附阻塞滤网，停机时脱落；再开机有好转，时间长又形成堵塞，导致流量减小，电流增加。

【案例 7.3】 叶轮反转。

故障现象：某新建泵站安装 1 台 20ZLB-70 型水泵，配套电动机 Y280M-6，55kW。试运行时出水正常，运行良好。久停未用，待再次开机时，发现水泵转动正常，但不出水。

诊断分析：纵向分析，机组试运行时出水正常，排除了配套转速低、叶片装反或损坏、叶轮和轴的连接销脱落、叶轮不转等问题，未正式运行，也不可能水草杂物缠绕叶片。很有可能的是叶轮反转。经辨认，水泵确实反转。

经查，因为在机组停运期间，供电部门对供电线路进行了调相，造成电动机反转。

【案例 7.4】 轴承磨损。

故障现象：淮南某泵站装机 4 台 4ZL-30-7 水泵，TDL325/58-40，1600kW 高压电动机，已验收运行几年，2007 年运行时发现振动非常大，无法运行。

诊断分析：经细听振动声音不像汽蚀，初步判断应属水泵设备内部故障所致。解体水泵后发现，水泵原来是液压全调节叶片，改成不可调节时，活塞固定采用压盖法，内有间隙。这样在运行时叶片有摆动，产生振动。随着运行台时增加，橡胶轴承磨损增大、压盖与活塞体间隙由于活塞撞击也在增大，造成机组运行振动变大。

处理：焊死叶片、垫实压塞与活塞体间隙、更换橡胶轴承。

【案例 7.5】 机组振动。

故障现象：巢湖某泵站装机 4 台 900ZLB-100 水泵，310kW 电动机，空载运行测量电机机座水平振动值，四台均为 $X$：0.020mm、$Y$：0.105mm（$X$ 方向为水流方向），《泵站技术管理规程》（GB/T 30948—2014）允许振动值：0.020mm，$Y$ 方向实测值严重超标。

诊断分析：机组振动是个综合指标，现 4 台都超标，产生振动的可能原因是：水流原因（流态、进水水位过低等）、机组安装、设备本身质量缺陷等。观察水流情况，流态和水位都属于正常；盘车摆度在控制范围内，并且无摩擦和卡阻现象，机组安装原因也可排除；经进一步分析属于电机底座刚度问题。

处理：厂家对底座增加加强筋，刚度增大，重新安装后，振动值降至允许范围。

【案例 7.6】 地基沉降。

故障现象：某泵站装机 5 台 1600ZLBⅡ-3.3 立式轴流泵，TL500-24/1730 同步电动机,该站运行两年后,汛前试运行发现,4台机组都有振动变大情况,3号机组不能运行。

诊断分析:水流情况正常,4台机组振动都变大,说明有共性原因,经观察分析,泵站基础沉降可能是主要原因。检测3号机组的水平值,东南+∞、西南+∞、西北−0.08mm、东北−∞,同安装检测报告比较,判断出机组已出现水平方向扭变,由于地基与水泵电机梁是整体刚性结构,机组属于整体倾斜。进一步了解土建施工情况,泵站基础分两块底板浇筑,五台机分属两块底板上(3号机组处于大底板分割边缘),观测记录显示,两地基底板出现不均匀沉降,其中3号机组所属大底板最严重。

处理:地基沉降稳定后重新安装机组。

**【案例 7.7】** 机组异常响动。

故障现象:2012年汛期安徽省凤凰颈站5号泵发生异常响动。

诊断分析:经拆卸发现其原因为:

(1) 位于7.30m高程的导水锥外壳西半块整体移位脱落。半块壳体上面分布共16只大螺栓全部锈蚀腐烂,丝牙全无,自行脱落,导致壳体无固定点而自行脱落。

(2) 半块壳体脱落移位后,歪抵在泵轴护套上,大部分重量和其承受水流的动载相应地传导到护套和位于其下方的水导室内,改变了整体受力状况。

(3) 位于2.30m高程的水泵轴承水导室内底部固定螺栓,共有三个螺栓松动。

处理:拆除全部锈蚀腐烂的螺栓,更换导水锥机组,重新安装机组。

**【案例 7.8】** 机组异常振动。

吉林省某泵站新装机6台2000HLQ-9.2型立式混流系,配TL1700-28/2600,1700kW同步电动机,试运行过程中,开始启动运行正常,随着启动和运行次数增加,机组振动越来越大,其中5号机组振动最大以致不能运行。

诊断分析:首先调查试运行期间的运行、安装和监理、业主资料,资料显示,最近一次试运行最低水位不能满足淹没深度,其他几次运行工况正常;运行电流、电压、功率等正常,三相基本平衡;运行振动、噪声过大,但没有测量记录,仅从安装、运行等资料上难以分析出原因。

接着采取抽样解体检测来找出故障原因。选择5号机组,按照安装相反的程序逐步解体机组转动和固定部件,每拆一步都进行必要的检测,检查检测情况。

经分析,由于电机定转子气隙不均匀超标,造成电机转子切割磁场不对称,同时固定部件与转动部件安装调试不同心,从而引起机组运行振动;基础板垫铁安装不实,扛不住机组振动,使基础板水平发生破坏,从而加剧机组振动。

处理:拆除机组,重新处理电动机基础,重新安装机组。

## 7.2 泵站建筑物的运行与维护

### 7.2.1 泵站建筑物的运行管理

泵站建筑物管理的主要任务是:搞好工程的控制运用、配套更新,以保证工程完好，确保工程安全，延长使用寿命，充分发挥效益。工程管理的主要内容是：枢纽建筑物的管理和运用、渠道（河道）及其建筑物的管理和运用。

建筑物在长期使用过程中，经常受到自然和人为因素的影响，遭受不同程度的损坏，如不及时养护维修，就会直接影响供排水的可靠性，缩短建筑物的使用寿命；工程设施控制运用的合理与否对发挥工程的效益也有很大的影响。

#### 7.2.1.1 工程管理的一般要求

(1) 泵站工程管理应有明确的法定管理范围。

(2) 泵站建筑物应按设计标准运用，当不得不超标准运用时，应经过技术论证并采取可靠的安全应急措施。

(3) 泵站建筑物应有防汛、防震措施。

(4) 严禁在建筑物周边兴建危及泵站安全的其他工程或进行其他施工作业。

(5) 应根据各泵站的特点合理确定工程观测的项目。

(6) 泵站工程的观测设施和仪表应有专人负责检查和保养。

(7) 对工程观测资料应进行整理分析。

(8) 严寒地区的泵站建筑物应根据当地的具体情况，采取有效的防冻和防冰措施。

(9) 泵站工程除做好正常维护外，应根据运用情况进行必要的岁修和大修。

#### 7.2.1.2 泵站枢纽的管理

泵站管理人员要熟悉土建施工详图，了解土建施工、机电设备安装、泵房及其他建筑物结构、各种预埋件等，以利于今后的管理工作。

泵站工程竣工时，要严格执行验收交接手续，把所有勘测设计和施工资料接收下来，归档保管。然后根据这些原始资料，水工建筑物的具体情况和现行有关规程、规范，制定工程管理制度和方法。

泵站枢纽一般由进水建筑物、出水建筑物和泵房三部分组成。

1. 进水建筑物

进水建筑物与引渠相连接，它把来水均匀地扩散，使水流平顺而均匀地进入水泵或水泵的吸水管路。前池的池底一般在最低水位以下 $1\sim2m$，由反滤段及护底段组成，两侧与护坡相连接。池内常布置拦污栅，以防止水草杂物进入泵内。池旁装有水尺，供观测水位用。对进水建筑物的管理要注意以下几点：

(1) 靠近防洪堤建设的泵站防洪排涝期间应加强对进水池的巡视检查。如发现管涌、流沙或水流对堤岸和护砌物的冲刷，应采取保护措施。

(2) 应定期观测进水池底板，侧面挡土墙和护坡的稳定。如发现危及安全的变化，应采取确保建筑物稳定和堤防安全的工程措施。检查护底工程的反滤排水是否畅通，有无流土、管涌现象。如有要及时降低上游水位，查明原因，进行修复，以免淘空泵房底板下基础，引起重大事故。检查护坡工程有无冲刷损坏现象，发现问题，应及时修复，以免发生塌坡。

(3) 当泵站进水池内泥沙淤积影响水流流态、增大水流阻力时，应及时进行清淤。

(4) 严寒地区的泵站在冬季运行应防止进、出水池结冰。

(5) 进、出水池周边宜设置防止地面杂物、来往人员和牲畜落入池内的防护栅墙。

(6) 泵站运行期间严禁非工作人员在进、出水池内活动，严禁在池内游泳，以免发生危险。

(7) 不准在池内捕鱼、炸鱼，不准扒石或抛投杂物。

(8) 泵站运行时，要及时清除拦污栅前的水草杂物；否则，一方面会增加水流过拦污栅的水头损失，降低进水池的效率；另一方面又会使进水池内的流速分布不均匀，影响水泵的性能，降低水泵运行的效率。

(9) 每年供排水结束后，应清除池底淤泥、杂物，保持进水池处于清洁完好状态。

2. 出水建筑物

出水建筑物与泵房或管道相连接。它由墙身、护底、渐变段等几部分组成。池壁装有水尺，用以观测水位。

(1) 对墙身和底板分开砌筑的出水池，往往由于不均匀沉陷出现裂缝，造成漏水，如漏水严重，可能引起地下水位过高，危及泵房的稳定。因此，要经常注意观察有无裂缝，一经发现要及时修补。

(2) 当出水池与泵房合建时，靠近泵房一侧往往因回填土过厚，引起不均匀沉陷，致使出水池底板产生裂缝，两侧墙身断裂。因此，要经常注意观察，如有裂缝，要将其凿开，用水泥砂浆填塞，必要时进行灌浆处理。

(3) 当用拍门断流时，要加强拍门的检查与维护，对转轴处要经常加润滑油，否则造成拍门不能全部打开或不能顺利关闭，给泵站运行造成事故。

(4) 出水池墙身禁止堆放重物，池底禁止撞击。

(5) 出水池内禁止洗衣、游泳和抛投杂物。

3. 泵房

泵房由电机层、水泵层、链水层及四周壁墙等组成。泵站正常运行每一工作班组，应对泵房主要结构部位进行一次巡查，并做好巡查记录；当超设计标准运行或发生突然停机事故恢复运行时应增加巡查次数。对泵房的管理要求如下：

(1) 及时修理漏雨屋顶。

(2) 泵房内应保持清洁。防止灰尘进入机器。室外排水要畅通，以免雨水进入泵房，影响机组的安全运行。

(3) 要经常检查泵房的墙身、中墩、板、梁、柱以及相互之间的连接处，如有裂缝应查明原因，及时处理。若泵站的进、出水流道和水下建筑物产生裂缝和渗漏也应及时进行处理。

(4) 做好地基沉陷观测工作。若产生不均匀沉陷或稳定受到破坏应及时采取补救措施；否则，会破坏机组的同心，危及机组的安全运行。

(5) 应注意观测旋转机械或水力引起的结构振动，严禁在共振状态下运行。

(6) 应防止过大的冲击荷载直接作用于泵房建筑物。

(7) 大型轴流泵和混流泵的进、出水流道过流壁面应光滑平整。新建泵站投入运行前应全面清理施工杂物。投入运行后应定期清除附着壁面的水生物和沉积物。

(8) 应根据设计布置的观测点对泵房不同部位的沉降和位移进行观测。观测时间和周期应在建成放水前后3日内各1次，7日后1次，1年后每年1次，若超设计标准运用必须增加观测次数。

#### 7.2.1.3 涵闸的管理

泵站枢纽及供排水区涵闸（如进水闸、泄水闸、节制闸及各种分水涵闸等）是供泵站引水及渠道配水使用的。为确保涵闸启闭灵活，正确控制和调配水量，必须设专人管理，并制定操作规程和养护制度。

1. 对涵闸的要求和启闭原则

(1) 涵闸各部分应完整无缺，开闸时无冲刷和破坏现象。

(2) 闸门应启闭灵活，且开启过程中和开启后无振动现象。

(3) 闸前壅水高度应不超过设计水位，过水能力要符合设计要求，并能正确控制水流，运用自如。

(4) 对于多孔闸，如用机械启闭，要做到各孔同时启闭，且开启程度相同；如用人力或移动式启闭机启闭，首先开中孔，而后逐次对称开两侧闸孔。如提升高度较大，应分组逐次提升以防对下游护坡的冲刷。关闸时逐次对称先关两侧闸孔，后关中孔。这样，可防止水流过分集中或产生偏流。

2. 启闭闸门注意事项

(1) 闸门启闭前，应检查启闭机、闸门、闸门槽等有无故障。在运用前应先试启闭一次，以保证启闭时启闭灵活。

(2) 开闸时如下游无水，或上下游水位差在1m以上，为避免下游渠道及护坡发生冲刷，闸门应先开闸少许，待下游水位抬高后，再逐步提升到所需高度。

(3) 手摇启闭机启闭时，用力要均匀，如遇故障严禁强行操作。

(4) 开闸时如发现下游永流分布不均匀或闸门有扭曲、振动、音响等异常现象，应及时检查处理，以免故障扩大。

(5) 关闸前应清除底槛处的碎石、淤泥等障碍物，以免闸门关闭不严。当闸门快落到底槛时，要降低下落速度，以免下落过猛，撞坏机件或闸门。

(6) 关闭闸门时，要随时注意闸门的开度指示标尺，以免闸门到底仍在旋转摇臂，致使螺杆压弯，甚至顶坏工作桥。

(7) 对无限位开关的直升闸门，采用绳鼓式启闭机时，要防止闸门到顶，钢丝绳被拉断，闸门坠毁的事故。

3. 涵闸的检查养护

(1) 闸孔内的积淤、闸门上的污垢、闸前的漂浮物，应随时清除干净。由于水流的冲击及波浪造成的损坏部分，要及时加以修补。

(2) 闸门及启闭机要经常保持整洁完好，运用灵活。无限位开关的要装限位开关或标尺。

(3) 手摇螺杆式启闭机，要在螺杆上做好启闭标记，或装上简易的制动设备，以免压弯螺杆,损坏闸门。如闸门有漏水现象,应进行检查,找出原因,及时处理。

(4) 闸门及启闭机的主要易损件,如螺栓、垫圈、键等,应有备件,并应及时检查,如有松动变形,要及时更换。

(5) 启闭机上的指示标尺应注意检查调整,使其能正确指示闸门的实际开度。启闭机应加盖保护罩壳,以免日晒雨淋。

(6) 闸门、启闭机和钢丝绳等,均须定期擦洗、加油及油漆保护,以延长其使用寿命。对长期不用的闸门,每月应试开关一次,使设备经常处于完好状态。

(7) 利用闸门量水时,应定期检查水尺零点,测定闸孔开启高度是否与标尺指示相符。还应根据实测资料对水力计算公式中的系数进行修正。

(8) 闸上的交通桥梁,应规定通过车辆的最大吨位。翼墙顶部及距墙后2~3倍墙高范围内禁止堆放重物或通行车辆。启闭机工作桥上应禁止堆放重物或闲人通行。

(9) 经常检查闸门止水情况、上下游护底、护坡、消力池、伸缩缝、浆砌石勾缝及墙后回填土的沉陷情况。如有异常,要及时进行处理。

(10) 经常检查与维护闸门的止水装置。如有损坏,除产生漏水外,还将引起闸门振动、冲蚀、锈蚀等。止水检查应与闸门检查一并进行。主要检查止水是否与止水座密切接触、止水有无磨损、老化或局部损坏;固定止水构件的螺栓有无松动、锈断等,发现问题应及时处理。

(11) 橡胶止水应保证每扇闸门顶、侧、底止水的整体性。如有断裂、撕裂等应及时修补,以防整体性破坏。

(12) 止水的紧固件和固定件,如螺栓、垫圈、压板及型钢等,必须进行防锈蚀处理。

#### 7.2.1.4 工程评级

管理部门每年应组织工程技术人员、管理人员对各类工程进行全面检查和评级。工程评级的范围和办法各地可根据实际情况规定。

1. 泵站建筑物安全类别评定

建筑物安全类别评定应符合下列规定:

一类建筑物:达到设计标准,结构完整,技术状态完好,无影响安全运行的缺陷,满足安全运用的要求。

二类建筑物:基本达到设计标准,结构基本完整,技术状态基本完好,建筑物虽存在一定损坏,但不影响安全运用。

三类建筑物:达不到设计标准,技术状态较差,建筑物虽存在较大损坏,但经大修或加固维修后能保证安全运用。

四类建筑物:达不到设计标准,技术状态差,建筑物存在严重损坏,经加固也不能保证安全运用以及需要报废的建筑物。

泵站建筑物安全类别的具体评定标准,可按下列规定执行:

一类建筑物:泵站建筑物各单位工程中被评定为一类的数量不低于泵站建筑物全部单位工程总数量的95%,且泵站建筑物中不得出现任何三类及以下的单位工程。

二类建筑物:泵站建筑物各单位工程中被评定为一类、二类的数量不低于泵站建筑物全部单位工程总数量的 80%，且泵站主体建筑物中不得出现三类及以下的单位工程。

三类建筑物：泵站建筑物各单位工程中被评定为三类及以上的数量不低于泵站建筑物全部单位工程总数量的 80%，且泵站主体建筑物中不得出现四类单位工程。

四类建筑物：达不到三类建筑物标准以及泵站主体建筑物需要报废的。

泵站建筑物各单位工程的具体评级标准也可参照《泵站技术管理规程》（GB/T 30948—2014）中附录的规定。

**2. 泵站机电设备安全类别评定**

机电设备安全类别评定应符合下列规定：

一类设备：技术状态良好，能按设计要求投入运行，零部件完好齐全，无影响安全运行的缺陷。

二类设备：技术状态基本完好，零部件齐全，设备虽存在一定缺陷，但不影响安全运行。

三类设备：技术状态较差，设备的主要部件有损坏，存在影响运行的缺陷或事故隐患，但经对设备进行大修后能保证安全运行。

四类设备：技术状态差，设备严重损坏，存在影响安全运行的重大缺陷或事故隐患，零部件不全，经大修或更换元器件也不能保证安全运行以及需要报废或淘汰的设备。

泵站机电设备安全类别的具体评定标准可按下列规定执行：

一类设备：泵站各单位设备中被评定为一类的数量不低于泵站全部单位设备总数量的 95%，且泵站机电设备中不得出现任何三类及以下的单位设备。

二类设备：泵站各单位设备中被评定为一类、二类的数量不低于泵站全部单位设备总数量的 80%，且泵站主机组及主变压器中不得出现三类及以下的单位设备。

三类设备：泵站各单位设备中被评定为三类及以上的数量不低于泵站全部单位设备总数量的 80%，且泵站主机组及主变压器中不得出现四类单位设备。

四类设备：达不到三类设备标准以及泵站主机组及主变压器需要报废或淘汰的。

泵站各单位设备的具体评级标准也可参照《泵站技术管理规程》（GB/T 30948—2014）中附录的规定评定。

### 7.2.1.5 泵站的安全类别评定

根据泵站建筑物和机电设备的安全类别，应对泵站的安全类别做出最后评价，并据以制订维修、加固、更新改造的措施。泵站安全类别评定应符合下列规定：

一类泵站：满足一类建筑物和一类设备的要求，运用指标能达到设计标准，无影响安全运行的缺陷。

二类泵站：满足二类建筑物或二类设备的要求，运用指标基本达到设计标准，建筑物和设备存在一定损坏，按常规维修养护即可保证安全运行。

三类泵站：满足三类建筑物或三类、四类设备的要求。运用指标达不到设计标准，建筑物或设备存在一定损坏，经对建筑物大修、加固或对主要设备进行大修、更新改造后，能保证安全运行。

四类泵站：满足四类建筑物的要求。运用指标无法达到设计标准，建筑物存在严重安全问题，可降低标准运用或报废重建。

工程评级也可按下列规定评定：

一类工程：结构完整，技术状态完好，能满足安全运用的要求。

二类工程：结构基本完整，局部有轻度缺陷，技术状态基本完好，不影响安全运用。

三类工程：有严重缺陷，技术状态不好，不能安全运用。

各类工程的具体评级标准见《泵站技术管理规程》（GB/T 30948—2014）或《泵站安全鉴定规程》（SL 316—2015）。

### 7.2.2 泵站建筑物的维修

#### 7.2.2.1 底板处理

1. 玻璃丝布

玻璃丝布黏补的胶黏剂为环氧基液，由于玻璃丝布在制作过程中加入浸润剂，含有油脂和石蜡，影响环氧基液与玻璃丝布的结合，必须对玻璃丝布进行除油蜡的处理，使环氧基液能浸入玻璃丝纤维内，提高黏补的效果。玻璃丝布除油蜡的方法有两种：一是将玻璃丝布放在碱水中煮沸 30min 至 1h，然后用清水洗涤；二是热处理，将玻璃丝布放在烘炉上加温到 190～250℃，后一种方法去除油蜡的效果较好。但是在玻璃丝布烘烤时，由于油蜡燃烧，玻璃丝布上会有许多灰尘，必须在烘烤后将玻璃丝布放置在浓度为 2‰～3‰ 的碱水中再煮沸约 30min，然后取出用清水洗净，放在烘箱内烘干或晾干。

玻璃丝布在粘贴前要将缝口两边的混凝土凿毛，宽度为 0.300m 左右。深度为 0.010～0.020m。露出混凝土新面，并冲洗干净，再用红外线灯烘干。然后将调制好的环氧水泥浆灌满缝口，抹平凿毛部位。若缝较宽可采用环氧水泥砂浆灌缝。

粘贴时先将粘贴面上均匀刷一层环氧基液（不能有气泡产生），把预先按需要足寸剪裁好并卷在纸筒或竹筒上的玻璃丝布贴上，再用刷子抹平，使布与混凝土面紧密结合。接着在玻璃丝布上刷环氧基液，按同样方法粘贴第二层和第三层。一般上层的玻璃丝布应比下一层宽 0.020m 左右，这样能够压边，粘贴紧密。

2. 沥青砂浆嵌补

如裂缝较大，缝深已贯穿底板，缝长呈通缝，缝宽在 0.005m 以上，且有渗水现象，应先灌浆，后用沥青水泥砂浆和水泥砂浆堵塞缝口。

灌浆前先将缝口凿成梯形槽，口宽 0.150m，底宽和深度各 0.050m，再沿缝长方向每隔 1～1.5m 凿一个灌浆孔口，并将孔冲洗干净，下部裂缝较小时，一般用水泥净浆。灌浆所用水泥的强度等级应不低于 42.5。如缝宽较大，也可用水泥砂浆。但砂子必须过筛，以防粗粒堵塞缝口。

灌浆时用管路将浆送至灌浆孔，并将底板两端垂直缝口处用棉纱团塞紧以防漏浆。填缝口使用的沥青水泥砂浆的配比为 60 号石油沥青∶砂∶水泥＝1∶4∶1。配制沥青砂浆时，先将沥青加热至 180～200℃，并不断地搅拌，否则锅底温度过高，容易使沥青烧焦、老化、变质；同时加火不要过猛，应使温度逐渐升高。锅内只能盛

60%~80%的沥青。脱水时容易引起泡沫外溢,沥青表面漂浮的杂物,要用铁丝网清除。

待沥青熔化后,应先徐徐倒入加热脱水后的水泥,边倒边搅拌至粉团状。再倒入加温脱水后的热砂,搅拌均匀,即成沥青砂浆。在虚用时要经常用铁铲铲底和搅拌,防止结底和砂子沉积,此时火不必加得过猛。

填缝之前将梯形槽烘干,在槽内刷一层热沥青,然后将沥青水泥砂浆依次倒入槽内,立即用铁抹子或专用工具摊平压实,要逐层填补,随倒料随压紧,直至沥青水泥砂浆离缝0.010~0.015m,然后用水泥砂浆封口保护。

封口水泥砂浆常用强度等级应不低于42.5的水泥和中、细砂。其配合比为水泥:砂=1:1.5~1:1.6。水灰比为0.6。封口时将缝口梯形槽用水冲净擦干,填入拌好的水泥砂浆。边填边用铁抹子抹平压实,到顶面时用力压光,在终凝前应抹光2~3次,使水泥砂浆与原混凝土能紧密结合,以防止表面产生干缩裂缝。

3. 面层加厚法

由于钢筋下沉或层面布筋不够所引起的底板面层裂缝,往往条数较多、走向不定,危害较大,常采用面层加厚法处理。

面层加厚的方法是:先将底板表面凿毛,并凿出上下层接缝凹槽,通常槽宽为0.300m,槽深为0.100m,也可随底板厚度和大小改变,将凹槽冲洗干净,支立柱板、绑扎钢筋,浇筑混凝土。浇筑混凝土时,先在面层浇一层0.020~0.030m厚的砂浆,砂浆的水灰比要与原混凝土相同。最后浇筑加厚层混凝土,厚度一般为0.020m,也可根据设计需要而定。加厚层混凝土的配比可与原混凝土相同,也可根据设计需要而定。

### 7.2.2.2 墙身渗漏处理

1. 渗漏原因及危害

在混凝土施工过程中,由于个别地方振捣不实或漏振,混凝土模板接缝处漏浆,混凝土和易性差,不能充满模板的每个角落等,这些都将造成混凝土的蜂窝麻面,内部空洞,引起渗漏。在寒冷地区,由于温差过大,混凝土干缩开裂,也能引起渗漏。若用预制板做挡水墙面,接缝不好也能引起渗漏。墙身发生渗漏后,轻则使泵房内过分潮湿,引起设备锈蚀;重则危及墙身安全,尤其是在寒冷地区,渗漏水露出处易结成冰,使墙身遭受冻融破坏。

2. 渗漏的处理方法

(1) 背水面涂抹法。用防水水泥砂浆涂抹时,先将渗漏处的混凝土表层凿去0.020~0.030m,用钢丝刷清除软弱部分,并冲洗干净。把水泥砂浆拌匀,加入防水剂后再拌和一次,用铁抹子抹上,经压实抹平后,在表面刷一层防水水泥砂浆,并压实抹光。

用环氧水泥砂浆修补时,先将渗漏部位凿去0.005~0.010m表层,用钢丝刷清除表面软弱部分,经冲洗干净后,用红外线灯烘干。在修补部位涂一层环氧基液,把调制好的环氧砂浆用烘热的铁抹子涂上,并压实抹光。

(2) 迎水面贴补法。修补渗水墙的迎水面比修补背水面效果更好。修补泵房迎水面墙的渗漏，可在枯水位时找到渗漏缝隙，清除污垢，凿出新的混凝土层面、冲洗烘干，用玻璃丝布环氧基液进行粘贴修补。

#### 7.2.2.3 闸门漏水处理

1. 漏水原因

如水封结构布置不当、形式不对，选用的水封材料性能不符合要求；施工时门槽模板检查不全，造成模板走样；闸门槽模板支撑不牢，浇筑后由于底层混凝土的侧压力大，使门槽向内位移，致使门框上口大下口小；岸墙止水面不平，与止水橡胶接触不紧密；橡胶止水因长期磨损与水封座间隙过大；橡胶止水使用时间过长，老化产生塑性变形、断裂或撕裂等，均造成闸门的漏水。

2. 漏水处理

由橡胶止水的闸门，因岸墙止水面修补困难，甚至无法修补时，可用垫高、降低或位移闸门止水橡胶的方法，使之与岸墙止水面接触，达到严密不漏水的要求。修补时先将闸门放到关闭位置，在上游侧撑住闸门，使其与岸墙止水面紧密接触，再用手电筒做透光检查。凡有光线透过的漏水处，均用塞尺测出缝隙宽度，并记录在闸门上。然后松动止水橡胶的连接螺栓，垫高、降低或位移止水橡胶，使之与岸墙止水面紧密接触后将其固定。

橡胶止水磨损严重的主要原因是压缩过紧或水封表面过于粗糙。为了减少磨损，必须适当调控预压缩量，使之在设计值范围内使用。对于水封座粗糙的表面，可采用打磨，或在间隙允许条件下涂抹环氧树脂使其光滑平整。当发现因橡胶磨损造成与水封座间隙过大而漏水时，可及时调整间隙，比较简单的处理方法是加垫橡胶片。

橡胶止水必须保证每扇门顶、侧、底止水的整体性。如发现断裂、撕裂等局部破坏，应及时修补，防止引起整体破坏。

#### 7.2.2.4 涵洞漏水的处理

1. 漏水原因及危害

由于设计考虑不周，填土高度过高，作用的荷载过大，引起涵洞的破裂；地基处理不好、沉陷不均匀，致使洞身断裂；施工时混凝土漏振或振捣不密实，有蜂窝孔洞；或接缝处理不好，这些都将引起漏水。如洞身长期漏水，把堤身土壤带走，堤内部被淘空，将使堤身塌陷，甚至有倒堤的危险；漏水处的洞身裂缝将逐渐扩大，有可能引起塌洞事故。

2. 漏水的处理

直径较大（人可进入）的洞身，可采用水泥砂浆或环氧水泥涂抹的方法进行修补。方形涵洞的顶板如断裂，可在洞内用钢柱临时支撑。

当涵洞直径小于800mm，人不便进入修补时，只好将堤身挖开、消除破碎的涵管，换上新管，并将连接处处理好，再对填土进行夯实。

#### 7.2.2.5 砌石工程的维修

1. 干砌石护坡的维修

（1）损坏原因。护坡与水面交界处因长期受风浪袭击，块石下面的反滤层及泥土被水吸出,将引起大面积的塌坡;北方寒冷地区,护坡与水面交界处受冻融破坏,也将造成塌坡或护坡破损;施工质量不好,土坡没有夯实,产生不均匀沉陷,致使砌石松动引起塌方;或坡顶封边没有做好,雨水进入反滤层土坡,把泥土带走,引起塌坡。

(2)维修方法。如塌坡不严重,先清除块石,以砂砾石回填土坑,重新砌筑干砌块石面层。砌筑护坡时,要注意使块石间相互挤紧,不许填塞易碎的片石、风化石,以防折断引起松动。如大面积塌方,应翻修土坡,重新砌筑。

顶部封边应选用大块石砌筑,缝口要相互错开,砌筑完成后,块石的凹槽处用黏土回填夯实。

2. 浆砌护坡护底的维修

(1)损坏原因。护坡损坏主要是由于护坡后土坡未夯实,造成土坡下沉,致使浆砌石被架空,继而断裂下沉,造成浆砌层的破坏。

护底的损坏主要是因闸门开启不当,使下游水流流速过大,冲坏浆砌石护底。

(2)维修方法。如发现勾缝脱落,护坡护底出现裂缝,要及时查明原因并进行修复。如基础出现沉陷,不宜用土回填,用砂砾石加厚垫层,再修复浆砌石护坡护底。

#### 7.2.2.6 工程变形观测

建筑物的变形观测是为了了解运用过程中的工程动态,也是确保工程安全运用的一种手段,特别是泵房和水闸观测工作更为重要。通过长期观测,不仅掌握了工程的动态,也为设计和科学研究积累了重要的资料,并为工程的管理运用提供了科学的依据。

工程观测的项目很多,如位移、沉陷、裂缝、渗漏等。管理单位要根据工程的规模、类型和重要程度等情况选定观测项目。要建立观测制度,及时观测、整理、分析观测资料,使观测工作更好地为工程的运用、管理服务,观测的方法有如下几种:

(1)一般性观测。用眼看、手摸或辅以简单的工具(如小刀、手锤)进行观测,主要用来观测建筑物的裂缝、渗漏、冲刷或悬空等变异损坏程度。

(2)用仪器测量。用水准仪、经纬仪等,对建筑物的特设标记(如沉陷、位移标记和测压等)进行观测。

(3)用专门埋设于建筑物内部的固定设施(如应变计、压力计等)直接进行观测。

1. 水平位移观测

重要建筑物必须观测水平位移,以掌握位移与水位、时间的关系,来指导工程的控制运用。

建筑物在设计和施工过程中应设立观测点。一般竣工后1~2年内每月观测一次,以后随着建筑物变形趋于稳定,观测次数可逐年减少,但每年不得少于两次。当上游水位接近设计水位及校核水位,以及建筑物发生显著变形时,应增加观测次数。

(1)视准点。为避免损坏,水准点一般离被观测的建筑物较远。为了便于观测,常在建筑物附近设置视准点,供经常性地测量使用。

视准点用一根直径60mm的钢管,浇筑在方塔形的混凝土中,管子顶端焊有标记。埋设方塔形混凝土基坑的深度在最大冻土线以下0.500m。回填基坑至混凝土塔顶后，对回填土进行夯实，四周用砖砌成方井，井口加盖板。标点应设置在盖板以下0.200～0.300m。

（2）沉陷点标记采用不易锈蚀的金属材料，上部为一半球形的圆盘，中间为一正方形柱，下部为一凸出的正方形底座。在浇筑建筑物混凝土时，把它直接埋置在所需要设置的位置上，或在建筑物上预留出孔，再进行二次浇筑，混凝土表面应高出圆盘的上线。

2. 沉陷点的布置

泵房、水闸的四角以及两伸缩缝之间，各布置一个沉陷点，并在长度的中心线方向布置两个沉陷点，挡土墙、翼墙及压力池挡水墙的四角各设一个。

3. 观测记录及资料整理

（1）水准点、视准点和沉陷点设置好后，应将其编号、位置、形式、高程和安设日期等填入考证表内，并附位置图。

（2）做好观测记录。记录中应包括：上次观测日期、本次观测日期、间隔时间、观测者、记录者、计算者和校核者。

（3）建筑物的沉陷观测成果要进行分析整理，用以了解建筑物的沉陷过程和不均匀沉陷的情况，以便发现问题，及时妥善地采取处理措施。

## 7.3 泵站技术经济指标确定

排灌区或城市（镇）需要抽水的流量是根据工程性质、作用、作物种植情况、水文、气象、用水量等各种因素确定的。随着这些条件的逐年变化，流量也不相同。泵站所提供流量的大小取决于泵站的扬程、水泵的性能及开机台数等因素。

另外，扬程变化后水泵的流量、效率、装置效率、运行时间、耗电量及运行费用等都会发生变化。因此，制订运行方案是在满足流量的前提下，合理地确定水泵的运行方式、开机台数和顺序，以达到泵站运行能耗少、运行费用低、经济运行的目的。

### 7.3.1 泵站经济运行方案的确定

泵站工程建成后，每年都应该制订好排水或用水计划，而不是盲目地开机，随意运行。这样才能使泵站充分发挥作用，在能耗较少的情况下，最大限度地发挥泵站的效用。

泵站运行时，对各台水泵还必须确定水泵的转速或叶轮直径（具有数个不同直径叶轮的离心泵）或叶片角度（对叶片角度可调的轴流泵和混流泵）。

总之，通过可能实现的多种控制手段，使泵站在满足流量要求的前提下达到节能，并能获得最大经济效益。

泵站的经济运行方式，根据不同泵站的实际情况有多种方案，但主要有：①按泵站效率最高的方式运行；②按水泵效率最高的方式运行；③按泵站耗能最少的方式运行；④按泵站运行费用最低的方式运行；⑤按最大流量（满负荷）的方式运行。

### 7.3.2 泵站技术经济指标

泵站工程是为农业和国民经济各部门服务的综合性水利工程，为了提高泵站科学管理水平，发挥泵站经济效益，在《泵站技术管理规程》（GB/T 30948—2014）中规定，泵站管理单位必须按照 8 项技术经济指标进行考核，现分述如下。

#### 7.3.2.1 建筑物完好率

建筑物完好率是指泵站管理单位所辖工程中，完好的建筑物数与建筑物总数比的百分数。其计算公式为

$$K_{jz} = \frac{N_{wj}}{N_j} \times 100\% \tag{7.1}$$

式中 $K_{jz}$——建筑物完好率，即完好的建筑物数与建筑物总数比值；
$N_{wj}$——完好的建筑物数；
$N_j$——建筑物总数。

#### 7.3.2.2 设备完好率

$$K_{sb} = \frac{N_{ws}}{N_s} \times 100\% \tag{7.2}$$

式中 $K_{sb}$——设备完好率，即泵站机组完好台套数与总台套数比值；
$N_{ws}$——机组完好台套数；
$N_s$——机组总台套数。

#### 7.3.2.3 能源单耗

能源单耗是指水泵每提水 1000t、扬高 1m 所消耗的能量，其计算公式为

$$e = \frac{\sum E_t}{3.6\rho \sum Q_t H_{bst} t} \tag{7.3}$$

式中 $e$——能源单耗，(kW·h)/(kt·m)（电）或 kg/(kt·m)（燃油）；
$\rho$——水的密度，kg/m³；
$E_t$——泵站各机组运行某一时段消耗的总能量，kW·h（电能）或 kg（燃油量）；
$H_{bst}$——相应运行时段的泵站净扬程，m；
$Q_t$——泵站各机组在某一时段运行的平均水流量 m³/s；
$t$——运行时间，h。

#### 7.3.2.4 泵站效率

泵站效率是指泵站的输出功率与动力机的输入功率之比的百分数，其计算公式为

$$\eta_{st} = \frac{\rho g Q_z H_{bs}}{1000 \sum P_t} \times 100\% \tag{7.4}$$

式中 $Q_z$——泵站流量，m³/s；
$H_{bs}$——泵站净扬程，m；
$P_t$——泵站各电机的输入功率，kW；
其他符号意义同前。

经技术改造的泵站，其能源单耗与泵站效率，应按《泵站技术改造规程》（SL 245—2000）规定的指标考核。

#### 7.3.2.5 供排水成本

供排水成本包括能源费、工资、管理费、维修费、固定资产折旧费、大修理费等。供排水成本一般有下列几种计算方法：一种是按单位面积计算，一种是按单位水量计算，还有一种是按单位重量单位高度计算，计算公式如下

(1) 按单位面积（单位：元/hm²）计算：

$$U = \frac{f\sum E + \sum C}{\sum A} \tag{7.5}$$

式中　$U$——供排水成本；
　　　$f$——电单价，元/(kW·h)，或燃油单价，元/kg；
　　　$\sum E$——供排水作业消耗的总电量，kW·h 或燃油量，kg；
　　　$\sum C$——除能源费外，其他五项成本的费用总和，元；
　　　$\sum A$——供排水的实际受益面积，hm²。

(2) 按单位水量（单位：元/m³）计算：

$$U = \frac{f\sum E + \sum C}{\sum V} \tag{7.6}$$

式中　$\sum V$——供排水期间的总提水量，m³；
　　　$\sum H_{bz}$——供排水期间的泵站平均泵站扬程，m。

(3) 按单位重量单位高度 [元/(kg·m)] 计算：

$$U = \frac{1000(f\sum E + \sum C)}{\sum V H_{bz}} \tag{7.7}$$

从式（7-5）~式（7-7）可看出，$\sum A$、$\sum V$、$\sum H_{bz}$ 值越小，$f\sum E + \sum C$ 值越大，供排水成本就越高。降低供排水成本，主要是做好泵站的机电设备、工程设施、供水、排水、财务等管理工作。

#### 7.3.2.6 供排水量

$$V = \sum Q_{zi} t_i \tag{7.8}$$

式中　$V$——供排水量，m³；
　　　$Q_{zi}$——泵站第 $i$ 时段的平均流量，m³/s；
　　　$t_i$——泵站第 $i$ 时段的历时，s。

#### 7.3.2.7 安全运行率

安全运行率是机组安全运行台时数与包括机组停机在内的总台时数比的百分数，它是检查泵站设备和工程安全运行的主要指标，即

$$K_A = \frac{t_a}{t_a + t_s} \tag{7.9}$$

式中　$K_A$——安全运行率，%；
　　　$t_a$——主机组安全运行台时数，h；
　　　$t_s$——因设备和工程事故，主机组停机台时数，h。

安全运行率是检查泵站设备和工程安全运行的主要指标。

#### 7.3.2.8 财务收支平衡率

财务收支平衡率是泵站年度财务收入与运行支出费用的比值。泵站财政收入包括

国家、地方财政补贴，水费综合收入等；运行支出费包括电费、油费、工程及设备维修保养费，大修费、职工工资及福利费等。

财务收支平衡率按下式计算：

$$K_{cw}=\frac{M_{j}}{M_{c}} \qquad(7.10)$$

式中　$K_{cw}$——财务收支平衡率；

　　　$M_{j}$——资金总流入量，万元；

　　　$M_{c}$——资金总流出量，万元。

泵站技术经济指标考核表见表7.3。

表 7.3　　　　　　　　泵站技术经济指标考核表（＿＿年）

| 序号 | 考核项目 | | 单位 | 指标 | 实际 |
|---|---|---|---|---|---|
| 1 | 建筑物完好率 | | % | | |
| 2 | 设备完好率 | | % | | |
| 3 | 泵站效率 | | % | | |
| 4 | 能源单耗 | 电力泵站 | (kW·h)/(kt·m) | | |
| | | 内燃机泵站 | kg/(kt·m) | | |
| 5 | 供排水量 | 灌溉或城镇供水量 | m³ | | |
| | | 排水量 | m³ | | |
| 6 | 供排水成本 | 按单位重量单位高度计算 | 元/(kg·m) | | |
| | | 按单位水量计算 | 元/m³ | | |
| | | 按单位面积计算 | 元/hm² | | |
| 7 | 安全运行率 | | % | | |
| 8 | 财务收支平衡率 | | % | | |
| 基本情况 | 装机台套与功率/[台(套)/kW]： | | 最高泵站扬程/m： | | |
| | 实际灌排面积/hm²： | | 最低泵站扬程/m： | | |
| | 水泵型号： | | 平均泵站扬程/m： | | |
| | 实际运行台时： | | 同时运行的水泵（台）数： | | |

（泵站管理单位盖章）

＿＿＿年＿＿＿月＿＿＿日填报

### 7.3.3　泵站工程管理考核

为加强水利工程管理，科学评价工程管理水平，保障工程安全，充分发挥工程效益，水利部制定了《水利工程管理考核办法》，各省也结合本省实际制定了相应办法，如安徽省制定了《安徽省水利工程管理考核办法》。按工程类别，分别执行《河道工程管理考核标准》《水库工程管理考核标准》《水闸工程管理考核标准》《灌区管理考核标准》和《泵站工程管理考核标准》。经考核验收达到水利工程管理省级管理水平的，根据考核得分分别确定为省一级、二级、三级水利工程管理单位。

水利工程管理考核实行1000分制。考核结果为920～1000分（含920分）的

（其中各类考核得分均不低于该类总分的 85%），确定为省一级水利工程管理单位；考核结果为 850～920 分（含 850 分）的（其中各类考核得分均不低于该类总分的 80%），确定为省二级水利工程管理单位；考核结果为 780～850 分（含 780 分）的（其中各类考核得分均不低于该类总分的 75%），确定为省三级水利工程管理单位。经考核验收确定为省三级以上水利工程管理单位的，由省水利厅颁发标牌和证书，并分别给予 30 万元（省一级水利工程管理单位）、20 万元（省二级水利工程管理单位）和 10 万元（省三级水利工程管理单位）奖励，奖励经费主要用于工程维修养护、管理条件改善和管理人员培训。

安徽省《泵站工程管理考核标准》见表 7.4。

表 7.4  安徽省《泵站工程管理考核标准》

| 类别 | 项目 | 考核内容 | 标准分 | 赋分原则 |
| --- | --- | --- | --- | --- |
| 一、组织管理（150分） | 1. 组织管理 | 领导班子成员团结，有开拓进取精神，重实绩、懂业务、善经营、熟悉排灌工程技术；关心职工生活，作风正派、秉公办事，不以权谋私 | 15 | 领导班子成员不团结，没有开拓进取精神扣 5 分，不熟悉排灌工程技术扣 5 分；关心职工生活不够扣 2 分，不能秉公办事扣 3 分 |
| | 2. 管理体制与运行机制 | 水管单位性质已明确，管理体制已理顺，管理权限明确；管理机构设置和人员编制有批文；岗位设置合理，建立竞争机制，实行竞聘上岗；建立合理、有效的分配激励机制；实行管养分离，合理安置分流人员 | 50 | 水管单位性质未明确，管理体制没有理顺，管理权限不明确扣 5 分；管理机构设置和人员编制没有批文扣 25 分；岗位设置不合理和没有建立竞争机制扣 10 分；未建立合理、有效的分配激励机制扣 5 分；没有实行管养分离和合理安置分流人员扣 5 分 |
| | 3. 职工管理 | 建立健全并不断完善各项管理规章制度，包括岗位责任制度、目标管理责任制度、考勤制度、设备检修保养登记制度、事故处理报告制度等，并能按制度落实执行；有职工培训计划并按计划实施，技术工人经培训后方能上岗，特殊岗位要持证上岗；职工年培训率达到 35% 以上 | 35 | 制度不全的每缺少一项扣 3 分，制度没有上墙的扣 5 分，制度执行不力的扣 5 分，没有职工年培训计划扣 5 分，职工年培训率低于 35% 的，每少 5 个百分点扣 3 分；职工出勤率低于 95% 的，每少 5 个百分点扣 1 分 |
| | 4. 档案管理 | 有档案室或档案柜，有熟悉档案管理业务的专职或兼职人员；有严格的存、借阅制度；有防火、避光、防潮、防蛀等保护措施；人事档案、技术档案、财务档案齐全 | 20 | 没有档案室或档案柜扣 5 分；无专职或兼职人员管理扣 5 分；制度不全扣 5 分；没有相关的保护措施扣 5 分；档案不全或不按时归档扣 5 分；档案分类不清、排列无序、借阅不方便的扣 5 分 |
| | 5. 精神文明 | 管理范围内，庭院整洁、环境优美，绿化程度高；厂房和管理用房配置合理，辅助设施齐全，管理有序；职工思想稳定，遵纪守法，无违反《治安管理条例》和《计划生育条例》行为发生 | 30 | 厂房生产区规划布局不合理，环境没有绿化、美化，道路不平整、有积水，管理无序扣 10 分；办公、生活区环境卫生条件差，垃圾随便堆放，杂草丛生的扣 10 分。有违反《治安管理条例》和《计划生育条例》的每项扣 5 分 |

续表

| 类别 | 项目 | 考核内容 | 标准分 | 赋分原则 |
|---|---|---|---|---|
| 二、工程管理（300分） | 1. 设备维修 | 有设备维修制度、计划、维修的详细记录和验收记录，并且要有检修人、记录人和责任人签字；有维修场地；有维修机械、设备或维修工具；设备检修后要进行试运行，并有试运行记录 | 50 | 无设备维修制度和维修计划各扣10分；没有完整的维修记录和验收记录各扣10分；无维修场地扣10分；无维修机械、设备或工具扣10分；设备检修后没有进行试运行及试运行记录各扣10分 |
| | 2. 设备完好率 | 电机、水泵、变压器、开关柜、启闭装置等主要设备的完好情况和年度内能投入正常运行的设备数量 | 80 | 设备完好率 $K_{sb}=N_{WS}/N_s\times100\%$，$N_{WS}$ 为设备完好数量；$N_S$ 为设备总数。$N_{WS}/N_s\geq50\%$ 时，$B_1$ 按 $N_{WS}/N_s\times80\%$ 计算；$N_{WS}/N_s<50\%$ 时，$K_{sb}=0$，不得分 |
| | 3. 汛前检查 | 汛前检查责任人、巡查制度是否制定落实；机组责任人和防洪设施管理责任人是否落实；主管部门是否进行了汛前检查；电气设备、防洪设施是否进行安全检测 | 40 | 汛前检查责任人、巡查制度没有制定、落实各扣5分；机组责任人和防洪设施管理责任人没有落实扣10分；主管部门没有进行汛前检查扣5分；电气设备、防洪设施没有进行安全检测的各扣10分 |
| | 4. 设备工作环境 | 方向标志：开关、阀门有开启方向箭头；文字标志：主机组、控制保护屏、开关柜等主要设备有编号；颜色标志：设备、母线相序，油、气、水管路等设备油漆颜色符合规定；设备表面无油污、积尘，主机组有罩套；厂房、墙体无裂缝，内外墙面整洁，屋面防水好，不渗漏，门窗防护网完好；门窗干净明亮无破损，五金铁件无锈蚀；厂房内整洁、卫生、畅通、无杂物堆放，各种操作用具摆放整齐有序，工具柜内整洁 | 80 | 方向标志、文字标志、颜色标志中每缺少一项或不符合规定的扣10分；设备表面有油污、积尘，主机组无罩套的扣10分，各种操作工具摆放无序，工具柜内不整洁扣5分；厂房墙体有裂缝，屋面有渗漏现象扣10分；墙面不清洁，地面有积水现象扣5分；门窗不干净、无防护网、玻璃有破损、五金铁件锈蚀扣10分 |
| | 5. 枢纽工程保护 | 进、出水池无损坏，砌石护坡平整无塌陷，水下泵室工程完好，防洪闸、检修闸启闭灵活，拦污栅完好，进、出水池无杂草、杂物，保护范围内的干、支渠通畅；无违章建筑、无取土、无埋坟和垦殖现象 | 50 | 进、出水池损坏严重，砌石护坡不平整，有塌陷扣15分；水下泵室工程不完好，防洪闸和检修闸启闭不灵活，拦污栅有破损，每项各扣5分；进、出水池有杂草、杂物扣10分；干、支渠保护范围内有违章建筑、取土、埋坟和垦殖现象扣15分 |
| 三、安全与生产管理（250分） | 1. 运行制度 | 有运有运行岗位制度、交接班制度、巡查制度等并能严格按照制度执行；有运行记录 | 40 | 制度不全的扣10分；制度没有上墙扣10分；有制度没能严格按照执行的扣20分；无运行记录扣20分；运行（电流，电压，进、出水位，开机时间，记录人签字等）记录每缺少项扣4分 |

续表

| 类别 | 项目 | 考核内容 | 标准分 | 赋分原则 |
|---|---|---|---|---|
| 三、安全与生产管理（250分） | 2. 现场观测检测 | 运行现场挂有电气模拟图，电机、水泵有主要运行参数；开关柜上电流、电压、功率因素表齐全，运行灵敏，指示正确，温度表、压力表、真空表能正常使用；进、出水池有高程标志和水位尺；能定时观测并做好记录 | 50 | 运行现场没有电气模拟图，电机、水泵没有主要运行参数，每缺一项扣5分；开关柜上电流、电压、功率因素表每缺一项或不准确扣5分；温度表、压力表、真空表缺少一项或失灵的每项扣5分；进、出水池水位尺缺少或不能定时观测的每项扣5分；未能及时检测并记录有关仪表参数扣5分 |
| | 3. 能源单耗 | 每千吨米水量实际耗费电量 | 30 | 能源单耗分值 $C_3=5/e\times30$，以现场检测资料为准。$e$ 为能源单耗，单位（kW·h）/（kt·m） |
| | 4. 供排水管理 | 能按照供排水指令正常进行供水、排水，能充分利用湖泊、河网、涵闸等联合调度，不影响农田排灌及其他供排水；供排水指令及每次供排水时间，水量记录完整，资料保存齐全 | 30 | 未能按照供排水指令正常进行供水、排水，每次扣5分；未能充分利用湖泊、河网、涵闸等联合调试，影响农田排灌质量及渠道有弃水，每发生一次扣5分；资料保存不齐扣5分；因排灌不及时使排灌区受灾扣30分 |
| | 5. 安全管理 | 有安全生产责任制，有专职或兼职安全人员；有运行安全操作规程；安全设施和标志齐全，电气设备周围有安全警戒线；有检测绝缘仪器、开关柜处绝缘垫等；有消防池、灭火器等消防设施；并能定期进行安全检查，考核年度内未发生责任事故 | 80 | 安全生产责任制不健全扣10分；无专职或兼职安全人员扣5分；无操作规程扣10分；安全设施和标志不全扣10分；电气设备周围没有安全警戒线扣5分；无检测绝缘仪器开关柜处绝缘垫各扣5分；无消防池、灭火器等消防设施的扣10分；没有定期进行检查的扣20分；考核年度内每发生一次10000元以上的责任事故扣20分，直至标准分扣完；发生重伤以上责任事故的取消考核资格 |
| | 6. 科技推广与运用 | 积极引进、推广使用新技术、新工艺；改善管理手段，增加管理的科技含量；积极应用自动化管理、系统运行可靠利用率高 | 20 | 没有引进、推广使用新技术、新工艺改善管理手段，未增加管理的科技含量扣10分；没有应用自动化管理、系统运行不可靠、利用率不高扣10分 |
| 四、经营管理（300分） | 1. 财务管理 | 严格执行财务会计制度，开支合理，手续齐全，账务清楚，每年进行财务分析和成本核算，无违反财经纪律的现象 | 50 | 无财会计制度扣10分；每年未进行财务分析和成本核算的扣10分；账务手续不全、账目混乱的扣10分；开支不合理扣10分；有严重违反财经纪律现象的为零分 |
| | 2."两费"落实与水费收取 | 公益性事业单位的维修养护、运行管理等费用来源渠道畅通，并能按时足额到位；农业灌溉用水和经营性供水按有关规定收取水费，收取率达到95%以上 | 80 | 公益性事业单位资金来源渠道不畅通扣10分；经费不能足额到位，每低10%扣5分，低于50%不得分；农业灌溉用水和经营性供水水费收取率低于95%的，每低5%扣10分，低于50%不得分 |

续表

| 类别 | 项目 | 考核内容 | 标准分 | 赋分原则 |
|---|---|---|---|---|
| 四、经营管理（300分） | 3. 工资、福利及社会保障 | 职工工资按有关规定及时兑现；福利待遇不低于当地平均水平；能按规定办理职工养老保险、医疗保险等社会保障 | 50 | 职工工资不能及时兑现扣10分；工资不能按标准发放的，每降低10%扣5分，低于50%不得分；福利待遇低于当地平均水平的扣5分；没有按规定办理职工养老、失业、医疗等各种社会保险的每缺一项扣5分 |
| | 4. 物资管理 | 有物资采购、供应计划，有物资管理制度；有专用物资存放仓库，并有专职或兼职人员管理；物资存放有序，劳保用品、易损备件贮备齐全 | 20 | 无物资采购、供应计划扣5分，没有物资管理制度扣5分；无专用物资存放仓库及专职或兼职人员管理项扣5分；物资存放无序，劳保用品、易损备件贮备不齐全的扣5分 |
| | 5. 年折旧费提取率 | 固定资产的构成和价值，按费率提取固定资产折旧费 | 20 | 折旧费提取率分值按 $D_4 = P_d/P_{d0} \times 10$ 计算。$P_d$、$P_{d0}$ 为年度实际提取与应提取的折旧费 |
| | 6. 综合经营利润率 | 充分利用管理单位自身的资源和优势，因地制宜开展综合经营，经营效果好 | 30 | 没有利用管理单位自身资源和优势开展综合经营的扣20分；开展综合经营，但效果不好，出现亏损的扣10分 |
| | 7. 收支平衡率 | 年排灌水费收入、综合经营收入、上级拨款和其他收入，与管理单位的年度总支出之比 | 50 | 分值 $K_{cw} = M_j/M_c \times 30$ 计算。$M_j$ 为管理单位的年总收入，包括各类水费收入、综合经营、上级拨款及其他收入；$M_c$ 为管理单位的年总支出。$M_j/M_c > 1$ 取 $M_j/M_c = 1$ |

注 1. 本标准分4类23项。每个单项扣分后最低得分为0分。
  2. 在考核中，如出现合理缺项，该项得分为：合理缺项得分＝[合理缺项所在类得分/（该类总标准分－合理缺项标准分）]×合理缺项标准分。合理缺项依据该工程的设计文件确定，或由考核专家组商定。

## 7.4 泵站节能技术运用

根据对能源单耗与泵站效率的研究分析，泵站节能的关键在于提高动力机，水泵，传动设备，管道和进、出水池五个方面的效率。

### 7.4.1 提高动力机效率

（1）电动机。当接近满载时效率最高，负载越小，效率越低，因此要求泵机应合理配套，避免"大马拉小车"。若为异步电动机，可采用变极、变转差率和变频等手段实现变速调节。若为同步电动机，则可改变励磁电流调整其功率因数，使动力机的负载达到配套要求。

（2）柴油机。动力机为柴油机，当存在"大马拉小车"时，应根据柴油机的特性曲线进行变速调节，使柴油机在其允许工作范围内耗油率最低的区域内正常运行。当存在"小马拉大车"时，应在水泵工作允许条件下，适当降低水泵转速，使水泵性能适应柴油机的动力要求。

主要从以下几方面考虑：①合理选型配套，动力机功率与水泵轴功率相配套；②控制动力机温度，采取良好的通风降温措施，使动力机在规定温度下运行；③加强维护保养和检查，使动力机始终处于良好的工作状态。

### 7.4.2　提高水泵效率

水泵是泵站内主要设备，提高水泵效率的途径可从以下几方面进行：

（1）设计时选用效率高、高效率区宽、耗能少的泵型。

（2）提高加工制造精度。叶轮流槽、盘面等过流表面光滑，可以减少水力损失，有利于提高水泵效率。

（3）保证机组组装和安装质量。若水泵组装粗糙和安装精度不符合要求，水泵运行时会加速磨损，产生振动，使水泵效率降低。

（4）加强技术改造和设备更新。对于能耗大、效率低的泵站，可采取改变水泵转速、车削叶轮外径、轴流式水泵调节叶片安装角度等措施来降低能耗。对于经调节和改造后仍不能满足实际要求的，应考虑更换性能好、效率高、能耗低的水泵，进行设备更新。

（5）合理选择机组。水泵的效率与流量、扬程有关，只有在水泵设计工况下，才能保证水泵的效率最高。偏离设计工作点，其效率就会下降。所以，对于扬程、流量随时有变化的泵站，最好采用大小水泵搭配工作，满足多数工作点在水泵高效区内运行。

（6）合理确定水泵安装高程。安装过高，会发生汽蚀现象，使流量、扬程、效率大幅度下降。

（7）加强维护管理。使水泵保持最佳技术状态。水泵运行一定时间后，不可避免地会产生机件磨损，增大泵内损失，降低水泵效率。所以，及时进行维护保养，更换已损坏零部件是保证水泵高效、正常工作的必要措施。

### 7.4.3　提高传动效率

传动效率与传动方式有关，直接传动效率最高。因此，当动力机的转速满足水泵运行工况要求时，应选择直接传动。当水泵与动力机转速不配套时，可采用变速调节，除采用皮带传动方式外，根据实际情况，还可采用齿轮变速箱、塔形皮带轮等传动方式。机组在运行时，应保持传动设备的安装质量，首先应保持泵轴和动力机轴的同心度安装标准，对于皮带传动设备，应避免皮带打滑并保持皮带轮包角值，以提高传动效率。

### 7.4.4　提高管道效率

（1）采用经济管径。管道通过一定的流量，可以采用不同的管径。管径越大，水头损失越小，管道效率就越高，但加大管径将使工程造价提高。所以，在管道节能和增加管径两个方面应进行技术经济比较，选择投资少、耗能低的最优方案。在管径小于经济管径的条件下，加大管径也是提高管道效率的重要措施。

（2）改善管道布置，减少不必要的管道附件。尽量缩短管道长度，管道长度与管道损失成正比，管道越短，损失越小，管道效率就越高。管道中附件越多、形状越复杂，管道水头损失越大，效率就越低。所以，尽量缩短管道长度、减少管道附件，不仅可减少工程投资，而且可以减少能耗，提高管道效率。

（3）提高管道的严密性。当管道安装质量较差，接口漏水时，处于负压状态时将会吸入空气，减小过流断面，引起管道效率下降，故提高管道的严密性，也可提高管道的效率。

上述措施可提高管道效率，减少能耗，但在具体应用时应注意，若水泵运行工作点长期处于额定工作点左侧，采取减少管道损失措施之后，不仅可以提高管道效率，而且可使水泵效率提高，轴功率接近水泵额定工作点的轴功率，负荷系数增大，电机效率也可提高，泵站可以获得良好的节能效果。相反，水泵运行工作点长期处于水泵额定工作点右侧，仅采取减少管道损失的措施，则会使水泵运行工作点偏离额定工作点更远，其水泵效率下降会使电动机超载，有可能产生汽蚀，造成泵站总效率下降。对于此种情况，要考虑采取调速、车削叶轮直径等措施，达到节能的目的。

### 7.4.5 提高进、出水池效率

计算进、出水池效率 $\eta_{池}$ 的公式如下：

$$\eta_{池}=\frac{H_{净}}{H_{净}+\Delta h}\times 100\% \qquad (7.11)$$

式中　$H_{净}$——泵站净扬程，m；

$\Delta h$——进、出水池的水头损失，m。

由式（7.11）可知，提高进、出水池的效率，必须减小进、出水池的水头损失。这就要求水泵机组在运行时，应保持进、出水池中的水流均匀，水位平稳。若因设计、施工、管理工作的不完善影响水泵正常工作，降低泵站进、出水池效率，应根据实际情况，加以改进。此外，泥沙、水草等杂物进入水泵，将会影响水泵正常工作，甚至会发生事故。所以，增设沉沙、拦污等设备，改善水质，保持水流正常流态都可提高进、出水池的效率。

# 章 节 练 习 题

**一、选择题**

1. 预试运行应由项目（　　），项目法人、设计单位、土建施工单位、安装单位、监理单位、设备生产单位、质量监督单位以及管理单位等参加。

A. 设计单位　　　　B. 项目经理　　　　C. 项目法人　　　　D. 总监理工程师

2. 负载试运行前需要检查哪些内容？（　　）

A. 检查油压槽、回油箱及贮油槽油位，同时试验液位计动作的正确性

B. 检查上、下游渠道内及拦污栅前后有无漂浮，并应妥善处理

C. 关闭检修闸阀

D. 操作试验真空破坏阀，要求动作准确，密封严密

3. 机组运行时离心泵不出水可能由哪些原因引起的？（　　）

A. 没有灌满水或空气未抽尽

B. 叶轮严重损坏，密封环磨损大

C. 进水管口淹没深度不够，泵内吸入空气

D. 配套动力机的功率偏小

4. 机组运行时轴流泵运转时有噪声和振动可能由哪些原因引起的？（　　）

A. 泵轴弯曲或泵轴与传动轴不同心

B. 水泵反转

C. 水源含沙量太大，增加了水泵的轴功率

D. 进水流态不稳定，产生漩涡

二、填空题

1. 泵站试运行验收可分为（　　）和（　　）验收两个阶段。预试运行应在有关的各项分部工程全部通过验收后，由（　　）申请，（　　）确认，项目法人同意并将预试运行方案（含试运行组织机构）报（　　）审查批准后即可进行。

2. 对于离心泵为（　　）。启动前，水泵和吸入管路必须（　　）并（　　）。

3. 水泵常见的故障大体上可分为（　　）和（　　）。

4. 定期检修又分（　　）、（　　）和（　　）三种。

5. 设备故障诊断方法中简易诊断方法主要有（　　）、（　　）和（　　）等。

6. 泵站枢纽一般由（　　）、（　　）和（　　）三部分组成。

四、判断题

1. 泵站试运行验收应由竣工验收主持单位或其委托单位主持。（　　）

2. 对新安装或长期停用的水泵，在投入供排水作业前，不需要试运行。（　　）

3. 运行中不能有损坏或堵塞叶片的杂物进入水泵内，不允许出现严重的汽蚀和振动。（　　）

4. 机组的第一次启动。经上述准备和检查合格后，即可进行第一次启动。且不能采用手动方式进行。（　　）

5. 单台机组运行应在 7d 内累计运行 36h 或连续运行 24h（均含全站机组联合运行小时数）。（　　）

6. 对于轴流泵为关阀启动。启动前，应向填料面上的接管引注清水，润滑橡胶轴承。（　　）

7. 正常运行的水泵，从轴封装置中渗漏的水量以每分钟 30～60 滴为宜。（　　）

8. 抽不出水或是水量不足、发生汽蚀现象等属于机械故障。（　　）

9. 人手上的神经纤维对温度比较敏感，可以比较准确地分辨出 90℃ 以内的温度。（　　）

10. 泵站节能的关键在于提高动力机，水泵，传动设备，管道和进、出水池五个方面的效率。（　　）

五、简答题

1. 水泵在启动前的检查内容有哪些？

2. 水泵在运行中的维护有哪些?

3. 水泵常见故障的原因有哪些

4. 水泵运行效率与泵站运行效率有何区别?提高泵站效率应从哪几个方面着手?